高等教育管理与教学创新

陈志新　著

吉林文史出版社

图书在版编目（CIP）数据

高等教育管理与教学创新 / 陈志新著．— 长春 ：吉林文史出版社，2025．1．— ISBN 978-7-5752-0898-7

Ⅰ．G640

中国国家版本馆 CIP 数据核字第 2025FW5015 号

高等教育管理与教学创新

GAODENG JIAOYU GUANLI YU JIAOXUE CHUANGXIN

著　　者：陈志新

责任编辑：李　鹰

出版发行：吉林文史出版社

电　　话：0431-81629359

地　　址：长春市福祉大路 5788 号

邮　　编：130117

网　　址：www.jlws.com.cn

印　　刷：定州启航印刷有限公司

开　　本：710mm×1000mm 1/16

印　　张：16.25

字　　数：230 千字

版　　次：2025 年 1 月第 1 版

印　　次：2025 年 1 月第 1 次印刷

书　　号：ISBN 978-7-5752-0898-7

定　　价：98.00 元

前 言

随着时代的进步与发展，教育领域经历了显著变革，尤其是在高等教育教学管理领域。社会对教育质量的期望日益提高，使得高等学校面临前所未有的挑战。在教育改革不断推进的大背景下，对高等教育教学管理的要求也随之提高。高等学校应紧跟时代步伐，并且在推动自身现代化进程的同时，不断提升人才培养的质量，以满足社会的迫切需求。为应对这一系列挑战，高等教育教学管理必须采取创新的方法，利用最新的教育技术，优化教学内容和方法，以及改进管理流程，以确保教育质量与社会需求相匹配。此外，高等学校还需加强师资队伍建设，提升教师的专业能力并鼓励教学方法的创新，以便更好地培养学生的创新能力和实践技能。

在我国高等教育迈向国际化、大众化、信息化的新时代，随着“科教兴国”战略的深入实施以及中国加入世界贸易组织（WTO）带来的新机遇和挑战，高等教育的国际竞争力愈发凸显。面对这一形势，高等学校必须将教学质量作为其生存和发展的核心，增强质量意识、品牌意识、市场意识和创新意识。提升高等学校教学管理水平和教学质量，是响应时代变化的必然选择，也是培养具有创新精神和实践能力的高级专门人才的根本途径。因此，高等学校在保障教学质量的同时，更应注重教学内容和方法的创新以及教育模式的改革，以确保教育成果与国际标准接轨，满足市场需求。

教学管理作为高等学校的核心职能之一，在规划、设计、组织教学工作方面发挥着关键作用，直接影响着教学质量和人才培养的效果。该领域不仅包含了行政管理的要素，还承载着学术管理的重要职责。随着科技的快速发展和社会需求的不断变化，教学管理面临的挑战也日益增多，迫切需要通过创新和改革来适应新的教育环境。对此，教学管理必须采取创造性的策略，摒弃传统的管理思想和模式，引入更加灵活和先进的管理理念，如强调以学生为中心的教学理念、推广项目式和问题导向的学习方法，以及利用信息技术优化教学资源的配置和使用，以推动教学管理的现代化进程，提升教学工作的质量和效率。建立新的教学管理机制和制度，是推进教学管理创新的重要方面，高等学校需要通过制度创新来保障教学质量，如建立更加公开透明的教师评价体系、完善学生反馈机制、强化学术诚信和质量监控体系。同时，探索新的管理方法和手段，如引入大数据分析和人工智能技术来分析教学效果，提供个性化的学习支持和管理决策支持，以进一步提高管理效能。

本书分为三大部分：理论篇、高等教育管理篇和高等教育教学创新篇。每部分都深入分析了高等教育的不同方面：从理论基础到实践应用，从管理创新到教学改革，旨在为读者提供关于高等教育现代化进程中关键议题的全面视角。理论篇为读者建立了坚实的理论基础，涵盖了高等教育管理的基本概念、理论框架、管理流程以及优化方法。随后，通过探讨高等学校教学的理论体系，为读者呈现了教学过程的各个方面，包括基本原则、教学方式和改革历程，为后续的管理与教学实践篇章奠定了理论基础。教育管理篇深入分析了高等学校教育管理的各个组成部分，从学生管理到财务管理，再到学科建设及教师队伍的建设与管理。其中，特别值得关注的是对高等教育管理信息化建设与改革路径的讨论。这一部分概述了教育管理信息化的现状，提出了具体的建设方式和改革路径，展示了作者对高等教育未来发展趋势的深刻理解。此外，对高等教育管理制度创新的具体措施进行了研究，进一步强调了制度创新在提升管理效率和教育质量中的核心作用。教学创新篇聚焦于教学方法的创新，探讨了创客教育模式、混合式教育模式以及基于人本化教育模式的教学创新与改革。通过分析不同教育模式的理论基础、实际应用及其对高等教学改革的重要意义，展示了教学创新在促进学生创造力、批判性思维能力和综合素质发展中的重要作用。

本书基于笔者长期的实践工作经验撰写而成，具有一定的实用性和参考性。由于笔者精力有限，本书难免会有不足之处，敬请广大读者批评指正！

目 录

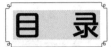

理论篇

第一章　高等教育管理概述

第一节　高等教育管理的概念

一、高等教育管理的内涵

（一）教育管理的含义

教育管理承担着确保教育活动顺利进行和教育资源有效配置的职责。该领域的复杂性体现在对教育设施和设备的管理上，并广泛涉及教育活动和计划的全面管理。教育管理者通过科学的管理方法，对学校进行精心规划和组织，有效指导、监督和协调各项教育活动，以确保教育资源得到最合理的分配和利用。实现教育质量的提升和办学效益的增进是教育管理的核心目标。为此，管理者需要具备高度的组织协调能力，并且能够运用创新的管理理念和技术，如引入先进的教学方法、改进学校运营模式、加强师资队伍建设等。此外，维护教学秩序的稳定性并不断提升办学条件也是教育管理工作的重要内容，这对于营造良好的教学环境、提高学生学习效果具有重要意义。

（二）高等教育管理的含义

高等教育管理，作为一个综合性强、涵盖范围广的领域，其本质和作用不断随着管理学的进步而演化。在探讨高等教育管理的含义时，必须首先对“管理”本身的定义进行深入分析。管理学界对于“管理”的理解呈现多元化，从强调决策的重要性，到领导艺术的角度，再到协调他人活动的工作任务，各种定义反映了管理活动的多方面特性。管理被视为通过计划、组织、控制、激励、领导和监督等环节来协调资源，以实现组织目标的过程①。高等教育管理的含义，因而包括了对高等教育领域内部各要素的优化配置和日常管理工作的秩序性与高效性的保障，以及为实现高等教育目标所做出的决策，涵盖了高等教育行政管理的内容以及普通高等学校的全面性管理。高等教育管理的目标，是通过有效的资源配置和管理策略，提升教学质量、促进科学研究、增进办学效益，从而满足国家和社会对高等教育的需求。

从宏观角度看，高等教育管理关注国家层面对高等教育的总体规划和政策制定，提出教育任务、制订发展计划、提供必要条件、颁布相关法规和发布执行指令等，旨在确保高等教育体系与国家发展需求相匹配，促进教育公平，保障教育质量，并推动教育创新和科技进步。从微观角度看，高等教育管理聚焦于高等学校内部的具体运作，包括人才培养、科学研究、教学组织、财务管理、人力资源管理和学术交流等各个方面。高等学校需根据上级要求和社会需求，组织实施教学和研究活动，同时优化内部管理流程，提升教育服务质量，确保教育活动的效率和效果。

在高等教育管理过程中，决策和领导的艺术是重中之重。管理者需要具备高度的战略视野和创新意识，以在变化的环境中作出正确的判断和决策，引领学校适应社会发展。同时，利用科学的方法和技术，如信息技术的应用、大数据分析等，高等教育管理能够更加精准地进行资源配置、监控教育质量、提升管理效率。

① 梁迎春，赵爱杰．高等教育管理与质量评价研究 [M]. 西安：西安交通大学出版社，2017：1.

二、高等教育管理的本质分析

高等教育管理的根本宗旨是融合教育与涵养、培养与赋能、熏陶与浸染等，培养学生具备发现幸福、创造幸福以及体验幸福的能力，进而引导学生成为更加优秀的人才。

（一）高等教育的本质

高等教育的核心在于培养人，这一过程关乎知识和技能的传授，以及个体的全面发展和社会化。教育活动虽发生在特定的社会环境中，依赖于社会提供的物质和精神资源，但其最深刻的本质在于帮助每一位受教育者发展自身能力、完善个人品格，实现自我润泽和智慧开启。此过程涵盖了德、智、体、美、劳等多方面的培养，并与社会经济、政治、文化等外部因素紧密相连，体现了教育与个人及社会发展之间的紧密联系。教育的最终目标是促进人的全面发展，使之成为具有独立思考能力、创新精神和社会责任感的个体。教育者在这一过程中是知识和智慧的传递者，更是学生精神世界的引路人，关心学生的心理健康和情感需求，引导和帮助学生建立积极向上的人生观和价值观。在高等教育过程中，需要创造一个支持性强、开放包容的学习环境，鼓励学生积极参与、主动探索，发现自我、实现自我。除了课堂教学的改革，还应通过课外活动、社会实践、国际交流等多维度的教育途径，培养学生的全球视野、团队合作能力和生活技能。

（二）管理的本质

管理作为一种普遍存在的社会现象，可以将其视为组织运作的手段和工具，同时它也是确保组织能够生存和发展的根本条件。通过有效的管理，组织能够协调各种资源，从而实现目标，提升性能和效率。管理的本质在于如何使组织在变化的环境中保持竞争力，实现可持续发展，从而确保其长期生存。

（三）高等教育管理的本质

高等教育管理作为一种特殊的社会组织活动，其核心在于培养身心协调发展的高素质人才。此过程涉及教学、科研以及对高等教育内部及其与外部环境之间关系的科学管理。在高等教育领域，管理的艺术和科学性显得尤为重要，因为其终极目标是通过改善办学要素及其组合状态，共同促进具有丰富精神、高尚品德、独立思考能力和善良意愿的人才培养。高等教育管理的本质在于协调内部各要素之间，以及内部要素与外部环境之间的关系，通过合理配置有限资源，以适应环境变化，更好地实现办学目标。主要涉及教学、学生、科研、师资、物资、财务及服务等多个方面，其中教学管理、科研管理和学生管理构成了管理工作的核心内容，三大领域直接关系到高等教育质量的提升和办学目标的实现。在高等教育中，管理不仅包括对财务和物资的管理，更重要的是对人——教师和学生的管理。其复杂性在于管理对象的主体性，即每一个受教育者和教育工作者都是具有独立思考能力和情感的个体。（表 1-1）

表 1-1 高等教育管理的本质

维 度	高等教育的本质	管理的本质	高等教育管理的本质
核心关注	培养人的全面发展，包括德、智、体、美、劳等方面	组织运作的手段和工具，确保组织生存和发展	培养身心协调发展的高素质人才，涉及教学、科研和内外部环境的科学管理
目标	促进人的全面发展，培养具有独立思考能力、创新精神和社会责任感的个体	通过协调资源、提升性能和效率，使组织保持竞争力，实现可持续发展	通过改善办学要素及其组合状态，培养具有丰富精神、高尚品德的人才
关键作用	知识和技能的传授，个体全面发展的促进	资源的协调，目标的实现，性能的提升	教学、科研、学生等方面的合理配置和科学管理

三、我国当前高等教育管理的基本任务

高等教育管理的总体任务就是为最有效地实现主要教学目标而服务。教育管理的服务职能的体现程度将直接对高等教育质量产生影响。

（一）教育目标对高等教育与管理的要求

教育目标的设定对高等教育管理提出了明确的要求，特别是在我国社会主义市场经济体制下。高等教育应致力于培养符合社会政治、经济和文化发展需求的人才，并使他们具备应对市场竞争和变化的能力。这一目标要求高等院校在教育管理上展现出特定的灵活性和前瞻性，以适应不断变化的市场环境，为学生的未来发展奠定坚实基础。高等学校面临的挑战在于如何通过有效的教育管理策略，确保教育目标与市场需求之间的紧密对接。这涉及课程内容的更新、教学方法的创新，以及对教育体系和管理模式的持续优化。例如，通过引入灵活的课程设置和多样化的教学手段，高等教育可以更好地适应经济和社会的发展趋势，为学生提供更广阔的学习和发展空间[①]。教育管理的灵活性还体现在对教师和学生个性化需求的响应上。高等学校应建立更加开放和包容的教育环境，鼓励教师的创新和学术探索，同时支持学生的个性化发展和多元化成长。这种灵活而开放的管理模式有助于促进教师和学生潜能的充分发挥，从而提升教育质量和效果。在面对市场经济中的竞争和挑战时，高等学校的教育管理还需具备超前性。[②]通过深入分析和预判未来社会和经济发展趋势，高等教育可以在教育规划和资源配置上做出更为科学和合理的决策，引导学生培养与市场需求相符合的能力和素质。

---

① 柯佑祥．高等教育管理 [M]. 上海：华东师范大学出版社，2001：28.

② 刘爱萍．我国高等教育管理路径选择与实践策略研究 [M]. 北京：中国商业出版社，2022：16.

（二）高等教育管理的基本任务

我国高等教育管理的基本任务是要转变思想观念，切实为高等教育、教学以及科研工作提供服务。需要实现角色的转变，从而为高校办学的总体目标服务，因此，可以将高等教育管理的任务具体归纳成下面几点。

1. 高等教育的信息管理任务

在现代经济发展的背景下，高等教育的管理和运营面临新的挑战和要求。高等教育承担着育人的基本职能，在经营策略上体现出高效率和高效益的理念。除了服务并适应市场经济的发展，更要在某种程度上引导市场经济的发展方向，真正体现出教学、科研和社会服务的三大核心职能[①]。为了实现这一目标，高等教育管理者必须密切关注国内外市场经济的动态变化，及时收集和处理与高等教育发展相关的市场信息。关注当前的市场需求，结合对市场经济趋势的深入分析，预见未来的发展方向和需求，以便高等学校能够提前做好准备，从而在市场经济发展中发挥引导和先导作用。简单的信息收集和积累是远远不够的，高等教育需要配备专业的教育管理研究人员，对收集到的信息进行系统的加工、分析和研判，以帮助高等教育更准确地把握市场经济的发展趋势，为学校内部的决策提供科学的依据，确保教育内容和方向与市场需求保持同步。将市场经济发展要求的研究结果及时反馈给学校的决策者和广大师生员工，是确保高等学校能够快速响应市场变化的关键。信息的及时反馈和共享能够提高师生对市场经济趋势的敏感性和认识，激发他们的创新意识和实践能力，为高等学校培养出更加适应市场经济发展需要的高素质人才。

① 曹留成 . 高等教育管理与实践应用 [M]. 长春：吉林大学出版社，2022：21.

2. 为学校领导决策提供科学建议

在高等教育的管理与发展过程中，科学合理的建议基于对大量信息的收集、加工和处理，确保了其科学性和合理性。尤其在办学目标的确定、专业设置及调整、教学改革、经济收支以及校园建设等重大问题的决策上，这些建议尤为重要。它们不仅使高等学校的决策更加贴近实际，符合教育发展的趋势，还能更好地适应市场和社会的需求。科学的决策建议为高等学校的短期行动提供指导，并对长远的发展战略产生深远影响。这些建议的准确性和前瞻性，有助于高等学校在竞争激烈的教育领域中保持领先地位，实现教育目标，推动学校的全面发展。

3. 为高等学校师生的教学与科研工作提供优质服务

在高等教育管理中，服务于师生的教学与科研工作不仅是其基本职责，更是实现教育目标的核心所在。师生作为高等学校的主体，其教学和科研活动直接关系到高等教育的质量和效果，因此，优质服务的概念在高等教育管理中应被赋予新的内涵和更高的地位。管理工作不应局限于传统的行政管理层面，而应当从服务师生的实际需求出发，致力于为他们的教学和科研活动创造有利条件和环境。这不仅体现在提供基础设施和行政支持上，更重要的是在于提供信息、资源、政策等方面的全面支持，并为师生的发展提供指导和建议。在实践中，教育管理部门应深入了解师生在教学和科研过程中遇到的困难和需求，及时提供国内外高等教育动态、科研机遇、学术资源等信息，帮助他们拓宽视野，提升能力。同时，针对教师的教学与科研，提供具有前瞻性和指导性的建议，且为学生的课程选择、职业规划等提供专业的意见和支持，这些都是优质服务的具体体现。强调优质服务还在于推动教育管理工作的转型，从“管理”转向“服务”，将“管理就是服务”的理念真正落到实处。这要求教育管理者转变传统观念，提高服务意识和服务能力，通过创新管理的方式和手段，不断提升服务质量和效率。

4. 高等学校教育对外宣传的任务

准确而有效的宣传活动能够显著提升社会对高等学校的认知度，吸引更优质的生源，同时帮助毕业生更顺利地融入社会。随着高等教育发展的不断深入，宣传工作的重要性日益凸显。它不仅满足国内宣传的需求，更拓展至国际舞台，展示高等学校的教学质量、科研能力以及社会服务水平。对外宣传是高等学校品牌建设的重要手段，也是其社会服务功能的一种体现。

四、我国当前高等教育管理的根本原则

（一）方向性

高等教育管理的方向性原则是指高等教育系统在我国必须不仅追求管理的现代化和高效化，而且要始终坚持教育服务于社会主义现代化建设的宗旨。该原则要求高等学校在培养人才的过程中，必须全面贯彻“德、智、体、美、劳”全面发展的教育理念，培养符合社会主义方向的全面发展人才。这是社会主义高等教育管理的核心原则，也是确保教育内容与国家的长远发展需求相一致的根本保证。坚持方向性原则意味着高等学校必须密切关注国家的经济社会发展需求，确保教育目标、教学内容、研究方向及人才培养方案与国家的战略同步。要求高等学校不仅要提供高质量的教学和科研服务，还要在培养学生的政治意识、道德观念、专业知识以及实践能力等方面下功夫，确保毕业生既有坚定的社会主义理念，又具备良好的职业能力和创新精神。高等教育管理的方向性原则还要求高等学校在培养人才的同时，积极响应国家的重大战略需求，比如支持国家创新驱动发展，加强创新人才的培养，并促进科技成果的转化应用，为社会主义现代化建设贡献力量。

（二）系统效益性

系统效益性又被称为整体效益性原则，旨在坚持以整个高等教育系统的效益最大化为目标的管理原则，这一原则主要是由系统性原理引申而来。

1. 效益性

高等教育系统作为社会发展的重要基石，承载着培养新一代人才和创造新科学技术知识的双重使命。该系统的特殊性在于，其输入主要是教育经费和教职工的智力劳动，而输出则体现在为社会输送高素质人才和推动科技进步上，这两者的高效转化直接关联到社会的经济发展和进步。因此，将高等教育视为“人才工厂”并非夸张，其在社会发展中的作用不可小觑。在此背景下，效益性成为高等教育管理的关键原则之一。高等学校在坚持社会主义方向的同时，必须高度重视资源的合理投入与产出的优化。在保证教育质量和人才培养目标明确的前提下，应尽量减少投入，并在有限的资源投入下实现教育和科研产出的最大化。对效益的追求，要求高等教育管理者要具备教育和科研方面的深厚知识，并且应精通管理学，能够运用科学的方法和手段，对教育资源进行优化配置，提高教育质量和效率。

2. 全局性

在高等教育管理实践中，全局性原则要求管理者在决策过程中权衡局部与全局的利益，以确保整个高等教育系统的最优发展。此种管理哲学认为，高等教育系统不应被视为孤立的单元，相反，它是一个互联互通、相互依赖的整体。因此，实现全局效益的最大化有时需要在局部与全局利益出现矛盾时，做出牺牲局部利益的决策。“全国高等教育一盘棋”的思想强调了在全国范围内统筹考虑和规划高等教育资源的重要性，要求高等教育管理者在制定政策和计划时，不仅要考虑到单个机构的发展需求，也要考虑到其对全国高等教育发展趋势的影响。同时，“局部服从全局”的原则指导管理者在遇到局部与全局利益不一致时，应优先考虑对整个高等教育系统和社会发展更为有利的选择。

（三）能级相符

高等教育管理的能级相符原则强调在高等教育系统内部建立一套分层明确、职责分明的管理结构，以确保管理活动的高效和有序。该原则基于适应性原理、能动性原理和动态性原理，要求管理层次与教育系统中的机构、规则及人员的能量和级别相匹配，从而塑造出一个既灵活又稳定的管理体系。根据能级相符原则，高等教育管理结构应呈现为正三角形，按功能划分为四个层次。第一层为决策层，其结构作为高等教育管理系统的领导核心，负责制定整个系统的战略方向和政策决策，对整个高等教育系统的发展方向和管理效率有着决定性的影响。第二层为管理层，该层的主要职责是将决策层的方针政策转化为具体的管理指令，并通过各种管理技术和手段确保这些政策的有效实施。管理层作为连接决策层与执行层的桥梁，其角色在于确保上层决策的正确传达和实施的有效性。第三层为执行层，直接负责调配和组织人力、物力、财力等资源，以执行上级的管理指令。执行层的工作直接影响管理决策的落地和实施效果，因此需要具备高效的组织和协调能力。第四层为操作层，承担着高等教育管理体系中的具体任务和操作工作，如日常教学和科研活动的组织实施等。操作层的高效运作直接关系到高等教育质量和效率的提升。

在高等教育管理中贯彻能级相符原则是确保管理活动有效、高效的重要策略。此原则强调管理活动的层次化、专业化和动态化，以适应高等学校内部和外部环境的复杂多变。为了实现这一原则，必须关注决策集中，管理层次的“权、职、责、利、效”统一，以及能级的动态对应三个关键环节。决策权的集中和管理层的优化是高效管理的前提。在高等学校中，决策权的集中，可以避免多头领导和决策迟缓，确保机构迅速响应内外部变化。同时，优化的管理层能够减少不必要的行政开支和内部摩擦，提升管理效率。这要求高等学校建立清晰的决策机制和流程，以及优化管理层的结构和职责，避免机构臃肿和资源浪费。在高等教育管理中，每一层管理者都应当清楚自己的权力和职责范围，以及相应的责任和激励机制。其统一性能够明确管理者的工作目标和行为导向，提升管理者的工作积极性和创造性。为此，高等学校需要建立合理的评价和激励体系，确保管理者能够在履行职责的同时获得相应的利益回报和成就感，从而激发其工作动力和创新能力。能级的动态对应是实现高等教育管理可持续发展的保证，随着高等教育环境的变化和机构内部需求的变动，管理者和工作人员的岗位和职责也需要进行相应的调整。要求高等学校建立一套动态的人力资源管理和岗位调整机制，确保人员的能力与岗位需求始终保持匹配。同时，通过定期的培训和职业发展规划，高等学校可以有效地提升员工的能力和适应性，保持组织活力和竞争力。

（四）动力性

高等教育管理的动力性原则指的是正确应用动力，最大限度地调动高等教育系统各方面人员的积极性、创造性与主动性，有效促进高等教育事业的迅速、健康发展的管理原则，由可行性原理引申而来。贯彻高等教育管理的动力性原则，应巧妙处理物质动力、精神动力和信息动力之间的关系。

1. 物质动力

在高等教育管理中，物质动力虽然是基础，但要正确贯彻物质利益原则，发挥物质的动力作用，同时也要注重物质动力与精神动力的结合。物质利益可以激发人们的工作积极性，提升管理和教学的效益，是调动教师和学生积极性的重要手段。然而，物质动力并非解决所有问题的万能钥匙，在教育领域，过分强调物质激励可能导致价值观的偏差，影响教育质量和学生的全面发展。高等教育的宗旨在于育人，其中涉及知识、技能的传授以及价值观的培养和人格的塑造。因此，高等教育管理中必须平衡物质动力和精神动力的关系，通过精神激励机制弘扬正面价值观，培养学生的社会责任感、创新精神和批判性思维能力。

2. 精神动力

精神动力能够弥补物质动力的不足，而且在众多情况下还能成为推动教育发展的决定性力量。精神动力，如教师的奉献精神、学生的学习动力以及学术的探索精神等，构成了高等教育独特的内在驱动力。精神动力在教育系统中尤为重要，它不仅激发教师和学生的内在潜能，更能够营造一种积极向上的教学与学习环境。优秀教师身上所展现的精神，不仅是个人奉献和牺牲的象征，更是对学生和同事的巨大鼓舞和激励。这种精神动力具有强大的感染力，能够激发广大受教育者的学习热情和探索欲望，成为推动高等教育进步的重要动力。同时，精神动力也是培养学生正确价值观、世界观的关键，可以帮助他们树立远大的人生目标和理想。然而，精神动力并不能孤立存在，它需要物质动力的支撑。物质动力为精神动力提供了必要的物质基础和条件，如良好的教学环境、充足的科研经费、合理的奖励机制等，都是激发和维持精神动力的重要因素。

3. 信息动力

信息动力作为一种独特的动力因素，正日益成为推动教育革新和发展的重要力量。与物质动力和精神动力相比，信息动力具有独特性和独立性，它来源于对世界新技术革命、社会发展趋势的洞察以及对未来教育方向的预测。这种力量能够激励高等教育管理者探索新的努力方向，激发其创造潜力，从而更好地应对全球技术和教育领域的新挑战。例如，关于世界新技术革命和人类社会发展的信息，不仅为我国高等教育改革提供了重要的明确的参考和方向，还极大地激发了教育管理者和教师的创新意识，推动了学科建设和课程内容的持续更新，从而提高了高等教育的质量和水平。信息动力还鼓励学生积极参与科研活动，从而培养了他们的探索精神和创新能力，为社会培养出更多适应新时代要求的高素质人才。然而，正确地运用信息动力，把握“刺激量”的适度，是高等教育管理中的一大挑战。过多或过少的信息刺激都可能导致管理和教育效果的降低，如同过多或过少的物质激励可能抵消其激励作用一样。因此，高等教育管理者需要对管理对象进行深入的心理分析，并考察周围环境的变化，以确保信息动力的有效发挥。

（五）反馈性

反馈性原则要求管理者在决策实施后，根据实际效果（反馈信息）调整原有决策或制定新的决策。这一原则基于系统性原理和动态性原理，强调管理过程的循环性和动态调整能力，以确保管理活动能够更有效地实现既定目标。反馈原则在高等教育管理中的应用，意味着任何一个管理决策都不是一成不变的，而是一个持续优化和动态调整的过程。管理者需要关注决策实施后的具体效果，积极收集和分析反馈信息，以这些信息为依据调整决策。这种以结果为导向的管理方式，有助于高等学校更加灵活和有效地应对内外部环境的变化，持续提升管理效能和教育质量。然而，在应用反馈原则时，不是所有的输出信息都能够有效反馈，有时重要的信息可能无法及时传达给管理者，导致决策调整的依据不足。即使信息能够反馈，也可能存在失真情况，这要求管理者具备辨别信息真伪和重要性的能力。反馈信息的价值判断也非常关键，有价值的信息可能被忽略，而无关紧要的信息却被过度关注，而这需要管理者具备高度的判断力和选择力。

高等教育系统的复杂性和动态性要求管理者采取灵活、科学的管理策略，并及时调整和优化管理决策以适应内外部环境的变化。保证高等教育管理回路的封闭性是实施反馈原则的基础，一个封闭的管理回路能够确保决策实施后的效果能够及时、准确地反馈到管理层，为后续的决策调整提供依据。因此，建立健全的反馈机构，具备及时捕获反馈信息的能力，成为保障管理回路封闭的关键。反馈机构应具备实际的执行力，能够有效地收集、汇总和分析反馈信息，而不仅仅是名义上的存在。高等学校必须设有灵敏的“信息感受器”以迅速发现管理实践与教育目标之间的偏差，要求高等学校采取多种措施，如：实行民主办学，鼓励师生和社会各界对高等教育管理和发展提出意见和建议；建立高等教育研究机构，利用专家的研究成果为管理决策提供科学依据；以及实施毕业生跟踪调查，收集社会和用人单位对毕业生的反馈。高效的“信息分析系统”对于提高管理决策的科学性和有效性至关重要。反馈机构不应只是简单地传递收集到的信息，而应进行深入的分析和处理，筛选出真实有价值的信息反馈给决策层。这一过程涉及信息的去伪存真、去粗取精，要求反馈机构具备高度的专业能力和判断力，以确保决策者能够准确把握管理和教育实践中的真实情况，做出科学、合理的决策。高等教育管理的反馈原则要求管理者及时捕捉和反馈信息，根据反馈信息及时采取相应措施，解决存在的问题和矛盾。这一循环往复、不断上升的动态管理模式，即“决策—执行—反馈—再决策—再执行—再反馈”的循环，能够确保高等教育管理在实践中不断地自我完善和优化，提升教育质量和管理效率。

（六）育人性

高等教育管理的育人性原则是对高等学校管理效益提高的一种深刻理解，它强调管理、教育和人的全面发展三者的一体化。该原则不仅关注管理手段和技术的现代化，更重视提升全体教职员工的素质，依靠他们的教育素养和全面发展的程度。这种管理哲学的核心在于将管理与教育紧密结合，促进人的全面发展，这一点由能动性原理引申而来。在高等教育管理中实施育人原则，首要的是转变传统的管理观念，摒弃将被管理者视作机器人的狭隘思想。这种思想限制了管理效益的提升，因为它忽视了被管理者对管理指令的感情认同、理解深度和执行能力的重要性。有效的管理应该认识到，管理效益不仅取决于指令的执行速度和忠诚度，更取决于被管理者对这些指令的感情认同、理解深度和执行能力。为了增强被管理者对管理指令的感情认同，必须将管理指令的贯彻执行与每个成员的自身发展需求联系起来，使之成为他们自觉追求的需求。此方法能够激发成员的主动性，使他们不再是被动接受指令，而转变的主动工作，发挥潜力，完成任务。提升被管理者对管理指令的理解深度，需要创造条件让他们参与决策过程。参与的程度越深，他们对决策的理解也就越透彻，这能够增强成员之间的沟通，促进团队合作。提高执行能力的关键在于将“管理关键在于用人”的思想延伸到“用人关键在于育人”上。管理者应重视育人，将其视为管理工作的核心。通过育人促进个人的全面发展，从而提高他们对管理指令的执行能力。只有通过教育和培养，才能真正提升一个团队的整体表现。这些原则并不限于高等教育管理的某一特定领域，而应该贯穿其所有领域和过程。而在具体的管理领域中，比如计划领域的“弹性原则”、领导体制的“民主集中制原则”，却是必须遵循的具体原则。

第二节　高等教育管理的理论基础与方式

一、高等教育管理的理论基础分析

（一）高等教育管理的古典管理理论

古典管理理论作为高等教育管理中的一项重要理论基础，对于理解和实施高等教育管理具有深远的影响。该理论形成于 19 世纪末至 20 世纪初期，正值科学技术水平和生产社会化程度显著提升之时，尤其在资本主义经济从自由竞争进入垄断阶段，企业规模扩大，管理工作变得越来越复杂的背景下。在此期间，由于劳资矛盾加剧和经济危机频发，原有的家长式行政管理和基于经验的管理方法已无法满足生产发展的需求。因此，资本主义国家中的企业管理人员和工程技术人员开始探索新的管理方法以提高劳动生产率，其中美国管理学家泰勒提出的科学管理理论尤为突出。泰勒的科学管理理论强调通过科学的方法提高劳动生产率，且认为这是实现工厂主和工人共同繁荣的基础。他提倡管理人员和工人之间应进行精神革命，避免对立，共同增加生产，提高效率。标准化原理、差别计件工资制度、科学训练、职能划分和细分，以及实行例外原理，都是他理论的核心内容。泰勒理论的目的在于通过科学的管理方法，使工人能够在标准化的操作环境中，按照科学的方法进行劳动，从而提高生产效率。然而，泰勒的科学管理理论也存在诸多弊端，如加强对工人劳动的控制、使工人在工作中失去自主权等，这些都是以工人极度紧张的劳动为代价的。尽管如此，泰勒的管理理论无疑是人类管理活动史上的一次重要变革，它充分反映了当时大机器工业生产中的客观规律，对后来的管理实践和理论发展产生了深远影响。在高等教育管理中应用古典管理理论，应深入理解其精神实质，即通过科学的方法提高管理效率，同时避免其弊端。高等学校应重视标准化管理，对教育管理工作的各个环节进行科学的分析和规划，制定合理的管理制度和操作流程。同时，高等学校也需要关注人的因素，尊重教职工和学生的主体地位，激发他们的积极性和创造性。通过科学训练和合理的激励机制，提升教职工的专业素养和工作效率，促进学生全面发展。高等教育管理还应强调职能的划分和细分，明确各个部门和个人的职责，以提高管理的专业性和效率。同时，实行例外原理，将日常事务的处理权适当下放，以减轻高层管理人员的负担，提高决策的灵活性和响应速度。[①]

（二）人际关系与行为科学管理理论

1. 人际关系

人际关系理论的引入有助于改变高等教育管理中的人际互动模式。在传统的教育管理中，管理者往往侧重于规章制度的执行和教育成效的量化评估，却忽视了教育过程中人的因素，如师生间的互动、情感交流和个体需求的满足。梅奥的研究显示，人的社会需求和情感因素对提高生产效率具有决定性作用。将此观点应用于高等教育管理中，意味着管理者需要更加关注师生之间的沟通和互动，努力创造一个开放、包容和支持的教育环境，以满足师生的社会和情感需求。人际关系理论强调了非正式组织在正式组织中的作用，对高等教育管理具有重要启示作用。在高等学校中，除了正式的教学和管理结构外，还存在着各种非正式的社群和团体，如学生社团、研究小组和教师兴趣小组等。这些非正式组织在促进社会交往、满足成员情感需求和提升组织凝聚力方面发挥着不可忽视的作用。因此，管理者应充分认识并支持这些非正式组织的价值，

① 曾仲，沈少龙．高等教育管理探索 [M]. 广州：暨南大学出版社，2004：30.

通过促进师生之间的正面互动，增强师生对高等学校的归属感和满意度。此外，人际关系理论提倡的新型领导方式，即重视人的因素和提高工人满意度的方法，对高等教育管理同样具有指导意义。领导者应采取更加民主、参与式的管理风格，重视师生的意见和建议，鼓励师生参与教育管理和决策过程。这样做可以提高师生的工作和学习动力，增强他们的责任感和参与感，从而提升教育质量和管理效率。

2. 行为科学

行为科学管理理论的核心在于理解和应用心理学、社会学、社会人类学等学科的知识，以研究和解析人的行为背后的原因及其对组织影响的机制。该理论的广泛应用标志着管理领域从以物为中心转向以人为中心的重大转变，强调在管理实践中关注和激发人的积极性和创造性。在高等教育管理中，管理者需要采取基于对教职员工和学生行为理解的策略，以促进其积极参与和贡献，提升教学和学习效果。高等学校运用行为科学的方法能够更有效地识别和满足师生的需求，创造支持性和创新性的学习环境，促进个人和组织目标的实现。

（三）高等教育管理的社会系统理论

社会系统理论，由美国管理学家和企业家切斯特·欧文·巴纳德提出，标志着管理学术领域对组织内部人际关系和协作机制的深入探讨。巴纳德将组织视为一个协作的社会系统，着重强调组织内部成员之间的相互作用和协调，以及这些互动如何影响组织的整体运作和效能。在高等教育管理的语境下，社会系统理论提供了一种理解和改进学校管理实践的框架，尤其是在促进师生、管理人员之间的有效沟通和协作方面。

巴纳德理论的核心要素包括组织作为社会协作系统的概念、协作系统的三个基本要素（协助意愿、共同目标、信息联系）、经理的角色、经理权力的有效性以及非正式组织的存在。这些要素为高等教育管理提供了深刻的见解，强调了在高等教育中，管理者需要认识到教育组织既是学术的集合体，也是一个复杂的社会系统，需要通过有效的沟通、共享的目标和协作的意愿来维持和提升其运作效能。在高等教育管理中应用社会系统理论，意味着管理者和领导者必须重视并促进组织内部的人际关系和沟通渠道，确保信息流通的畅通无阻。管理者需认识到自己的权力和影响力来源于被管理者的接受和信任，这要求管理者在实施决策和管理实践时，充分考虑到组织成员的利益、需求和可能的反馈，确保组织成员能够对共同目标有充分的理解和认同。社会系统理论还强调了非正式组织在组织中的作用。非正式组织和网络在促进教师和学生之间的交流、增强组织凝聚力、促进知识共享和创新方面发挥着关键作用。因此，高等教育管理者需要认识和利用非正式结构的积极作用，而不仅仅是专注于正式的组织架构和管理流程。

（四）高等教育的分层次教育管理理论

分层次教育管理理论，基于系统论的视角，旨在针对教育领域内部结构的层次性和差异性进行科学管理。其核心是通过对教育系统内部各要素的层次性分析，实施精细化、差异化的管理策略，以提高教育管理效率和效果。在高等教育领域，分层次教育理论的应用尤为重要。高等学校内部存在着复杂的学科体系、多样化的学生群体、不同层次的教师队伍和各种教育资源。为了提升教育质量和学校竞争力，高等教育需要对内部的“学群”进行合理的层次分解，包括学科知识群体的划分、学生群体的分类、班级和教师群体的层次化管理，以及学校群体的差异化发展。明确各个层次的特点和需求，为实施精准的管理策略提供依据。分层次教育管理强调对差异性的认识和尊重。在高等教育管理中，承认学科间、学生间、教师间以及不同学校间的差异性，是实现个性化教育、促进学生全面发展的前提。通过对差异性的深入分析，管理者可以设计出更加符合各层次特点的教育策略，从而提升教育的质量和效率。实施分层次教育管理要求高等学校采取有针对性的方法和策略，这意味着在教学方法、学生管理、教师发展和资源配置等方面，都需要根据不同层次的具体情况来进行优化。例如，在教学方法上，可以根据学科的特点和学生的学习需求采取差异化的教学策略；在学生管理上，可以根据学生的背景和能力进行个性化的指导和支持。此外，还需要建立有效的信息沟通渠道和反馈机制，及时了解各层次的运行情况并调整管理策略，以应对教育环境的变化和新出现的挑战。同时，开放的沟通平台可以促进学校内部各层次之间的交流和合作，形成协同发展的良好氛围。（表1-2）

表 1-2　高等教育管理的理论与应用

理论基础	主要观点	在高等教育管理中的应用
古典管理理论	强调通过科学方法提高劳动生产率；标准化原理、差别计件工资制、科学训练、职能划分和实行例外原理为核心内容	重视标准化管理，科学分析教育管理工作；关注人的因素，尊重教职工和学生的主体地位，激发积极性和创造性
人际关系与行为科学管理理论	人际关系理论强调师生间的沟通和互动，人的社会需求和情感因素重要；行为科学理论关注心理学、社会学知识在理解人的行为中的应用	创建开放、包容的教育环境，满足社会和情感需求；基于对行为的理解，识别和满足师生需求，创造创新学习环境
社会系统理论	组织视为协作的社会系统，强调内部成员间的相互作用和协调；管理者的权力来源于被管理者的接受和信任	促进有效沟通和协作，确保信息畅通；认识到管理实践中组织成员利益、需求的重要性
分层次教育管理理论	基于系统论视角，强调教育系统内部结构的层次性和差异化管理；认识和尊重学科间、学生间、教师间的差异性	实施精细化、差异化的管理策略，提高教育管理效率；根据不同层次情况优化教学方法、学生管理等，建立有效沟通和反馈机制

二、高等教育管理的方式

管理者在接受管理理论的指导时，应充分考虑到高等教育环境的特殊性和动态变化性。由于大学生活动形式多样以及高等教育环境的不断变化，管理策略不能简单套用固定模式。这要求高等教育管理者既要深入理解并灵活应用现有的管理理论，还要根据实际情况进行创新和调整，以确保管理方法能够适应学生需求和社会发展的变化。过度坚持一成不变的管理信条，往往会导致管理效果与预期背道而驰。

（一）高等教育民主化的管理方式

随着社会进步和教育理念的更新，大学生作为具有较高文化素质的群体，对民主管理的需求愈发迫切和明确。民主管理能够促进大学生在学术、生活及社会实践中的有效参与，并且有利于他们的全面发展和个性化成长。实施民主管理首先要尊重大学生的主体性，意味着要充分认识到大学生是教育活动的主体，他们的意见和需求应成为教育管理决策的重要参考。正确认识学生的价值，意味着管理者需要从学生的潜能和发展可能性出发，为他们提供适宜的成长环境和条件。建立学生参与管理的新型模式，能够增强学生的责任感和归属感，提高管理的透明度和效率。高等教育通过实施民主管理能够建立起更加开放、包容和动态的管理环境，有利于激发大学生的创新精神和实践能力，同时促进学校管理层与学生之间的沟通和理解，共同推动高等教育质量的提升。

（二）高等教育目标管理的方式

彼得·德鲁克提出的目标管理强调将组织的使命和目标具体化，并分解到各个部门和个人，确保所有成员的行动协同一致，朝着共同的目标努力。这一管理方法的核心在于明确目标、分解目标、实施目标和评估目标四个步骤。高等教育需明确总体教育目标，这些目标应与教育理念、学校发展战略紧密相连，体现学校的长期愿景和短期目标。接着，将总体目标分解为具体的部门和个人目标，此过程需要各级管理者和教职员工的参与，以确保目标的具体性和可行性。目标管理还要求高等学校在实施过程中鼓励部门和个人自主管理，设定具体的行动计划，并采取有效方法达成目标。在此过程中，教职员工的创新性和主动性被大大激发，有利于提升教学和科研工作的质量。目标达成的评估和反馈是目标管理不可或缺的环节，高等教育应定期对目标实施情况进行检查和评估，包括教学质量、科研成果、学生满意度等各方面，以此来衡量目标达成的状况和识别改进的空间。通过这一循环过程，不断调整和优化目标设定，使高等教育管理工作更加科学、高效。

（三）高等教育刚性管理的方式

刚性管理方式的应用是为了确保学校内部的秩序与效率，特别是对于大学生这一特殊群体。刚性管理为大学生提供了一套明确的行为准则，以引导他们在关键的成长期内向正面方向发展。刚性管理方式通过制度化的控制和监督，为学生的学习和成长营造了一个有序、规范的环境。大学生正处关键的成长期，他们的行为模式、思维方式和价值观都在这一时期形成和稳固。然而，由于年轻、经验不足以及自我控制能力的限制，他们可能会面临各种挑战和诱惑，容易偏离成长的正轨。刚性管理通过明确的规章制度和纪律监督，为大学生提供了一套明确的行为准则，帮助他们在复杂多变的环境中做出正确的选择，培养良好的行为习惯和自我管理能力。

高等教育需要建立一套完善的规章制度体系，覆盖学生的学习、生活及行为等各个方面，以确保学生有明确的行为标准。同时，建立健全的监督机制，确保学生能够遵守规章制度。监督机制可以包括定期的检查、评估以及反馈系统，以促进学生的自我反思和行为改进。奖惩制度是刚性管理的重要组成部分，它通过对学生行为的奖励和惩罚，强化规章制度的执行力，激励学生遵守规则，惩处违规行为。刚性管理的优势在于其清晰的指导作用和强大的约束力，它能够有效维护校园秩序，保障教育教学活动的正常进行。此外，刚性管理还能够为学生提供稳定的预期，帮助他们在规定的框架内自由发展，从而增强他们的安全感和归属感。

（四）高等教育柔性管理的方式

在当今高等教育管理领域，柔性管理方式的提出和实施显得尤为重要和迫切。随着时代的发展和学生需求的变化，单一的刚性管理已经难以满足大学生个性化、多样化的成长需求。因此，柔性管理作为一种更为人性化、灵活化的管理方式，其在高等学校中的应用，旨在营造一个更加和谐、积极的学习和生活环境，从而促进学生全面而健康的发展。柔性管理的核心在于“以人为本”，强调的是人文关怀和心理沟通，注重尊重每个学生的个性和人格，以及他们的情感和心理需求。通过建立开放、平等、互信的师生关系，柔性管理鼓励学生表达自己的意见和想法，增强学生的自我认同感和归属感，激发学生的内在动力和创造潜能。高校管理者和教师应当关注学生的情感和心理状态，通过定期的沟通和交流，了解学生的需求和问题，给予适当的指导和帮助。树立共同的价值观和目标，强化学生对学校文化的认同感，促进学生之间以及师生之间的互相尊重和理解，共同营造一个积极向上的学习氛围。柔性管理提供丰富多彩的校园活动和社会实践机会，鼓励学生主动参与，培养学生的团队合作能力和社会责任感，同时激发学生的创新精神和探索欲望。根据学生的个性特点和兴趣爱好，提供个性化的教学和辅导，帮助学生发现自己的潜能，鼓励学生自主学习，促进学生的个性化发展。

（五）高等教育系统管理的方式

系统管理指的是以相互关联的过程为系统，并加以识别、理解以及管理，从而便于组织提升实现目标的效果。高等学校教育管理具有一定的系统性管理特点，主要表现在以下几点。

1. 整体特点

高等教育管理的整体性原则强调，高校作为一个复杂的系统，其效能和成效不仅仅依赖于单个子系统的表现，而是由所有子系统的协同工作和整合效应共同决定。子系统包括教学、研究、学生服务、行政管理等，它们之间既相互独立又紧密相关，共同构成了高校运行的整体框架。根据系统论，一个健康运转的教育管理系统能够在各个子系统间建立有效的沟通和协调机制，即便某个单元出现问题，通过整体的调整和优化，也能确保整个教育系统的稳定性和发展性。因此，高校管理者在进行决策和实施管理措施时，应考虑整个系统的平衡与和谐，促使各部分之间形成良性互动，从而达到整体优于各部分总和的效果，实现高校发展目标。

2. 动态平衡特点

高等教育管理系统面临的挑战和机遇随着外部环境的变化而不断演变，因此，动态平衡性成为高校管理不可或缺的原则。要求高校管理者不仅要对教育环境的变化保持敏感和适应，而且还需要在系统内部不同要素之间，如教学、研究、学生服务、资源分配等方面，寻找并维持一种最佳的动态平衡。[①] 不断地调整和优化能够确保高校在保持内部稳定的同时，有效应对外部环境的变化，促进高校持续健康发展。[②] 动态平衡的实现要求高校管理者具备前瞻性和灵活性，同时需要建立有效的反馈机制，以实时监控和调整教育管理系统的运行状态，确保其长期稳定和高效运行。

① 王长楷 . 现代高等教育管理研究 [M]. 海口：海南出版社，2004：96.

② 吴爱萍 . 高等教育的发展与管理实践 [M]. 吉林出版集团股份有限公司，2020：172.

3. 环境适应特点

高等教育管理的环境适应性强调高校必须根据教育、社会、经济和文化等外部环境的变化灵活调整管理策略和教育模式。这涉及如何抓住环境变化中的机遇，以及应对可能的挑战，确保高校在不断变化的环境中稳定发展。例如，随着科技的进步和社会需求的变化，高校教育内容、方法及其管理方式也需相应调整，以培养学生的专业知识、实践能力和品格素养。只有做到与环境的和谐共生，高校才能在培养高素质人才和促进学科发展方面取得实效，进而提升学校的整体教育质量和社会服务能力。

第三节　高等教育管理的流程及其优化

一、高等教育管理的基本流程

高等教育管理的过程指的是管理者组织指挥本系统内的成员，为了实现预期的管理目标而展开共同活动的过程，此过程是有序的、多边的、可控的。此过程虽因管理对象与条件的不同而各有差异，但通常分为四个阶段，即计划、实施、检查、总结。

（一）高等教育管理的计划阶段

制定科学合理的计划是管理工作的首要步骤，为高校未来的发展方向和具体行动提供清晰的框架。有效的计划不仅为高校的教学、研究、人才培养、资源配置等各个方面设定了明确的目标和任务，还描绘了实现这些目标的路径和方法。前瞻性的规划有助于预防管理过程中的盲目性和随意性，确保高校管理工作的有序性和连贯性。更重要的是，通过计划的执行，可以实现高校各个部门之间的有效协调，引导全校师生形成共同的努力方向，共同致力于实现高校的长远发展目标。

1. 管理计划制订的主要依据

在高等教育管理中，制订计划是确保教育活动有序进行的重要前提。计划的制订必须紧密依据党和国家的教育方针与政策，确保每一项活动都符合国家的大方向和要求，从而确保教育活动的正确性和方向性，这是计划得以顺利执行的基础，也是实现教育目标的关键所在。依据科学理论是保证计划合理性和科学性的另一要素，包括了教育科学和管理科学等相关领域的理论，以及对专业知识的深入了解。科学方法的应用可以确保教育管理计划既合乎客观规律，又能有效引导教育实践。考虑院校的实际情况是保证计划可行的依据，包括学校的资源条件、教育质量、前期管理成效等。基于实际的计划制订，既考虑了学校的具体情况，又能够根据学校的能力和需要进行有针对性的规划，从而提高计划的实施效果和成功率。

2. 管理计划的内容

一个科学且完善的计划应全面细致，确保教育目标得以有效实现。计划需要明确管理目标，包括短期和长期目标，并将有关目标细化为具体可衡量的指标，确保目标的明确性和可实现性。接下来，计划应规定实现这些目标的具体方法、手段和途径，包括教学改革、科研项目、学生管理等各个方面的具体实施计划。同时，计划内容应涵盖任务的分工与合作，明确各部门、各岗位的职责和任务，保证人力资源的合理配置和高效利用。此外，计划还应包括所需物资、经费的预算和筹措，确保计划实施的物质基础。在制订计划时，应详细回答以下问题：将要执行哪些任务（做什么）、任务的目的和意义（为什么做）、任务执行的方式和步骤（怎样做）、期望达到的结果（做到什么程度）、任务执行的地点（在什么地方做）、时间安排（什么时间做）、负责执行的人员（谁去做）

以及必要的物质和财务保障（有什么物质条件保障）。通过全面细致的规划，高校能够确保教育管理工作的系统性、科学性和有效性。

3. 管理计划制订的方式与步骤

采用“三找一定”的方法步骤来制订计划，能够精确地定位管理中的关键问题和挑战，并为解决有关问题提供科学、系统的策略和措施。获取信息和掌握依据是制订计划的基础。结合广泛的调查研究，收集和分析与教育管理相关的各种信息，如学生需求、教学资源、政策导向等，可以确保计划的制定基于客观实际和科学预测。同时，深入学习和理解国家的教育政策及学术前沿理论，为计划的制订提供坚实的理论和政策支持。确定目标和设计方案是计划制订的核心。根据主要管理人员的初步设想和广泛征求师生意见，可以确保计划的目标具有前瞻性和实际性。讨论确定的目标和方案，应覆盖教学、科研、管理等各个方面，并充分考虑到学校的长远发展和即时需求。审议讨论和修改定案是保证计划质量的关键步骤。集思广益，比较不同方案的优劣，可以选择最佳方案，形成高质量的正式计划。在此过程中，要充分利用专业知识和经验，确保计划的科学性和可行性。上报下发和形成体系是确保计划得以实施的保障。将审定后的正式计划及时上报和下发，可以确保各级各类人员明确自己的任务和责任。各级单位根据上级计划制订相应的细化计划，形成一套完整的计划体系，有助于提高管理的效率和效果。

（二）高等教育管理的实施阶段

实施，即根据既定目标，组织全体成员，通过实际行动将计划转化为现实，从而完成既定任务、取得成绩，并最终达成目标的过程，是管理活动中最具挑战、最活跃、工作量最大且持续时间最长的阶段。在此过程中，各项任务的展开、各个层面的积极作用发挥以及各类人员的职责执行都显得至关重要。此外，调动各方面积极因素以提高实施效率，是管理者的重要职责。组织是实施阶段的首要工作，关系到能否高效利用人力、物力、财力资源，以及时间和信息的全面安排。在高等教育中，有效的组织策略包括对人员的合理安排，即根据每个成员的能力和任务需要进行工作分配，既要发挥个人的长处，也要避免其短处，确保每个人都能在其擅长的领域内发挥最大的能力。合理分配财力和物力资源，确保资源的有效使用，以及对时间的统筹安排，都是组织工作中不可或缺的环节。建立高效的管理系统和合理的规章制度同样是组织不可忽视的方面，有助于明确各个层次和岗位的职责，保证工作的有序进行。在计划的实施过程中，各种问题和情况的出现是不可避免的。因此，及时的指导变得非常重要，它可以确保各项工作按计划进行，避免资源的浪费。有效的指导需要建立良好的关系基础，深入一线了解情况，并坚持原则，讲究工作方法。管理者需要与执行者建立良好的合作关系，深入了解实际工作情况，及时调整和优化工作方案，同时也要因人而异，因事而异地提供指导，确保指导的有效性。协调是保障计划顺利实施的关键环节，它包括内部协调和外部协调两个方面。内部协调主要是指院校内各部门、各单位之间的相互配合，而外部协调则涉及高等学校与外部环境之间的相互关系。在协调过程中，处理好各种内外部关系，解决各种矛盾和问题，要求管理者具备高度的敏感性和应变能力，能够及时发现并解决问题。教育与激励是调动和发挥全体成员积极执行计划发挥潜能的重要手段。通过加强思想政治工作，管理者可以提高人员的思想政治觉悟，调动工作积极性。同时，采用合适的激励机制，如表扬、批评、奖励或惩罚等方法，可以激发人员的进取心，调动其积极性和创造性。在实施阶段，教育与激励不仅要注重物质奖励，更要强调精神激励的作用，以科学的心理学理论和方法，针对不同人员的心理特征和行为模式，采取灵活多样的激励策略，以最大限度地激发其内在潜力。

（三）高等教育管理的检查阶段

管理者定期进行运作审查能够了解计划的实施情况，比较目标与成果，还能对结果和管理效果进行综合评估。这既是对下属执行计划情况的监督和考核，也是对管理者自身管理能力的一次检验。实施检查能够及时发现问题、避免损失、总结理论经验，并促进工作的有效推进。因此，应将检查视为提高管理效果、推动工作进展的重要手段。在管理实践中，检查的方式和方法多种多样，每种方法都有其独特的优点和适用场景。例如，日常检查允许管理者通过参与各类活动来了解和考察情况，具有便捷易行的特点，且有助于深入实际、密切联系群众。会议检查通过召开会议、听取汇报来达到检查目的，虽然方便，但需注意防止形式主义。书面检查和定期检查分别通过审阅书面材料和规律性检查来实现目标，前者注重材料的审查，后者注重时间的规律性。抽样检查，则根据实际需要抽取部分对象进行检查，既有效又经济。进行检查时，必须遵循一定的原则和要求，以保证检查的有效性和公正性。检查应以计划为依据，避免以个人意志改变检查的内容和标准。检查应当经常且及时进行，以便及时发现并解决问题，防止问题的积累与复杂化。实事求是的原则是检查的基石，确保所得情况的准确性和真实性。同时，检查还应当深入全面，避免以偏概全，确保从不同角度和手段进行综合分析。检查的目的是发现并有效解决问题，因此，必须切实采取措施，解决检查中发现的问题。

（四）高等教育管理的总结阶段

总结，作为管理过程的末端环节，标志着一个管理周期的结束，同时为下一个管理周期的开启奠定基础，起到承上启下的作用。通过总结，我们能够对过去一段时间内的工作进行全面的评估，肯定成绩、总结经验、发现问题并吸取教训，为未来的管理活动指明方向并提出需要注意的问题。周期性的总结活动确保了管理活动的持续提升，形成了螺旋式上升的管理模式。

总结的过程必须科学严谨，以确保其有效性，要求总结活动必须有明确的科学依据和客观基础，依据就是事先制定的计划。通过与计划的对照，可以准确评估工作的实际成效，避免主观臆断。同时，总结应注重理论性，将实践经验升华为理论知识，使之真正成为院校管理的宝贵财富。这包括对成功经验的提炼，也包括对失败教训的深刻分析，从中发现和总结出管理活动的客观规律，为未来的管理提供理论指导。总结还具有极强的激励功能。它能够调动管理者和员工的积极性，激发他们的工作热情，为实现新的工作目标而努力。在总结过程中，对于取得的成绩应给予充分肯定和表扬，而对于存在的问题和不足，则应帮助分析原因，提供改进措施，而不是简单地批评和指责。（表 1-3）

表 1-3　高等教育管理的基本流程和特点

阶段	关键活动	特　点
计划	制订科学合理的计划；明确管理目标；设定实现路径和方法；依据国家教育方针、科学理论、院校实际情况	提供发展方向和行动框架；预防管理过程中的盲目性；促进各部门之间的有效协调
实施	组织资源和人员；指导、协调和教育激励；调动积极因素提高效率	最具挑战和活跃的阶段；需要高效的组织策略；注重实际行动和积极性调动
检查	定期进行运作审查；比较目标与成果；采用多种检查方式	监督和考核执行情况；及时发现问题，避免损失；实事求是，深入、全面
总结	评估工作成效；肯定成绩、总结经验；发现问题、吸取教训	标志管理周期的结束；承上启下，持续提升管理活动；激励功能，调动积极性

二、优化高等教育管理流程的有效途径

（一）网状管理流程体系的有效建立

构建网状的高等教育管理流程体系要求高等学校摒弃传统的行政化管理模式，转向更加灵活、开放的管理体系。通过对现有教育管理模式的深入分析，识别出其存在的不足，并进行必要的修正和补充，确保管理流程更加科学合理。此外，实施分级管理制度，明确各级部门的职责，可以有效提升管理效率。打造一支具有先进教育管理理念的管理员队伍，是实现教育管理流程科学化的基础。

（二）优化教学资源配置

优化教学资源配置，重视人才培养流程的有效管理，是高等教育管理流程优化的另一个重要方面。高等学校应根据市场的公平竞争和开放化特点，不断创新教育观念和制度，确保资源配置体系的完善。通过现代信息技术丰富教育资源，构建教学管理信息平台，以提升教学管理的专业性。同时，借助产教融合、校企合作等模式，进一步优化人才培养和管理体系。

（三）体现以生为本的管理理念

高等教育管理流程的再造和优化需要充分重视学生的主体作用，体现出以生为本的教学管理理念。要求管理者在资源配置、教育目标实现过程中，充分考虑学生的个性化需求和身心健康，尊重学生的个体差异，并重视学生专业能力与人格魅力的双重培养。与传统的教育管理模式相比，流程再造后的模式更能深刻地体现以学生为中心的教育观念，有效促进学生的全面发展。

（四）利用现代信息技术建设共享平台

充分利用现代信息技术，建设共享数据信息平台，是高等教育管理流程优化的重要策略。通过引入大数据、云计算、人工智能等前沿技术，整合教育管理资源，高等学校可以显著提升管理效率和教育质量。同时，应加强对校园网络和信息化基础设施的建设，为教育管理流程的优化提供坚实的技术支持。

第二章　高等教育教学的理论探究

第一节　高等教育教学的过程

一、高等教育教学过程的三要素

在高等教育领域，教学过程的核心由教师、学生和教学内容三个基本要素构成，形成了一个动态的、统一的互动系统。该系统充分彰显了高等教育教学的独特性，既包含了教学过程的普遍规律，也展现了高等学校教学的特殊性质。高等教育的教学过程不仅是知识的传授与接收，更重要的是通过教师与学生之间的互动，促进学生的批判性思维、创新能力和自主学习能力的发展。

（一）教师

高等学校教师的角色具有复合性，他们既要承担教学任务，又要投力于科学研究。这一双重职责赋予了高等教育独特的价值和意义。高等学校教师必须具备扎实的知识基础，站在自己专攻领域的前沿，掌握丰富的科学文化知识，并不断更新知识体系，跟进领域内的最新研究和技术发展。对知识不断的追求和更新，使得高等教育始终能够紧跟时代的步伐，培养出适应未来社会需求的人才。在教学过程中，高等学校教师的任务不限于传授已有的知识，更重要的是激发学生的思考和探索欲望。通过引导学生进入人类未知的知识领域，教师有效拓宽了学生的知识视野，培养了学生的创新意识和解决问题的能力。这种教学方法促进了学生主动学习的习惯，为学生的终身学习和未来职业发展奠定坚实的基础。与此同时，教师在处理与学生的关系时，应采取开放和包容的态度。允许学生质疑权威，保持学生的好奇心和创造意识，是激发学生思维活力的重要方式。这种方式使教师赢得了学生的尊重和信赖，并培养了学生独立思考和批判分析的能力。现代科技的快速发展对高等学校教师提出了新的要求，教师必须了解现代科技的最新发展动态，并在教学中充分应用科学技术的最新成果，以提高教学效果，激发学生对科学技术的兴趣和探索欲，为学生将来进入科研或工作领域打下坚实的基础。

（二）学生

在高等教育领域中，学生大多处于生理和心理快速成长的阶段。这一时期是他们自我意识显著发展和独立性增强的关键时期，也是他们专业技能和未来职业方向逐渐明晰的重要时期。因此，高等教育除了关注学生的知识和技能培养外，更应重视他们独立人格的形成和心理健康的发展。高等学校学生的思维特点是形式逻辑思维的基本成熟和辩证思维的快速发展，使他们能够更深刻地理解复杂的社会现实问题，并具备批判性思维的能力。这为他们解决实际问题和进行创新提供了可能。然而，这一时期学生的思想和情感也表现出一定的不稳定性。因此，高等学校在教学过程中应采取相应的措施，以支持学生的健康成长。高等教育应通过设计和实施多样化的教学活动，鼓励学生积极参与，以促进其独立性和创造意识的发展。同时，提供心理辅导和职业规划服务，帮助学生克服成长过程中可能遇到的困难和挑战，引导他们健康地形成独立人格。

（三）教学内容

高等教育的教学内容具有其独特性，体现了高等教育的深度和广度，反映了其紧密贴合社会发展和科技进步的需求。高等教育的教学内容在广度、深度和复杂性方面都有显著提升，因为高等学校是探究高深学问、传承人类知识的重要场所，且其教学内容需要反映科学技术的最新发展，满足社会对高层次人才的需求。这种教学内容的设置旨在使学生能够掌握和运用前沿科学技术，为将来的职业生涯打下坚实的基础。高等教育强调专业化的培养，旨在让学生毕业后能够在特定领域内从事专业工作。要求教学内容不仅要理论丰富，还要与社会生产和社会发展紧密相连，能够使学生对实际问题有深刻的理论认识和分析能力。紧密联系实际的教学内容设置，有助于学生将所学知识应用于实践，增强其解决实际问题的能力。随着学生认识能力的提高，高等教育更多地留给学生自主学习和思考的空间，鼓励学生在教师的指导下，对感兴趣的知识领域进行自主探索，这促进了学生主动学习的习惯和能力的培养。

二、高等教育教学过程的基础特点

（一）认识已知与探索未知相统一

高等教育的教学过程是一种独特的认识过程，旨在引导学生认识客观世界并实现全面发展。此过程通过教师的指导，将学生对已知知识的认识与对未知领域的探索统一起来，体现了教学的本质特征。特别在高等学校的教学中，此种统一性表现在传授人类已有知识上，并引导学生探索对全人类来说也是未知的新知识和新领域，这既是高等教育的共性也是其特殊性。高等学校教学过程中，教师应发挥学生的主动性和创造性，鼓励学生利用已有知识去探求新的知识，能够促进学生对已知与未知的统一性理解。如古希腊哲学家第斯多惠所说，好的教师是教人发现真理的。要求教师在教学过程中既要传授确立的知识，同时也要培养学生的独立思考能力和创新意识。教学与科研的结合是高等学校教学过程的重要特点，高等学校教师需要承担科研任务，而且要将科研与教学紧密结合，培养学生的科研态度和能力。这包括引导学生利用已知知识探求未知知识，激发他们解决学术和实际问题的兴趣，以及参与教师的科研工作，促使学生能够了解学科的最新发展动态，并在实践中学习科研的方法和思路。高等教育中的教学与科研结合还体现在对学生进行专门的科学研究训练上，通过完成毕业论文或毕业设计，学生有机会在教师的指导下进行独立探索，这不仅是对已有知识的验证和接受，更是对新知识的探索和创造。科学研究训练有助于学生真正体会到认识已知与探索未知的统一，促进其独立人格的形成和创新能力的发展。

（二）专业性与综合性相统一

高等教育在培养专门人才的同时，必须兼顾专业性与综合性的统一，这是适应现代科学技术发展和社会需求的关键。专业性教育着重于学生在特定领域内的深入学习和实践能力的培养，而综合性教育则强调基础知识的广泛性和跨学科能力的形成。这一教育理念的实施，旨在为社会培养既具备专业深度又能适应快速变化的全面发展人才。现代科学技术的快速发展带来了学科分化与综合的双重趋势：一方面，学科不断向纵深发展，新学科层出不穷，学科之间的界限日益明显；另一方面，不同学科间的交叉与融合也日趋加强，形成了许多交叉学科。这个趋势要求高等教育中的课程设置既要深入专业领域，又要拓宽学生的知识面，以适应多变的社会和工作环境。高等教育课程设置应围绕全面发展的目标进行，既包括专业训练课程，也涵盖加强基础、拓宽知识面的综合课程。此课程体系的设计，旨在培养学生的专业素养的同时，也注重其人格培养和适应性提高。通过这样的教学过程，学生能够掌握专业知识和技能，并在变化的环境中对事物进行有效的分析和采取适宜的行动。我国高等教育在不断探索专业性与综合性统一的路径。通过在低年级阶段加强基础课程教育，打通专业与系的界限，为学生后续选择专业方向提供了坚实的基础。如此的课程设置既加强了基础教育，又照顾到了专业化的需要，有效地促进了学生专业性与综合性能力的协调发展。

第二节　高等教育教学的基本原则

一、高等教育教学原则的制定

（一）高等教育教学原则的根本意义

教学原则是教学活动必须遵循的基本要求，更是连接教学理论与教学实践的桥梁。通过明确的教学原则，教学活动可以更加有效地促进学生的学习和发展，同时为教学理论的应用和发展提供了实践基础。教学原则的建立和实施有助于将教学理论具体化，并转化为实践中的具体指导。此转化过程使得教学工作能够紧密地依据教学规律进行，确保教学活动能够高效、有效地促进学生的知识吸收和能力发展。例如，学生中心原则强调教学设计和实施应围绕学生的需求和特点进行，该原则的应用有助于提升学生的学习动机和学习效果。教学原则的确立是基于对大量教学实践经验的总结和概括，反映了教学规律，并且是对优秀教学实践的系统化表达。实践经验的总结和提炼能够指导教师进行更有效的教学设计和实施，为教学理论的发展提供了实证基础。通过不断地实践、总结和理论化，教学原则能够不断更新和完善，以适应教育发展和社会需求的变化。适当的教学原则体系的确立能够在潜移默化中促进教学工作的科学化和规范化，使教学活动更加目标明确、方法科学，还可以提高教学质量和效率。例如，差异化教学原则要求教师根据学生的不同特点和需求采取不同的教学策略，有助于满足学生的个性化学习需求，促进每个学生的全面发展。教学原则的实施也是促进教学理论和教育科学发展的动力，将教学原则应用于实践，可以验证和丰富教学理论，推动教育科学的进步。同时，随着教育实践的不断发展和深化，新的教学原则和理念也将被提出，有助于教育理论的创新和完善。

（二）制定高等教育教学原则的依据

教学原则在高等教育中起着桥梁和纽带的作用，指导教师和学生有效地进行教与学的活动。教学原则的建立，既需要基于教学理论，也需要吸纳教学实践的丰富经验，是理论与实践相结合的产物。教学原则的制定需基于对教学规律的深入理解，由于教学规律是教与学过程中内在联系的反映，它并非完全是固定不变的，而是随着社会的发展、科技的进步和教育理论的创新而不断演化。因此，制定教学原则时，不能过于依赖于某一特定的教学理论，而应综合各种理论，并根据社会要求和教育目标的变化灵活应用。教学原则的建立必须坚持科学的世界观和方法论，马克思主义的历史唯物主义和辩证唯物主义提供了分析和综合教学理论、指导教学实践的科学方法，从而更加深入地理解教学活动的本质，确保教学原则既具有科学性也具有实践性，能够有效指导高等教育教学活动。教学原则的制定还应充分考虑教学实践的经验总结，教学实践是教学原则的重要来源，不同时代、不同地区的教学实践都蕴含着宝贵的经验和智慧。同时，教学原则的制定还需借鉴国内外的教学理论和实践经验。在全球化的背景下，国际教育交流日益频繁，吸取国外教学理论和实践中的有益成分，可以丰富和完善我国的教学原则体系。此外，继承和发扬我国教育传统中合理的教学原则，结合我国的社会主义教育目标，为高等教育的发展提供坚实的理论支撑。

二、高等教育教学原则的体系

（一）科学性与思想性结合

在高等教育领域，将科学性与思想性相结合的教学原则至关重要。它要求教学内容具备科学性，即向学生传授精确、严谨的科学知识。同时，这一原则还强调在教育过程中对学生进行思想品德的培养，以及马克思列宁主义科学方法论的渗透，旨在使知识教学与思想教育成为一个有机整体。教师的科学知识水平和思想方法素养直接影响教学质量和学生的学习效果。因此，教师需具备严谨求实的科学态度和科学的世界观、方法论。这不仅是教师个人素养的体现，更是教育活动中传递给学生的重要价值观。教师应通过自我学习和研究，在教学过程中有效结合科学性与思想性，为学生树立正确的学习典范。教师需要紧跟科学技术的最新发展，不断更新教学内容。随着科学技术的快速发展，新的理论、新的知识不断涌现，教师应及时将新成果引入教学中，使教学内容保持新鲜感和时代感。教师通过对新知识的马克思主义分析和评价，能够培养学生的科学兴趣和科学意识，帮助学生形成批判性思维能力，学会科学地分析和评价新理论、新观点。教师应引导学生对现实问题进行科学分析和思考。大学生对现实社会问题通常具有较高的兴趣，将相关问题纳入教学内容能够激发学生的学习兴趣，促进学生学以致用，将所学知识应用于现实问题的分析与解决中。这有助于学生形成正确的世界观和方法论，并培养其实事求是的态度和分析解决问题的能力。

（二）知识积累与智能发展结合

实现知识积累与智能发展的有效结合，可提升教学质量、促进学生全面发展。该原则要求教学除了向学生传授必要的基础知识和专业知识，打下坚实的知识基础，同时还需注重智能的培养和能力的发展。这样，学生在积累知识的同时，还能够有效地运用这些知识解决问题，提高解决问题的能力。知识积累是智能发展的基础。在教学过程中，教师需要向学生传授系统的基础知识和专业知识，为智能的发展提供了必要的条件。然而，知识的积累并不自然导致智能的提升。因此，教学中需要清晰地区分知识与智能的差异，并有意识地促使二者的转化。教师应鼓励学生不能一味停留在知识的接受层面，更重要的是要学会分析、综合运用所学知识，从而实现从知识到智能的转化。教学过程应注重激发学生的学习积极性和主动性，因此真正的学习是主动探索的过程。教师的任务是引导学生从已知探索到未知，促进学生的主动学习。要求教师在教学设计中充分调动学生的积极性，鼓励他们积极参与学习过程，通过解决实际问题来积累新知识，同时发展智能。教师应采用启发式教学方法，引导学生思考、探索和解决问题，从而在知识的积累中促进智能的发展。教学内容的难度应与学生的知识水平和智能结构相适应，教学内容的选择和安排应既要挑战学生，又不超出他们的接受范围。适当增加教学内容的难度，可以激发学生的学习兴趣，促使他们通过努力探索来掌握新知识，从而在知识积累的过程中实现智能的提升。教学中还应重视基础知识的教学。基础知识是构成学科知识的框架，具有广泛的学习迁移价值。教师应强调基础知识的教学，确保学生掌握了解决问题的基本工具和方法，为后续的学习打下坚实的基础。同时，基础知识的扎实掌握对智能的发展具有重要影响，有助于学生在未来的学习中更有效地分析和解决问题。教学原则的实施还需培养学生的学习兴趣。兴趣是学习的最佳驱动力，教师应通过各种方法激发学生的学习兴趣，使学生在学习过程中保持高度的积极性和探索精神。将学习内容与学生的生活经验和兴趣相结合，可以更好地引起学生的学习动机。与现实生活中的问题相联系，使学生在积极探索中不断积累新知识、发展智能。

（三）理论联系实际

在高等教育中实施理论联系实际的原则，是培养学生综合素质，提高其分析和解决实际问题能力的重要方式。该原则要求教学活动要强化理论与实际应用之间的紧密联系，从而使学生能够将所学理论知识灵活运用于实践之中，解决实际问题。要培养学生的实践能力，必须首先确保他们具备扎实的理论知识基础。要求在教学过程中深入地讲授理论知识，注重理解和掌握理论的本质和核心，避免学生对理论知识的肤浅理解或教条化学习。理论知识的教学应着力于教“透”和教“活”，既要使学生深入理解理论知识的深层含义，又要培养他们在不同情境下灵活应用理论的能力。高等教育应通过实践教学环节，如实习、社会调查、实验、毕业设计等方式，为学生提供丰富的实践机会，使他们能够在真实的社会环境中将所学理论知识应用于实践，通过实际操作加深对理论知识的理解和掌握。同时，通过产学研结合的方式，建立校企合作平台，为学生提供更加贴近产业和社会需求的实践场景，进一步强化理论与实践的结合。在教学过程中，应充分展示理论形成的历史过程，让学生理解理论知识并非凭空产生，而是在长期的实践活动中逐渐形成和完善的。学科发展史的教学可以使学生认识到理论与实践是相互作用、相互促进的，从而更加重视实践活动中理论知识的应用和检验。实施理论联系实际的原则，还需培养学生的创新意识和批判性思维能力。在将理论知识应用于解决实际问题的过程中，鼓励学生进行创新性思考，敢于质疑现有理论，勇于探索未知领域，不断地在实践中检验和丰富理论知识。

（四）教学与科研结合

在高等教育中实施教学与科研相结合的原则，是培养学生科学精神、独立探索能力和创新能力的重要途径。这一原则不仅突显了高等学校教育与普通中小学教育在职能和教学过程上的本质区别，也体现了高等教育培养高素质复合型人才的目标。通过将科研活动融入教学过程，学生能够系统地接受科研训练，掌握科学研究的基本方法，还能在实践中学习如何提出问题、设计实验、如何分析数据和解决实际问题，这样做有助于激发学生的探索精神和创造力，同时也培养他们的科学态度和科学精神。在实际教学过程中做到教学与科研相结合，应注意以下几点：

1. 教师应致力于提高科学研究能力

在高等教育领域，教师的科学研究能力直接影响教学质量和学生的学习体验。教师是知识的传递者，更是创新思想的引导者和学术研究的先行者，因此，努力提高科学研究能力，实现科研与教学的有机结合，对教师而言具有重要意义。通过科研活动，自身可以不断更新教学内容，使之紧跟学科前沿。在科研过程中获得的新理论、新知识和新见解，可以及时反馈到教学中，有助于学生接触到最新的学术成果，激发他们的学习兴趣和探索欲望。教师在科研过程中形成的严谨求实的科研态度和方法，也能通过教学活动传授给学生，培养其科学思维和研究能力。教师引导学生参与科研工作，能够提高学生的实践能力，培养他们的创新意识和团队协作精神。通过参与真实的科研项目，学生能够将理论知识与实际问题相结合，深化理解，并提升解决问题的能力。同时，也为学生未来从事科学研究或进入职业领域奠定了坚实的基础。即使是以教学为主的教师，也应积极开展科学研究。通过对教学内容中的重点和难点进行深入研究，教师可以探索新的教学方法和解决问题的思路，从而提高教学效果，促进学生的全面发展。在此过程中，教师的科研成果不仅能够丰富教学内容，还能够作为教学改革的依据，推动教学方法的创新和完善。

2. 注重学生创造力的有效培养

在高等教育中，实施教学与科研相结合的原则的核心目标之一是培养学生的创造力。创造力不仅是解决已知问题的能力，更是在已有知识基础上进行创新，产生新思想和新事物的能力，这种能力对学生未来在科学研究或其他领域取得成就是至关重要的。因此，如何在高等教育中有效培养学生的创造力，成为教学与科研结合的关键。教师应不断提出问题，激发学生的好奇心和探索欲，引导学生自主提出问题，并在教师的指导下探求答案。学生可以在不断的探索和思考中锻炼自己的创造性思维。以问题为导向的教学模式，能够使学生始终保持积极的探索状态，从而在解决问题的过程中培养其创造力。鼓励学生参与各种科学研究活动，是培养创造力的重要手段。通过参加科研项目、学术竞赛等活动，学生可以在实践中运用所学知识，面对真实的科学问题，从而锻炼其创新思维和解决问题的能力。同时，教师应捕捉学生在科研活动中产生的创新想法，并提供必要的指导和支持，帮助其将这些创新思维转化为具体的科研成果。改革教学内容，将现代科学技术的最新发展融入教学，也是培养学生创造力的一项措施。教师向学生介绍最新的科学发现和技术进步，能够扩展其知识视野，激发探索兴趣和创新欲望，促使学生思考如何将新知识应用于解决实际问题。

3. 培养学生正确的科学态度，形成良好科学研究品德

科学态度包括对待科学研究的严谨求实态度，以及面对挑战和困难时的坚韧不拔精神。科学态度和品德的培养，对学生未来无论是在学术还是在职业生涯中都具有深远的影响。教师在教学过程中应通过具体实践，引导学生认识到科学研究的价值和意义，激发他们对科学的兴趣和热情。通过介绍科学研究的历史案例、现代科学成就及其背后的科学精神，可以让学生了解到科学进步对社会的重大贡献，从而激发他们追求科学真理的动力和勇气。同时，教师需要通过言传身教，树立实事求是、认真踏实的学风，引导学生形成正确的价值观。在学术研究中，强调原创性和诚信性的重要性，鼓励学生自主探索，勇于克服困难，坚决反对

任何形式的学术不端行为，如弄虚作假、抄袭剽窃等。培养学生的集体合作精神也是科学态度和品德培养中不可忽视的方面。科学研究往往需要团队合作，教师应鼓励学生在研究过程中相互帮助、共同进步，形成积极健康的科研风气。

4. 结合科研训练与各门课程教学

在高等教育中，将科研训练与各门课程的教学紧密结合起来是培养学生科研能力的有效途径，能够充分利用课堂教学资源，使学生在掌握专业知识的同时，培养科学研究的思维方法和实际操作能力。通过在课程教学中引入科研元素，如案例分析、课题研究、数据处理等，学生能够更好地理解和吸收理论知识，同时提高解决实际问题的能力。这种教学模式强调理论与实践的结合，有助于学生建立科研意识，为未来的科学研究或职业生涯打下坚实的基础。

（五）系统性与循序渐进原则

系统性与循序渐进原则强调教学过程中需要将知识体系的完整性与学生认知发展的阶段性相结合，旨在通过有序、分层次的教学活动，使学生能够在扎实的知识基础上逐步提升认识能力，培养创新思维和实践技能。每门课程的知识点应围绕核心概念和理论构建成严密的逻辑体系，使学生掌握学科的基本框架和运作机制，还能促进学生深层次地理解和思考。同时，课程之间的联系不应是孤立的，而应通过合理的课程设置和组织，形成互补互联的知识网络，从而构建起一个有机的整体，使学生能够在更广泛的领域内应用所学知识，提高解决复杂问题的能力。在教学安排上，教师应考虑学生的认知起点和发展阶段。教学内容从简单到复杂、从易到难、从具体到抽象逐步推进。循序渐进的教学方法有助于学生稳步提升认知能力，避免学生因难度过大而产生挫败感，同时也能有效避免学生对基础知识的忽视。通过分阶段的学习，学生能够在每个阶段都获得成就感，从而增强学习动力，促进持续发展。培养学生正确的科学态度和良好的科研品德是实施系统性与循序渐进原则的重要内容，教师应引导学生树立实事求是、勤奋刻苦的学风，并鼓励学生面对学习和研究中的困难和挑战保持坚韧不拔的精神。教师结合教学和科研活动传授知识，教会学生如何学习，如何研究，如何面对失败和挑战，培养学生的批判性思维、创新能力和团队协作精神。教师需要根据学科特点和学生的实际情况，灵活调整教学策略和方法，充分调动学生的主动性和创造性。通过精心设计的教学活动和科研训练，教师可以有效地帮助学生克服好高骛远、浮躁急躁的心理，引导学生形成系统性和循序渐进的学习习惯，为学生的终身发展奠定坚实的基础。

（六）因材施教与统一要求结合

在高等教育的教学过程中，因材施教与统一要求结合体现了教育的个性化和差异化需求，强调了教育的普遍性和共性，引导指导教师在尊重学生个体差异的同时，确保所有学生达到一定的共同标准。了解学生的实际情况是实施因材施教的前提，教师需要通过观察、交流、测试等方式，全面掌握学生的知识背景、学习能力、兴趣爱好及特长等信息，从而制定出针对性的教学方案。针对性的教学旨在最大限度地发挥每位学生的潜力，使其在自己擅长和感兴趣的领域里取得更大进步。例如，对于数学基础较好的学生，教师可以提供更具挑战性的问题和研究性的学习机会，而对于基础相对薄弱的学生，则需要提供更多的基础知识讲解和练习，帮助他们巩固基础。在尊重个体差异的同时，必须确立统一的学习要求，以确保教育质量和培养目标的达成。统一要求通常体现在学校的教学目标和学生应达到的知识、能力标准上。在此基础上，教师可以采用多样化的教学方法和策略，以适应不同学生的学习需求，但所有教学活动的最终目的都是帮助学生达到既定的教育目标。为此，教师需要设计灵活多样的教学内容和活动，同时设置合理的评价标准，以确保每个学生都能在自己的发展道路上不断进步，最终实现全面发展。

（七）教师主导与学生主体结合

教师主导与学生主体结合，是实现高质量教学和培养创新人才的重要策略。该原则旨在平衡教师引导与学生自主学习的关系，使学生在教师的指导下能够主动探索和学习，从而促进学生全面发展和个性化成长。教师需要引导学生理解学习过程，并掌握正确的学习方法。在高等教育阶段，学生已拥有一定的学习基础和自主学习能力，因此，教师的角色应从单纯的知识传递者转变为学习的引导者和思维启发者。通过对学生进行学习方法的训练，帮助学生建立正确的学习观念，并掌握有效的学习策略，使学生能在学习中主动地寻找问题、分析问题和解决问题，提高学习效率和质量。启发式教学方法是激发学生学习兴趣和主动性的重要手段。通过提出问题、讨论、实验等教学活动，教师不仅能够激发学生的好奇心和探索欲望，引导学生在解决问题过程中主动思考和探索，培养学生的批判性思维和创新能力。这种方法促使学生在学习中发挥主体作用，有助于他们形成独立解决问题的能力和习惯。教师应在尊重学生的基础上对学生提出严格要求，尊重学生的个性和差异，理解学生的需求和兴趣，这是建立有效教学关系的前提。在此基础上，教师通过设定清晰的学习目标、严格的学习标准和合理的评价体系，引导学生形成自律、自主的学习态度，养成良好的学习习惯和思维方式。严格的学习要求不仅能够激励学生挑战自我，提升能力，还能在学生心中树立追求卓越的学习理念。实现教师主导性与学生主体性的有效结合，需要教师具备高度的教学智慧和敏感度。教师应根据学生的学习情况和需求，灵活调整教学策略和内容，创造条件让学生在学习过程中发挥主导作用，同时通过有效的引导和点拨，确保学习活动沿着正确的方向发展。（表2-1）

第三节　高等教育教学的方式

一、教学方式的基本理论

（一）教学方式的基础概念

教学方式的选择与实施对于实现教学目标和完成教学任务具有决定性作用。教学方式的内涵既包括广泛的教学策略，如教材编写、课堂组织形式，也特指教师在教学活动中采取的具体措施，如如何有效地传递科学知识、培养学生的能力和智力，以及如何形成学生的良好道德品质和综合素养。教学方式的选择需考虑教学内容和目标，并基于学习者的认知心理和情感意志，以促进学生的全面发展。教学方式与学生的学习方式之间存在密切联系，二者相互影响，共同推动学生认识能力的发展。教师的教学方式应当能激发学生的学习兴趣，引导学生主动探索和学习，同时要考虑到学生的个体差异，采取个性化的教学策略，以适应不同学生的学习需求。因此，教学方式的选择和应用是高等教育教学中的一个复杂而又关键的问题。

（二）教学方式的基本范畴

在现代教育实践中可以清晰地看到，有的教师倾向于将教学方式看作是科学的，而有的则认为它更接近艺术，两种不同的倾向对教学实践和教学改革方向都有着深远的影响。若将教学方式视为科学，教学改革的方向便是如何科学化教学方式，为之制定评价标准，推广那些“最优化”“规范化”“科学性强”的教学方式。相反，若将教学方式视作艺术，改革方向便鼓励教师创造性地结合自己的学科和特点，形成独特的教学风格。显然，两种倾向各有其偏颇：前者过于强调共性，而后者则偏重个性。在解答教学方式的归属问题上，不能简单地衡量科学与艺术的轻重。事实上，科学与艺术在教学方式中是辩证统一的，主要表现在：教学方式中既包含科学成分，也有艺术成分；教学方式的艺术性是建立在科学基础之上的，而科学性又需要通过艺术形式来体现。科学提供了教学方式的共性、普遍性和规范性，而艺术则体现了个性、特殊性和创造性。教学方式的效果取决于这些元素如何辩证统一。因此，高校教学方式的运用和改革应遵循的原则是：在掌握教学方式的共性、普遍性和规范性的基础上，追求个性、特殊性和创造性。这并不意味着科学原理、规范和程序的掌握是次要的，相反，它们是形成有效教学艺术的基础。“熟”，即对科学原理、技能、规范的熟悉和掌握；“巧”，则是在熟练的基础上的创造性运用。没有“熟”，便无法达到“巧”的层次；只有“熟”而不能生“巧”，则表现为教学的僵化和刻板。在该视角下，一些被公认为教学效果良好的教师，无疑都在不同程度上遵循了教学方式的科学原理、规范和程序，再在此基础上发挥其教学的艺术作用。因此，提高教学水平的关键，在于教师如何在掌握科学原理的基础上，创造性地运用教学艺术。这要求教师需要深入了解自己所教授的学科内容，并具备灵活运用教学原理和技能以适应不同学生需求的能力，以及不断创新和改进教学策略的创造性思维。

（三）教学方式的基本性质

教学方法的选用应当基于具体的教学场景和目标，同一种教学方法在不同的学科、不同的教师手中、针对不同的学生群体可能会产生截然不同的教学效果。其差异性表明，教学方法的适用性和有效性是相对的，需根据具体情境灵活调整和选择。因此，评价一个教学方法的优劣，不能仅凭单一标准或单一情境下的效果，而应考虑其在不同条件下的适应性和功能性。教学方法的设计和选择应当考虑其特定的功能和作用，针对不同的教学目标和教学环节，某些方法可能更为适用。例如，讲授法在传授基础知识时效果显著，而讨论法在培养学生批判性思维和沟通能力方面可能更为有效。因此，教师在实施教学时，需根据教学目标的不同，灵活运用各种教学方法，以达到最优的教学效果。教学方法的选用不应仅取决于其传统性或现代性，而应更多考虑教育理念的指导。传统教学方法在正确的教育理念指导下可以发挥出色的功能，而最新的教学技术和方法也可能因不当的应用而效果不佳。因此，教学方法的选择和应用需要教师深入理解和贯彻正确的教育理念，确保教学活动能够真正促进学生的全面发展。

（四）高等学校教育方式的特殊性

高等学校的教学方法体现了独特的教育理念，其独特性既源于高等教育的本质，也与大学生的心理和生理成熟程度密切相关。虽然高等学校和普通中小学在使用教学方法的基本原理和原则上保持一致，但由于高等教育的专业性和大学生的成熟特点，高等教育在教学方法的应用上呈现出特殊性。高等学校教学紧跟社会发展和科学文化知识的前沿，其教学方法需具备专业针对性，还应具有探索性。探索性体现在教学活动中的创新和研究，鼓励学生积极参与科学文化知识的发展过程，掌握科学的方法论。因此，高等学校的教学方法与普通中小学相比，更加注重专业性和前瞻性，旨在培养学生的独立思考和科学研究能力。大学生的心智已接近成熟，他们对知识的获取不再是简单的接受，而是需要通过深入探究、批判性思考和实践应用来实现。要求高等教育的教学方法更加接近于研究方法，使学生能够在学习过程中掌握科学的思考方式和研究技能，为未来的职业发展和科学研究打下坚实的基础。尽管许多教学方法在中小学和高等学校中都有应用，如讲授法、讨论法等，但在高等教育中的应用需要考虑到其服务的特定目标和背景。高等教育的教学方法需充分考虑大学生的认知水平、心理特点和学习需求，以及教学内容的深度和复杂性，从而实现教学目标。因此，高等学校教学方法的特殊性主要体现在对专业性和探索性的强调，以及对研究方法的接近性。教师在运用教学方法时，应避免简单地将中小学的教学做法复制到高等教育中，而应结合高等教育的目标和大学生的特点，灵活调整和优化教学策略。

二、高等教育教学方式选择的制约因素

（一）制约高等教育教学方式选择的外部因素

随着科技进步，新的教学工具和方法不断涌现，在很大程度上扩展了教学的可能性，提高了教学效率。例如，数字化技术的发展使得在线教学成为可能，为远程教育提供了强大的技术支持。同时，高效的多媒体演示工具、虚拟现实（VR）和增强现实（AR）技术的应用，为实验性和互动性教学提供了新的手段。所以，教师应不断更新自己的技能，适应新技术的应用，并充分利用这些技术来优化教学方法，提升教学质量。在不同的政治体制下，教育的目标和功能有着不同的定义，直接影响到教学方法的选择和应用。例如，民主政治体制倾向于鼓励批判性思维和开放式讨论，促进学生的自主学习和创新能力的培养。相反，某些集权体制可能更偏向于采用传统的讲授法，强调知识的传递和记忆。此外，经济发展水平也会影响教学方法的选择，发达国家和地区往往有更多资源投入教育领域，能够采用更先进和多样化的教学方法。不同文化背景下的教育观念和价值观也会影响教学方法的选择和应用，例如，有的文化可能更重视集体协作和团队精神，而有的文化可能更强调个人主义和独立思考。文化传统也影响着教师和学生之间的互动方式以及对知识和学习的整体看法。教师需要了解并尊重文化差异，采用适应性强的教学方法来满足不同背景学生的需求。

（二）制约高等教育教学方式选择的内部因素

高等教育教学方法的选择不仅受到外部因素的影响，内部因素也起着至关重要的作用。内部因素直接影响教师在选择教学方法时的决策过

程，通常分为直接和间接两类。直接因素涉及教育目标、教育理论、学生学习规律的理解，以及对师生关系和课堂气氛的认识等方面，为教师提供了明确的参考框架，指导他们根据教学内容、学生特点及学习目标选择最适合的教学方法。间接因素则包括专业培养目标、教学原则的制定，以及对社会需求的响应，虽然不直接影响教学方法的选择，但在背后影响着教学设计的整体方向和教育质量。教师在选择教学方法时，需要综合考虑这些内部因素，使教学活动既符合教育理念和目标，又能适应学生的学习需求和成长趋势。

1. 教学目标与教学方式选择的关系

在高等教育中，明确和具体的教学目标是指导教学活动的基石。教学目标不仅反映了教育者对学生所期望达到的知识、技能和态度的概括，而且提供了评价教学成效的标准。因此，确立清晰、可度量的教学目标是至关重要的，要求教育者将抽象的专业培养目标具体化为详细的课程和课时目标，以便于教学方法的选择和教学效果的评估。教学策略是实现教学目标的桥梁，涉及对教学活动的整体规划，包括教学方法的选择、教学资源的配置和学习活动的组织形式等。教学策略的设计应基于对教学目标的深刻理解，同时考虑学生的学习需求和背景，以及课程内容的特点。教学策略的有效性，往往体现在是否能够促进学生达到预设的学习目标上。合适的教学方法能够直接影响教学目标的实现程度，例如，对于培养学生的实验操作能力，实验法比传统的讲授法更为有效。然而，为了实现复杂的教学目标，常常需要将多种教学方法进行优化组合，并通过实践反复检验其效果，从而确定最优的方法组合。教学过程是一个动态的、互动的过程，教学目标与教学方法之间的关系也应是灵活和可调整的。教育者需要根据学生的学习进展和反馈，不断调整教学策略和方法，以确保教学目标的有效实现。这一动态匹配过程要求教师具备敏锐的洞察力和适应性，能够迅速识别并应对教学过程中出现的问题。

2. 教学内容与教学方式选择的关系

教学过程本质上是一种认识过程，旨在通过特定的方法增进学生对知识的理解和掌握。各个学科和内容领域因其独特的认识对象和规律，要求采用相应的教学方法。例如，文学课程强调对文本的深入解读和批判性思考，适合采用讨论和案例分析法；而物理学科则注重公式的推导和实验验证，需要采用演示和实验法。教师在选择教学方法时，必须考虑到这些认识过程的特点，以确保教学活动能有效地促进学生对学科知识的理解和掌握。各学科内容本身的特点也直接影响教学方法的选择，每个学科都有其特殊的知识结构和学习要求，这决定了某些教学方法比其他方法更为适合。如社会学依赖于对社会现象的观察和调查，因此社会调查法成为这一学科的重要教学方法；数学课程则要求学生通过大量的习题练习掌握解题技巧，因而习题演示和解题方法的讲解尤为关键；化学学科则依赖实验方法来验证理论，强调实验操作和结果分析的能力培养。针对学科内容特点选择合适的教学方法，可以更好地引导学生深入学习，提高学习效率。学科间的差异也导致了教学方法的多样化需求，随着课程综合化的教学改革趋势，学科间交叉融合，要求教学方法能够适应这种综合的需求。例如，跨学科的项目式学习要求学生将不同学科的知识运用于实际问题解决，因此需要采用项目教学法；问题教学法则侧重于通过提出问题驱动学生探究，适合于促进学科间知识的联系和应用。

3. 教学事项与教学方式选择的关系

教学事项是课堂教学的基本骨架，直接影响教学效果。理解并有效地应对教学事项，是提升教学质量、优化学习体验的关键。具体到教学方法的选择，此过程必须细致考虑各类教学事项，以确保所采用的方法能够有效支持学习目标的实现和学生能力的发展。教学事项覆盖了从课程开始到结束的全过程，包括明确教学目标、激发学习动机、回顾既往知识、引入新内容、突出关键难点、应用新知识以及评价学习效果等关键环节。这些环节呈现了课堂教学的逻辑顺序，反映了教学活动的复杂性和层次性。每一个环节都有其独特的目的和作用，需要通过恰当的教学方法来实现。教学方法的选择必须紧密结合具体的教学事项，以确保每个环节的教学目标能够得到有效实现。例如，讲授法适合用于传递新知识，因其能够高效、集中地向学生介绍新内容。而角色扮演法和讨论法则更适用于激发学生的学习动机、促进学生新知识的应用和加深对知识的理解。在引入新内容时，讲授法能够确保学生快速获取必要的知识体系和理论框架，为后续的深入学习打下基础。然而，讲授法在促进学生主动学习和批判性思维方面的作用可能有限。在激发学习动机和应用新知识方面，角色扮演法通过模拟真实场景，增强学生的学习兴趣和参与度，使学习过程更为生动、实际。讨论法通过启发式提问和集体讨论，激发学生的思考和探究精神，帮助学生巩固旧知识，并与新知识建立联系，从而加深理解。

4. 教师素质、个性与教学方式选择的关系

教师素质，特别是业务素质，对于教学方法的选择和应用起着决定性作用。业务素质包括教师的学科知识能力，以及教育和教学理论水平以及相关的技能技巧。一个对教育理论有着深刻理解并且掌握多种教学技能的教师，能够根据教学目标和学生的特点，灵活选择和运用不同的教学方法，有效提高教学效果，促进学生全面发展。加强教师在教育、教学理论和技能方面的培训，是提高教学质量的关键，它能够帮助教师更好地理解和掌握教学方法的本质和适用场景，并能促进教师在教学实践中的创新和自我提升，为学生提供更加丰富、有效的学习体验。教师的教学风格、与学生的互动方式、对课堂气氛的偏好等个性化因素，都会影响到教学方法的效果。例如，一位开朗、亲切的教师使用角色扮演法或讨论法时，可能更容易激发学生的参与热情和学习兴趣，而一位严

肃、保守的教师可能在使用讲授法时更能体现其优势。因此，教师在选择教学方法时，应当考虑到自己的个性特征，选择最适合自己教学风格的方法。同时，教师也应当意识到个性的多样性和灵活性。通过不断学习和实践，逐渐拓宽自己的教学方法应用范围，使自己能够根据不同的教学场景和学生需求，灵活调整教学策略。

5. 学生个别差异与教学方式选择的关系

心理学研究揭示了学生在认知风格、学习能力、知识背景等方面的差异，这些差异要求教师必须在教学方法上进行灵活调整，以适应不同学生的需求。教学方法改革的方向和主要任务必须基于对学生个体差异的深入理解，采用更加个性化和差异化的教学策略，以最大限度地促进每个学生的发展。以学生为中心的教学方法改革不仅能够提高教学效果，还能激发学生的学习兴趣和积极性，为高等教育培养出更多具有创新能力和实践能力的人才。

三、常见的传统教学方式

（一）传统讲授方式

1. 讲授方式的意义

讲授法作为一种传统且广泛应用的教学方法，主要依靠教师的口头讲解，通过叙述、解释、论证等方式传递知识，旨在帮助学生理解和掌握间接知识。然而，需要明确的是，讲授法的实质在于教师的讲解只是引导和帮助学生理解的手段，而非直接的知识传递，学生的主动理解和内化才是知识学习的关键。讲授法能够在较短的时间内向学生传授大量的知识，特别适合基础知识和理论概念的讲解。教师可以系统地组织教学内容，使知识结构清晰、逻辑性强，便于学生理解和记忆。教师可根据教学计划和目标，有效控制教学进度和难度，确保教学内容的全面性和深度。讲授法主要是以教师活动为主，学生处于被动接受的状态，缺乏足够的互动和参与，可能影响学生学习的积极性。由于讲授法较难针对学生的个别差异进行调整，不利于因材施教，可能导致部分学生的需求得不到满足。过度依赖讲授法可能会限制学生自主探索和自学的机会，不利于培养学生的自主学习能力和批判性思维。在运用讲授法时，教师应成为学生理解的引导者和促进者。借助巧妙的提问、适时的互动和案例分析等方式，教师可以激发学生的学习兴趣，引导学生主动思考和理解，从而提高教学效果。

2. 教学讲授内容的有效处理

在讲授内容的处理上，教师应精心选择和组织教学内容，能够根据专业培养目标、学科的特点以及学生的实际情况进行有效加工和优化，提高讲授的效率和质量，激发学生的学习兴趣和探索精神，培养学生的创新能力和批判性思维。讲授内容的选择应紧密围绕专业培养目标展开，这意味着教师在讲授过程中不仅要传授基础理论和知识，还要结合专业的实际需求，引导学生理解和掌握专业技能。这样，学生便能够逐步建立起完整的知识体系，为未来的职业生涯奠定坚实的基础。讲授内容的科学性不仅体现在传授确定的知识上，更在于引导学生面对科学的不确定性，鼓励他们发现问题、提出问题，并探索解决问题的方法。这种不确定性的介绍有助于激发学生的好奇心和创造力，培养学生的科研素养和独立思考能力。将思想性贯穿于讲授内容中，是高等教育中不可忽视的重要方面。教师在讲授时要结合学科内容的特点，引入相关的思想和理论，帮助学生形成正确的世界观和价值观。同时，教师需要避免偏离教学主题，确保讲授内容既要有深度又要贴近实际，既能引发学生思考又能促进知识的理解和应用。在讲授内容的处理上，准确识别并突破重点与难点，能够提升教学效果，帮助学生在复杂的知识体系中找到学习的切入点，有效地促进学生对核心知识的掌握和应用。教师对重点和难点的深入讲解和分析，有助于学生在思维和认识上实现突破，从而加深对学科知识的理解。

3. 讲授方式在教学中的实际应用

讲授方法的有效运用直接关系到教学质量和学生学习效果。基于此，教师在运用讲授方法时应遵循以下四项基本要求，以确保讲授的效率和效果：激发动机、同步思维；结构严谨、说理深刻；虚实结合、表述生动；注意反馈、及时调整。运用问题法或矛盾分析法是激发学生学习动机的有效途径，教师通过提出问题或展示知识间的矛盾，引发学生的思考和好奇心，从而激活学生的学习动力。讲授法能促使学生在课堂上积极参与，主动探索问题的答案，使学生的学习过程成为自我发现和自我解决问题的过程。科学知识的讲授是一个充满逻辑性的过程，要求教师在讲授时能够严格遵循逻辑结构，清晰地展示知识体系。通过比较、分类、归纳、演绎、分析和综合等逻辑方法，教师可以帮助学生构建起科学的知识框架，促进学生逻辑思维能力的发展。在此基础上，教师应深入浅出，通过充分的论证和典型实例，使学生加深对知识的理解。教师应将抽象的理论知识与具体的实际案例相结合，并通过实例讲解、现场演示等直观方法，使学生能够直观感受到理论知识的实际应用，增强学生对知识的兴趣和理解。此外，教师还应注意讲授语言的生动性，通过使用形象、贴切的语言和例子，使抽象的概念变得生动和容易理解。教师在讲授过程中应密切关注学生的反馈信息，通过观察学生的表情、态度和提问等，了解学生对讲授内容的接受情况。根据学生的反馈及时调整讲授策略和内容，是保证讲授效果的关键。例如，当发现学生对某一知识点理解困难时，教师应灵活调整教学策略，包括适时调整讲解深度和速度，甚至改变讲授方法，以确保所有学生都能跟上教学进度。除了教师的讲授技巧外，学生的听课方法也是影响讲授效果的重要因素。教师应指导学生如何有效地听课，包括教授学生如何抓住讲授的重点、如何进行逻辑思考，以及如何进行有效的笔记记录等，促使学生能够更加主动、有效地参与课堂学习，提高学习效率和效果。具体而言，讲授法在教学中的实际应用如图 2-1 所示。

图 2-1　讲授法的有效应用

4. 实施讲授法的备课环节

无论对于经验丰富的老师还是刚步入讲台的新教师，认真的课前准备都是提高教学水平、保证教学质量的基础。备课过程的科学性、系统性和创新性，不仅能够帮助教师更好地掌握教学内容，还能够提升教学策略的有效性，激发学生的学习兴趣和学习动力。备课过程通常包括三个基本步骤：内容准备、教学法准备和心理准备。在内容准备阶段，教师需要深入研究教材和参考资料，全面了解学生的学习基础和需求，以此为依据选择、加工和组织讲授内容，并形成讲稿或讲授提纲。在教学法准备阶段，教师根据确定的讲授内容，选择合适的教学方法和手段，设计相应的教学活动，并准备必要的教学辅助材料和工具。在临课前，教师应通过复习教案或提纲，做好充分的心理准备，确保上课时能够自信、流畅地进行教学活动。在备课过程中，讲稿与教材之间的关系处理是一个值得注意的问题。讲稿不应该是教材的简单复述，而应该是对教材内容的深化、扩展和创新。讲稿可以提供教材中未涉及的额外信息，可以从不同角度解读教材内容，甚至可以提出与教材不同的观点和理解，“不即不离、若即若离”的处理方式有助于拓宽学生的知识视野，培养学生的批判性思维和创新能力。尽管教师在备课时已经做了充分的准备，但在具体的教学过程中，根据学生的反应和课堂氛围，适时地调整教学策略和内容，甚至临时引入新的例证和素材，都是体现教师教学能力和教学智慧的重要方面。教师的灵活性和应变能力，能够使教学更加贴近学生的实际需求，提高教学的互动性和吸引力。

（二）课堂讨论方式

1. 课堂讨论的意义

课堂讨论作为一种互动性强、参与度高的教学方法，在高等教育中加以应用可有效地调动学生的学习积极性，加深学生对知识的理解，提升学生的综合能力。学生参与课堂讨论，有机会将个人独立研究的成果与同伴分享和交流，借此实现知识的共建和智慧的碰撞。课堂讨论能够激发学生的学习兴趣，使学生在轻松愉悦的氛围中主动参与学习过程。教师通过提出开放性问题或组织主题讨论，鼓励学生表达自己的观点和想法，从而激发他们探索未知、解决问题的热情。学生通过课堂讨论，可以就某一难点或重点问题进行深入探讨，相互间的讨论有助于学生从不同角度理解和分析问题，促进理论知识与实际问题的有效结合。课堂讨论过程有助于学生在实践中应用所学知识，加深对知识本质的理解。课堂讨论要求学生要有清晰的思维逻辑，并且能够用恰当的语言表达自己的观点，这对学生的思维能力和语言表达能力是一种有效的锻炼，有助于提升学生的批判性思维能力和沟通交流能力。学生在课堂讨论中的表现，可以反映出教学方法的有效性和学生学习效果的好坏，成为评价教学质量的重要依据。教师可以通过观察学生在讨论中的活跃程度、思维的深度和广度，以及问题解决的能力等方面，对教学方法和教学内容进行及时调整和优化。尽管课堂讨论在教学中具有明显的优势，但由于它较为费时且对教师的引导能力要求较高，需要教师在组织讨论时做好充分的准备，合理安排讨论的时间和形式，确保讨论的质量和效率。

2. 课堂讨论的选题与准备

在高等学校的教学过程中，课堂讨论是一种重要的教学手段，它通过激发学生的学习积极性、促进对知识的深入理解与应用、锻炼学生的思维与表达能力，以及提供评价教学质量和学习效果的重要参考，发挥着不可替代的作用。然而，要实现课堂讨论的积极效果，应巧妙选择恰当的讨论题目和做好充分的准备工作。讨论题目需要明确体现讨论的具体目的，无论是加深对基本理论的理解还是探讨新知识的应用，都应选择能够直接反映这一目的的题目。讨论题目应具有启发性，能够激发学生的思维活动，有足够的讨论空间，使学生产生解决问题的愿望。选题的难易度需要适应学生的实际水平，既不能过于简单，缺乏挑战性，也不能过于复杂，超出学生的理解范围。讨论的准备工作对于教师和学生都是必要的。对教师而言，准备工作主要包括确定讨论的时间安排、活动方式、提供必要的参考资料等，同时明确向学生提出具体的要求，并对学生的准备情况进行检查，为讨论的有效进行做好充分的准备。对学生来说，他们需要根据讨论的目的和要求，积极查找相关的材料，形成自己的见解，准备论点和论据，并整理成发言提纲。讨论结束后，发言提纲交给教师，作为考核和反馈的依据。

3. 课堂讨论的组织及引导

为了确保课堂讨论达到预期的教学效果，教师在组织与引导课堂讨论时，必须遵循一定的原则和步骤，保障讨论的顺利进行和有效性。讨论的深入进行是课堂讨论的核心，教师需要精心组织和引导。教师应预先指定一些学生进行开题发言或分享观点，以迅速引入讨论主题，让学生快速进入角色。教师需要确保讨论始终围绕中心议题，及时纠正偏离主题的发言，以维持讨论的针对性和深入性。教师还应控制讨论的时间，使学生发言的尽可能言简意赅，同时适时转换讨论的焦点，避免过度纠结于某个细节问题，从而确保讨论的效率和广度。讨论的总结环节能够加强学生对讨论内容的理解，提升学生对讨论方法的认识。在总结中，教师应对学生的发言内容进行归纳和评价，明确指出讨论的重点和结论性意见。对于难以形成明确结论的问题，教师也应进行适当说明，帮助学生理解知识的复杂性和多样性。同时，教师还应总结本次讨论的优缺点，特别是对讨论方法的运用进行反思，以促进学生学习方法的改进和提升。教师应根据学生的发言提纲和讨论中的表现，给予客观公正的评价，激励学生更加积极地参与课堂讨论，帮助他们认识自己在讨论中的优势与不足，以便在未来的学习和讨论中不断进步。

（三）实验教学方式

1. 实验教学方式的作用及类型

实验教学法在高等教育中扮演着至关重要的角色，特别是在自然科学和工程技术等领域的教学中。实验不仅是验证理论知识的重要手段，也是培养学生实践能力和创新精神的途径。通过实验教学活动，学生可以直观地理解和掌握理论知识。同时，实验教学还能够培养学生的科学态度和求实精神，为学生未来的科学研究和职业生涯打下坚实的基础。学生在亲身参与实验操作时，可以经历理论知识的实际应用过程，从而更加深刻地理解和掌握这些理论知识。实验教学使学生有机会学习和掌握科学实验的基本方法和技能，包括实验设计、操作、数据分析等，为学生日后的科研工作奠定基础。实验教学要求学生严格遵循科学原理和实验规范，培养学生的严谨性、客观性和批判性思维，以及面对科学问题时的求实精神。根据实验的目的和性质，高等教育中的实验可分为三种类型：演示实验，主要由教师操作和讲解，旨在为学生提供直观的感性材料，帮助学生理解新知识，是理论讲授的有效补充；验证性实验，要求学生在教师的指导下独立操作，通过实验验证理论知识，加深对理论的理解，并在此过程中接受实验技能和方法的基本训练；研究性实验或设计性实验，鼓励学生在教师指导下自主完成实验的全过程，从实验设计到实施再到结果分析，培养学生的独立研究能力和创新思维。实验教学方法的作用与类型具体如图 2-2 所示。

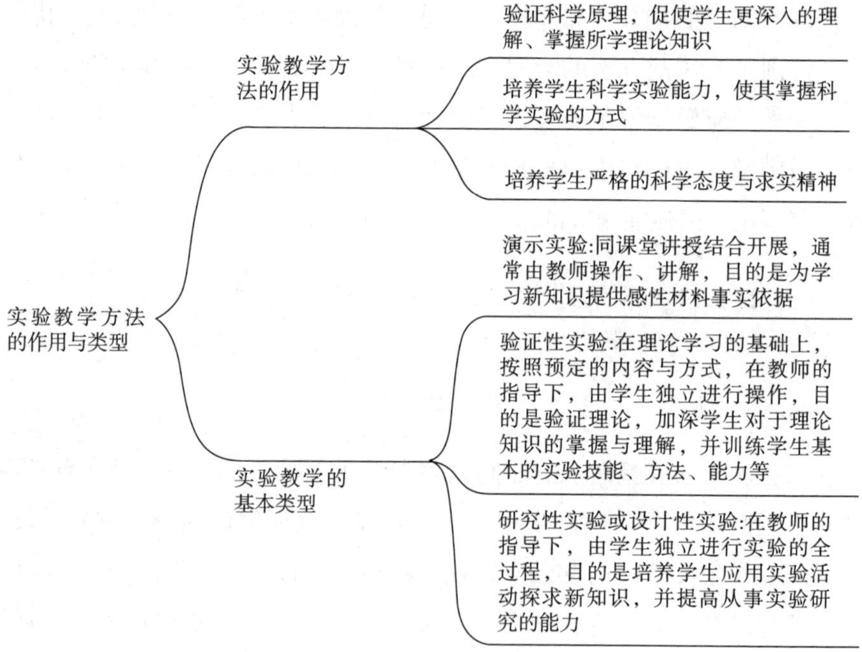

图 2-2　实验教学方法的作用与类型

2. 高等学校实验课程的设计与安排

实验教学应与理论教学相辅相成，内容上的衔接要求实验能够直观展示理论知识的应用，加深学生对理论知识的理解和掌握。进度上的疏密得当则要求在理论教学的基础上适时安排实验课，确保学生有足够的理论准备，同时给予学生充分的时间将理论知识应用于实践中。经典实验在帮助学生掌握基础理论和训练实验基本功方面具有不可替代的作用，但随着科学技术的发展，增加现代实验内容对于培养学生的创新能力和实践能力同样重要。因此，实验课程设计应在保留必要的经典实验的同时，适当引入反映科技前沿的现代实验项目，使学生能够接触和学习新的实验技术和方法。虽然验证性实验是本科教育中的重点，通过重复已有的实验帮助学生验证理论知识并加深理解，但研究性实验的引入对于培养学生的研究能力和创新思维同样重要。在高年级学生中安排综合性和研究性实验，鼓励学生独立思考、设计实验，能够提升学生的实验技能，激发学生的创新意识和科研兴趣。随着实验方法学的发展，形成了独立的方法论体系。实验课程设计应当重视科学实验方法的教学，并将其贯穿于整个实验教学体系之中。学生系统地学习和研究科学实验方法，不仅能够掌握实验操作的技巧，更重要的是能够理解和运用科学的思维方法，提高解决问题的能力。

3. 高等学校实验课程的组织与指导

（1）实验课准备。

实验课的准备工作直接影响了实验的顺利进行，包括教师和学生两个层面的准备。教师需要编写详细的实验指导书，明确实验的目的、原理、步骤、方法、条件及注意事项。对于难度较大的实验，教师应事先进行实验准备，确保自己对实验流程和结果有充分的了解，以避免在实验过程中出现意外情况。教师还需指导教辅人员准备好实验所需的仪器设备和药品等。学生需要通过实验预习，复习与实验相关的理论知识，熟悉实验指导书的内容。同时，鼓励学生参与仪器装配和药品准备工作，以熟悉相关知识和技能，为后续的设计性实验打下坚实的基础。

（2）实验过程的指导。

在实验过程中，激发学生的主动性和积极性是实现高效实验教学的关键。为此，实验的编组应尽量保证每个学生都有机会独立操作，最多两人一组进行实验，以保证每位学生都能充分参与实验活动。教师在指导实验过程中的主要任务是引导学生发现问题，并及时提出问题，促使学生独立思考和分析实验中遇到的问题。教师的指导应以方法上的引导为主，避免提供过多具体的帮助，从而鼓励学生通过自己的努力解决问题。同时教育学生爱护公共财物，培养他们的责任感和集体意识。

（四）高等教育的实习方法

1. 高等教育实习方法的特点及其作用

实习既包括教学实习，也涵盖生产实习，其安排和执行因专业特点而异。但共同的目标在于将学生从理论学习阶段引导至实践操作和社会实践阶段，以达到综合训练学生的目的。实习的显著特点主要体现在其实践性、综合性、独立性、差异性和社会联系性这五个方面。作为一种社会实践活动，实习要求学生直接参与社会生产或工作过程，实际操作和解决问题，从而实现学以致用。实习不仅是对学科知识的综合应用，更是对学生知识、能力和思想的全面锻炼，旨在培养学生的专业能力及解决实际问题的能力。在实习过程中，学生以工作人员的身份独立承担任务，最大限度地发挥了学生的主观能动性，是提升学生独立工作能力的有效途径。由于实习通常在不同的单位进行，各单位的情况具有较大的差异，这对学生的适应能力和灵活应变能力提出了更高的要求。实习是高等学校与社会联系的重要桥梁，通过实习，学校可以了解社会需求，学生也能够提前适应未来的工作环境。

实习是学生进行集中综合训练的重要机会，通过实习活动，学生可以接受思想和职业道德教育，提升专业水平和实际工作能力，检验自己的学业水平，了解和熟悉未来的工作环境。实习是检验学校教育质量的重要手段，通过实习的成果，学校可以对学生的综合质量进行评估，为改进教学工作提供依据。实习加强了高等学校与社会的联系，使学校的教学更符合社会需求，同时也为社会输送经过实践考验的高素质人才。

2. 开展正确科学的实习指导

实习指导首先需要制定周密的计划，包括学校、系部、实习点的总体计划，还应涵盖每位实习生的个人计划。计划的制定要基于实习目标，考虑实习内容的安排、实习过程中可能遇到的问题及解决方案。通过逐层落实，确保每一个环节都有明确的目标和指导方向，为实习的顺利进行提供坚实的基础。实习指导工作的内容丰富多元，包括对实习生的思想指导、业务工作指导、社会调查组织、生活健康关怀、实习总结指导以及实习成绩考核和质量分析等。指导任务需要学校实习指导教师和实习单位的业务人员共同承担，形成校企合作的指导模式，充分发挥实习单位业务人员的专业优势，为学生提供更加贴近实际、全面的指导。对实习生应提出严格要求，以确保实习活动的严肃性和实效性。实习不应止步于表面上的完成任务，而应着重于通过实践活动促进学习、应用和创新能力的提升。在实习指导中，要着重培养学生的责任感、独立工作能力和团队协作精神，确保学生能够在实习中获得实质性的成长和进步。在实习指导中，教师应采取“引导而非包办”的原则，鼓励学生独立思考和解决问题，同时根据实习生的个人差异实施差异化指导。这一方面，需要教师放手，让学生在实践中学习和成长；另一方面，也要求教师善于观察学生的学习状态和需求，提供个性化的指导和支持，协助学生克服实习中遇到的困难，实现自我突破。

3. 体现实习生的独立性与创造性

在高等学校的实习活动中，充分发挥实习生的独立性与创造性是实习成功的关键。教师应勇于放手，让实习生真正融入工作环境，独立承担任务。面对实习生的工作失误，教师应以积极的态度帮助他们总结经验，鼓励改进，而不是简单指责。同时，应积极鼓励实习生展现创造精神，为他们提供一个能够自由探索、创新的实习环境，让实习生在实践中学习成长，发挥个人潜能。

4. 建立合适、稳定的实习基地

实习基地的选择需考虑实习单位的指导力量、工作与生活条件是否能满足实习的具体要求，以确保学生能够在适宜的环境中完成实习任务。同时，稳定性要求学校与实习单位建立长期、协作的关系，这可以使实习单位更加熟悉实习工作的规律，从而更有效地支持实习活动的开展。为了建立合适、稳定的实习基地，学校需与实习单位实现互利共赢，利用高校的资源和优势为实习单位提供帮助和支持，从而促进双方的发展，为学生提供更多高质量的实习机会，有助于学生将理论知识与实践相结合，培养其独立性与创造性。

四、新型教学方式的介绍

（一）慕课教学方式

1. 慕课的兴起及其发展

慕课（MOOCs）的兴起和发展标志着全球高等教育领域的一次重大革新，它扩大了教育资源的可及性，为在线学习提供了一种新的教育模式。从 1989 年美国菲尼克斯大学推行在线学位计划的开端，到 2001 年麻省理工学院（MIT）实施开放课程计划（OCW），再到2012年被美国《时代》杂志称为“慕课元年”，慕课的发展经历了从初步探索到广泛应用的过程。慕课的兴起源于早期的在线教育尝试和开放教育资源（OER）的运动，早期的尝试包括菲尼克斯大学的在线学位计划、宾夕法尼亚大学的在线研讨课程等，这些都为慕课的发展奠定了基础。MIT的开放课程计划（OCW）和联合国教科文组织提出的开放教育资源（OER）进一步推动了教育资源开放的趋势，为慕课的兴起提供了理论和实践支持。2012年，美国几所全球知名大学通过网络设立了学习平台，标志着慕课时代的正式来临。Coursera、Udacity和edX三大平台的成立，使得高质量的教育资源得以广泛传播，并通过互动式的学习方式，改变了传统的教育模式。有关平台提供的慕课课程涵盖了广泛的学科领域，课程内容丰富、形式多样，既有理论知识的讲解，也有实践技能的培训，大大提升了在线学习的效果和吸引力。

慕课引入中国，标志着中国高等教育领域的一次重要变革，展现了中国在全球教育舞台上日益增长的影响力。2013年成为中国慕课发展的关键节点，这一年见证了中国高校全面投入国际慕课平台的过程。清华大学成为edX平台的首个中国高校成员，上海交通大学、复旦大学等其他重点院校也相继加入Coursera平台，提升了中国高校的国际影响力。为中国学生提供了接触世界一流教育资源的机会。慕课的引入，为中国高等教育注入了新的活力，促进了教育教学模式的创新。学生可以通过慕课，随时随地访问来自全球顶尖大学的优质课程，突破了时间与空间的限制，实现了个性化、自主化学习。同时，慕课的互动性、创新性和自主性特点，也激励中国高校探索更加开放、灵活的教学方法，推动教育资源的共享与优化。随着慕课在高等教育领域的成功实践，其在基础教育领域的应用也开始受到关注。华东师范大学联合多所知名中小学组建的C20慕课联盟，是慕课在基础教育领域尝试的典型案例。这一尝试旨在通过慕课构建互动式、创新性、自主性与个性化的人才培养模式，探索慕课在不同教育阶段的适用性与效果。尽管慕课在高等教育领域已取得显著成效，但其在基础教育领域的应用仍处于探索阶段。基础教育注重知识的传授和人格情感的培养，慕课的自主性和互动性对于提升学生的学习兴趣、促进个性化发展具有潜在价值。

2. 慕课教学未来的发展趋势

慕课，作为近年来高等教育领域内的一大创新，正逐渐成为推动全球教育变革的重要力量。从 Coursera、Udacity 和 edX 这样的先驱平台，到可汗学院和优课联盟等其他形式的在线教育平台的崛起，慕课的规模和影响力持续扩大，预示着未来高等教育的发展将围绕以下趋势展开。

随着信息技术的不断进步和全球互联网用户的增加，慕课的受众将进一步扩大。越来越多的在线教育平台和高校加入慕课行列，提供多样化、个性化的课程内容，满足不同学习者的需求。同时，随着技术的发展，慕课平台将提供更加丰富的互动和学习体验，吸引更多的全球学习者参与。慕课挑战并重塑了传统的教育理念和教学方法。在慕课模式下，教学资源的开放共享和在线互动学习成为常态，教师不再是知识的唯一传递者，而是成为学习过程的引导者和协助者。学生的学习方式从被动接受转变为主动探索，更加注重自主学习和批判性思维的培养。翻转课堂等新型教学模式的应用，促进了学生对课程内容的深入理解，提高了学习效率和质量。学生可以根据自己的兴趣和需求，在全球范围内选择最适合的课程进行学习，实现了学习时间和空间的灵活性。学生能够通过网络平台即时获取反馈，及时调整学习策略，从而更有效地掌握知识。同时，网络搜索技术的应用也为学生提供了便捷的知识获取渠道，极大地丰富了学习资源和内容。未来，随着人工智能、大数据、云计算等先进技术的应用，慕课将进一步改进和优化，提供更加个性化、互动化的学习体验。同时，慕课也将促进教育资源的全球共享，打破地域和经济的限制，实现教育公平。慕课的发展将推动传统教育模式的变革，促使学校和教育者重新思考和设计教学内容和方法，以适应数字化时代的需求。

（二）对分课堂教学方式

对分课堂，由复旦大学张学新教授于2013年提出，是一种创新的国内教学模式，其核心在于将课堂时间一分为二,一部分用于教师讲解，另一部分用于学生的小组合作与讨论交流。对分课堂教学模式的设计旨在保证学生有足够的时间对所学的知识进行自主学习和内化吸收。通过时间错开，对分课堂有效地结合了传统课堂的讲授与讨论式课堂的互动和学生之间的交互式学习。对分课堂的设计基于一种简单而深刻的认识：有效的学习需要教师的引导与学生的自主探索相结合。对分课堂将课堂时间对半分割，让学生在教师的讲授中获得必要的知识输入，并通过讨论和合作为学生提供一个将所学知识内化、吸收并能够实际应用的机会。这种模式有效地响应了当代教育对学生自主学习能力和团队合作能力的双重要求。对分课堂的一个显著创新是“隔堂讨论”的概念，即在教师讲授和学生讨论之间设置一段时间，让学生进行独立思考和个性化的内化吸收。此设计使得学生在进入讨论环节时，不仅已经对知识有了初步的理解和吸收，还有机会形成自己独到的见解和问题，从而在讨论中能够更加积极和有效地参与。对分课堂在评价方式上突出过程性评价，注重考查学生的学习过程和个性化学习成果，而非仅仅关注最终的考试成绩。其中，“亮考帮”的作业设计要求学生不仅要完成作业，还需要在“亮闪闪”中分享学习的亮点，“考考你”环节挑战同学对难点的理解，“帮帮我”则鼓励学生在困惑中寻求帮助。此类设计旨在促进学生之间的互帮互助，提高学习的深度和广度。对分课堂模式为高等教育的教学改革提供了新的视角和方法，提升了课堂教学的效率和质量，促进了学生批判性思维和创新能力的发展。然而，对分课堂的实施也面临诸多挑战，如如何有效管理课堂时间、如何确保学生在“隔堂讨论”中能够进行有效的内化吸收，以及如何设计和实施过程性评价等。

（三）案例教学方式

案例教学法，作为一种高效的教学手段，已在全球多个高等学校得到广泛应用，尤其是像美国哈佛大学这样的顶尖学府，更是将案例教学法发挥到了极致。通过对真实或虚构的案例进行深入分析和讨论，案例教学法能够提高学生的实际操作能力和决策能力，有效促进学生的批判性思维和创新能力的发展。案例的编选是案例教学法成功实施的基础。哈佛大学每年都会投入大量师资力量来编写和更新案例，以确保教学内容的时效性和实用性。一个优质的案例不仅需要包含丰富的情节和关键数据，还要具有明确的教学目标和价值。案例通常被存放在案例库中，以供教师根据教学需要进行选择和使用。精心编选的案例可以有效引导学生深入思考，激发他们的学习兴趣和研究热情。教师在发放案例材料之前，需要做好充分的引导和准备工作，以确保学生能够独立完成预习。在讨论过程中，通过小组讨论和全班交流等多种形式，教师应积极引导学生进入角色，发挥主动性和创造性，特别是对于管理类专业的学生，更要培养他们的决策意识和领导能力。案例评价是案例讨论的总结和升华，通常由教师负责进行，旨在指出讨论中的优点和不足，并对学生的学习成果进行补充和提升。学生可以通过案例评价获得宝贵的反馈信息，加深对案例的理解，提高解决实际问题的能力。同时，学生也可以在教师的指导下参与评价过程，进一步锻炼自己的思维和表达能力。与传统的举例说明相比，案例教学法更加注重学生的主体地位和独立思考能力的培养。通过对案例的深入分析和讨论，学生不仅能够学到知识，还能学会如何学习，如何运用所学知识解决实际问题。

第四节　高等教育教学的改革历程

一、高等教育教学改革的主要历程

（一）西化到本土化发展阶段

20 世纪初，中国教育界在西化和本土化的双重影响下，经历了一场深刻的教学改革和发展。该阶段的改革首先由赫尔巴特的五段教学法拉开序幕，标志着“注入式教学时期”的开始。随后，启发式教学的提倡，使得教学方法开始逐步从单向传授走向双向互动，但该时期的教学实践中，教师仍主要关注于“教”的过程，较少考虑学生的“学”。1919 年至 1927 年，西方教学方法的全面引入，为中国教育带来了新的教学理念和方法。欧美教育学者陆续来华讲学，引入了设计教学法、道尔顿制等西方先进的教学方法，同时，智力测验法、温内特卡制和德可罗利教学法等也开始在中国教育领域中应用。该时期的教学改革，标志着新旧教育的更替和中西教育方法的融合，为中国教育的发展注入了新的活力。然而，西式教育方法的引入并未完全取代传统教育方法。1928 年至 1949 年，中国教育开始了本土化的探索之旅。陶行知的“教学做合一”教学理论与实践，强调了教、学、做之间的内在联系，主张教学方法应以学生的学习方法为依据，学习方法则应以实际操作（做）的方法为基础。陈鹤琴的“活教育”理论，则是对传统书本主义教育的一次革命，它主张教育应与生活紧密相连，通过活动让儿童在生活中获得知识，从而实现教育的生活化和实践化。该时期的教学改革体现了中国教育从西化到本土化发展的历程，反映了中国教育界在继承与创新中寻求自身发展的努力。通过融合西方先进的教学方法与中国传统教育的精髓，中国教育开始形成适合自己国情的教学理念和方法，为中国教育的现代化发展奠定了坚实的基础。

（二）引入与实验研究阶段

在20世纪五六十年代，中国教育界在引进苏联教学理论的背景下，主要采用了讲演和练习为主的教学方法。该时期的教学改革实验，由于全盘否定了20世纪40年代前的教改实验，导致教学实验发展在一定程度上遭受中断。其中包括程序教学法、问题教学法、个别教学法、单元教学法、自学辅导法、掌握学习法和设计法等。这些教学方法的引入和实验，标志着中国高等教育教学改革进入了一个新的发展阶段。结合对现代教学方法的广泛应用和实验研究，中国高等教育在教学理念和教学实践上都实现了重大的突破和创新，有效提升了教学质量和教育效果，为中国高等教育的发展注入了新的活力。这一过程彰显了中国高等教育对外开放的决心，体现了在继承和吸收国外先进教学理论与方法的基础上，不断探索符合中国国情的教学改革路径的积极努力。

（三）理论与科学化探索阶段

随着20世纪90年代的到来，中国的教育改革进入了一个全新的阶段，这一时期特别注重理论探索和教学方法的科学化。在中小学教法改革方面，经过前期的实验和研究，一些教学方法逐渐形成了稳定的理论体系，如尝试教学法发展为尝试教学理论，标志着教学改革逐渐趋于成熟。同时，素质教育理念的广泛倡导，成为推动教学改革的重要动力，它强调培养学生发现问题和解决问题的能力，将教学方法的重心转向学生的素质和能力培养。1993年，国务院印发的《中国教育改革和发展纲要》进一步明确了教育改革的方向，即转变教育思想，改革教学内容和方法，重视学生能力的培养。这一政策文件的发布，为教学方法改革提供了明确的指导思想和目标，推动了素质教育理念在全国的普及和实践。

心理学研究成果的广泛运用为教学方法改革提供了科学的理论基础。美国哈佛大学的加德纳提出的多元智力理论，挑战了传统教学方法的单一性和固定性，强调运用多种教学方法以适应不同学生的智力特点。布鲁纳的认知结构理论、奥苏贝尔的有意义学习理论、皮亚杰的形式操作阶段理论等，均为教学方法的创新提供了理论指导，促进了教学方法向更加个性化、科学化的方向发展。20 世纪 90 年代，随着科技的飞速发展，现代化教学手段得到了广泛应用。多媒体教学技术、人机互动、动画视频和远程教学等手段的引入，极大地拓宽了教学的时空界限，使教学内容更加生动、形象，提高了教学的效率和效果。与传统的纸笔、幻灯、投影及教学机相比，现代化教学手段的运用无疑是教学方法改革的一大飞跃。

（四）模式化与整合化发展阶段

自 20 世纪 90 年代末期以来，高等教育领域对教学方法的理解和实践发生了显著的变革。这一变革不再局限于单一教学方法的优化，而是向着模式化和整合化的方向发展，体现了教育理念的深刻转变和对教学实践的全面刷新。在此阶段，教学方法改革成为推进教育发展的重要引擎，特别是在 21 世纪初期的基础教育课程改革中，教学方法的创新和优化成为教育改革的核心内容之一。改革强调了学法的多样化，认识到不同学生具有不同的学习特点和方法，且这应成为教师采用教学法的基础。自主学习、合作学习和探究学习成为推动学生主动学习和深入理解的关键方式。在此基础上，教学方法改革还倡导了交往学习、反思学习等多种具体方法，以适应不同学生的学习需求和发展学生的综合能力。教学方法改革开始重视人的非智力因素及非逻辑思维，如灵感、直觉、兴趣、情感和体验等方面的素养发展，促使教学方法更加注重引导学生参与互动和体验，通过多样化的教学活动，培养学生的情感态度和价值观，以及提升学生的创新意识和实践能力。教学方法改革强调了方法之间的优化整合，旨在通过各种类型的方法相互配合，形成更加高效和全面的教学模式。例如，启发式教学法与探究式教学法、互动合作教学法以及调查实验方法的融合，能够更好地适应不同教学场景，满足学生的多样化学习需求。教学方法与信息技术的优化整合成为改革的另一个重要方向，数字化设备、网络等信息技术工具的广泛应用，不仅丰富了教学手段，也极大地提高了学生学习的效率和质量。将信息技术融入教学方法，使得教学过程变得更加灵活多样，这有助于激发学生的学习兴趣，提高他们的信息素养和自学能力。

二、高等教育教学改革的经验思考

（一）继承、发展、创新相互结合

在高等教育教学方法的改革历程中，继承与发展、创新与本土化结合的理念始终贯穿其中，成为推动教育进步的重要动力。教学方法的改革不仅是教学技巧的更新，更是教育理念和价值观的深刻变革。在此过程中，对传统教学方法的重新审视和反思，以及对现代教学方法的主动吸收和创新改进，共同构成了高等教育教学方法改革的核心内容。教学方法的改革应遵循继承与发展的原则，既要继承传统教学方法中的有效元素，也要积极探索和发展新的教学理念和技术。传统教学方法，如讲授法、讨论法等，在现代教学实践中仍然发挥着不可替代的作用。然而，随着科技的进步和社会的发展，单一的传统教学方法已经难以满足现代教育的需求。因此，如何在继承中发展，在发展中创新，成为教学方法改革的关键。在引进和吸收国外先进教学方法的过程中，应注重创新与本土化的结合。通过对外国先进教育理念和方法的学习，结合中国高等教育的实际情况，进行本土化调整和创新性发展。例如，借鉴美国的项目式学习、翻转课堂等教学方法，结合中国学生的学习习惯和文化特点，打造出适合中国高等教育环境的教学模式。随着时代的发展和文化的变迁，教学方法的改革需要不断适应新的教育需求和挑战。这就要求教育工作者不仅要深入研究教育心理学、认知科学等领域的最新成果，还要密切关注社会发展趋势和技术动态，以便及时调整和优化教学方法，使之更加科学化、系统化和人性化。

（二）理论研究与实验相互结合

20 世纪 80 年代标志着一个转折点，此前的改革主要依赖于实验研究，尤其是单科教学法实验。然而，随着时间的推移，教育工作者开始意识到，仅仅依赖实验研究而忽视理论和价值层面的探讨，是无法实现教学方法改革的深入和持久的。因此，提高教学方法的理论研究水平成为改革的必然要求。强化教学方法的理论基础成为教学改革的首要任务，通过对教育学、心理学及教育科学方法等方面的深入研究和发展，为其实践改进提供坚实的理论支撑。这不仅涉及教学方法的科学性，也关乎其实践的有效性和可持续性。加强理论基础，可以帮助教育工作者更准确地把握教学方法的本质，更好地理解学生的学习需求和心理特点，从而设计出更加符合教学目标和学生发展需要的教学策略。完善教学方法研究体系是提升教学改革质量的关键环节，包括对教学方法的定义、属性、分类及选择与运用的深入探讨。通过建立完整的教学方法研究体系，可以系统化和规范化教学实践，使教学活动更加科学、有效和有序。这有利于教学方法改革的可持续发展，并为教育工作者提供了明确的指导和参考。对引入的理论模式进行充分的再研究，避免教学实验在实践中出现盲目性和机械性。要求教育工作者不仅要理解和掌握理论模式，还要能够根据实际教学需求和学生特点，进行适当的调整和改进。在这个过程中，应避免死搬硬套，而是要根据教学实践的反馈和结果，不断优化和创新教学方法。教学方法改革的核心在于思想的转变和教学实践的革新，这需要理论的渗透与指导，并通过反复的实验研究和不断的改进来实现。将教学方法的理论探索与教学实验相结合，二者可以相互支持，从而最大化地发挥其效用。此改革策略既可以避免经验主义或空泛主义的弊端，也能显著提高教学方法研究的水平，为高等教育的教学改革和发展注入新的活力。

（三）“教”法与“学”法改革结合

长期以来，教学方法改革多集中在教法的创新上，强调教师的授课方式，而相对忽略了学法的改革，即学生如何学习的问题。偏重教法而忽视学法的做法，虽然在教学实践中引入了各种先进的教学方法，但由于缺乏对学生学习主体性的重视，其潜在优势往往未能充分发挥，教学效果也未能达到预期的目标。进入 20 世纪 90 年代，越来越多的学者开始关注到教法改革与学法改革的有机结合问题，提出“教法的本质是学法”的观点。这一理念强调，教学方法不仅仅是教师如何教的技巧和策略，更重要的是应该引导和促进学生如何更有效地学习。在这种观念指导下，学法的改革被提到与教法改革同等重要的位置。教法和学法的结合，意味着要在教学设计中充分考虑学生的学习需求、学习特点和学习方式，以学生为中心，通过改革教学方法来激发学生的学习兴趣，提高学习效率，促进知识的深入理解和技能的形成。学法改革的核心在于培养学生的自主学习能力，使学生能够根据自身的学习目标和学习条件，选择适合自己的学习策略和方法。包括但不限于时间管理、信息处理、批判性思维、合作学习等多种学习技巧。通过学法改革，学生可以更加主动地参与学习过程，更好地掌握知识和技能，培养创新和解决问题的能力。教法和学法的有机结合，需要在教学活动中形成师生双边的互动。

高等教育管理篇

第三章　高等教育管理的内容分析

第一节　高等教育学生的管理

一、高等教育学生管理的基础概述

（一）高等教育学生管理的内涵

在当今高等教育领域，对“高等学校学生管理”的理解和实践已经发生了显著的变化。传统上，高等学校学生管理主要侧重于事务管理和日常行为规范的管理，这一狭义的理解已逐渐被广义的学生管理概念所取代。广义的高等学校学生管理强调对学生在校期间的全面管理，包括学习、生活、心理健康、行为规范等多个方面。全面的管理视角更加符合当前高等学校学生管理的发展趋势，也更贴合新时代对高等教育的要求和期望。其目的在于促进学生的全面发展，帮助他们在学业、个性、社会适应能力等方面取得均衡发展，为他们未来的人生旅程奠定坚实的基础。广义的高等学校学生管理重视学生的个性化需求，认识到每位学生都是独特的个体，具有不同的背景、兴趣和需求。因此，高等学校应采取灵活多样的管理手段，对学生进行个性化的指导和支持。广义的高等学校学生管理还强调学生的主体地位，鼓励学生积极参与学校管理和决策，充分发挥他们的主观能动性。

在当前的高等教育背景下，高等学校学生管理的意义和实践正经历着深刻的变革，不仅体现在管理理念的更新，更在于管理实践的全面深化。高等学校不再是单一传授知识的场所，而是学生个性发展、思想成长和生活体验的综合平台。在这一转变中，高等学校学生管理的核心任务已经从简单的纪律约束和事务管理，转向了对学生全面发展的促进和支持。在当代高等教育的大背景下，“以学生为本”成为高等学校学生管理的核心理念，强调的是对学生个性的尊重、对学生发展需求的关注和对学生主体地位的肯定。高等学校应当把握学生的个性差异、学习需求和心理状态，为学生提供个性化的学习和成长环境。在学术教育上，高等学校要为学生提供丰富多样的学习资源和灵活多变的学习路径；在非学术领域，更要为学生的个性展示、社交互动和心理健康提供充分的支持和服务。为了落实“以学生为本”的管理理念，高等学校需要采取一系列实践策略。高等学校应建立多渠道的沟通机制，鼓励学生表达自己的意见和需求，让学生参与学校管理和决策，真正实现学生管理的民主化和透明化。同时，根据学生的个性特点和发展需求，为学生提供个性化的学术指导、职业规划、心理咨询等服务，帮助学生解决学习生活中遇到的问题，促进学生全面成长。此外，通过丰富多彩的文化活动、社团组织和志愿服务等，激发学生的社会责任感和集体荣誉感，并且提供展示自我、实现自我的平台，促进学生的个性发展和社交能力提升。结合学生会、学生社团等组织，鼓励学生参与学校事务管理，培养学生的自我管理能力，同时提倡自主学习，鼓励学生根据自己的兴趣和职业规划自主选择课程和学习路径。高等学校应为学生提供全方位的生涯规划服务，帮助学生清晰规划未来，为实现个人职业目标打下坚实基础。

在当代社会，高等院校肩负着培养未来社会主体的重任，关键在于如何管理和引导学生健康成长、全面发展。高等院校学生管理的核心已经从单一的纪律监督转变为全面的人才培养，要求管理者不仅要为学生提供服务，更要在服务中培养人才。高等院校学生管理的首要原则是坚持“以学生为本”的核心理念，确保管理的每一项措施和决策都围绕促进学生全面发展这一目标展开。这要求管理者深入学生中去，了解学生的真实需求和困难，从学生的角度出发，为学生提供个性化的指导和支持。此管理模式强调尊重学生的主体地位，充分发挥学生的主观能动性，让学生在信任和好奇心的驱动下，积极探索知识，勇于实践创新。每个学生都是独一无二的，拥有各自独特的兴趣、特长和发展潜力。因此，高等院校学生管理应尊重学生的个体差异，为学生提供多元化的学习资源和发展平台，激发学生的创造力和探索精神。通过因材施教，挖掘每个学生的“闪光点”，帮助学生找到适合自己的发展道路，实现个性化成长。高等院校应致力于创建一个积极向上的学习氛围，包括但不限于优化教学环境、完善学习资源、举办各类学术活动和竞赛，并鼓励学生积极参与，充分展示自我。同时，应注重培养学生的团队协作能力和社会责任感，利用小组合作学习、社会实践等方式，增强学生的集体意识和社会参与意识。学生的生活状态和心理健康同样影响着学习效果，因此，高等院校应为学生提供全方位的生活支持和心理健康服务，包括设立心理咨询中心、开展心理健康教育、提供职业规划指导等，旨在帮助学生建立健康的生活方式和积极的人生观。公平公正是高等院校学生管理工作的基石，管理者应建立透明的管理制度和评价体系，确保每位学生都在平等的环境中成长。同时，应重视听取学生的声音，尊重他们的意见和建议，并通过建立学生代表机构等方式，让学生参与学校管理，实现自我管理和自我教育的目标。

（二）高等教育学生管理的主要内容

就目前而言，高等学校学生管理的工作内容远超过了传统的简单生活监管，它已经发展成为一个复杂的体系，涵盖了教育管理的各个方面，成为一门综合性学科。基于此，管理者需具备丰富的专业知识和高度的专业素养，还要求他们能够通过有效的沟通、情感交流和心理激励等方式，对学生进行全面的指导和教育。高等学校学生管理的核心目的是促进学生的全面发展，包括学术学习、职业规划、个人品德、社会适应能力等多个方面。因此，管理工作的内容不仅包括教师的教学管理和行政工作，还涉及学生就业指导、日常学习生活的监督、奖惩制度的执行以及学生个人发展的支持等管理活动，旨在为学生提供一个良好的学习环境，帮助学生在学业上取得进步，在职业规划上有明确方向，在品德修养上不断提升，在社会实践中增强能力。为了实现有关目标，高等学校的学生管理工作需要从学生的实际需求出发，关注学生的生活状态和心理健康，同时注重学生思想道德教育，引导学生形成正确的世界观、人生观和价值观。高等学校采取综合性的管理措施，能够帮助学生在学习、生活和思想道德各个方面取得均衡发展，最终成为适应社会发展需要的高素质人才。

（三）高等教育学生管理的工作特点分析

1. 专业性

管理、服务与教育三位一体的模式强调了高等学校学生管理工作的复杂性和系统性，它是维护校园秩序的基本职责以及促进学生全面发展的重要手段。专业性的学生管理工作要求管理者不仅要紧跟时代的步伐，了解学生的动态和需求，还要精通管理的各个环节，以全新的视角和模式开展工作，及时解决问题，并跟踪调查，以确保学生管理工作的有效性和针对性。要实现高等学校学生管理工作的专业化，单纯在思想上的重视是远远不够的。高等学校需要打破传统的管理模式，更新管理理念，全面适应学生群体及其环境特征的变化。它主要体现在对学生需求的敏锐捕捉以及采用科学的管理手段和方法上，如利用现代信息技术提高管理效率，实施个性化管理策略以适应学生多样化的需求，并通过开展丰富多彩的校园文化活动来提升学生的综合素质。专业化的学生管理还应强调以学生为中心的服务理念，将学生的成长和发展放在首位。通过提供全面的学习支持、心理健康服务、职业规划指导等，帮助学生解决学习和生活中遇到的问题，促进其健康、全面的成长，从而维护良好的校园秩序，使高等学校成为教育传播的主体阵营。

2. 关联性

高等学校学生管理工作在高等教育体系中并非孤立存在，而是与教学、科研、社会服务等高等学校的各项工作紧密相连，为教育成果提供有力保障。它在高等教育的各个环节中发挥着不可替代的支撑作用，是推动教育教学质量提升的重要力量。因此，高等学校不能只专注于教育教学的单一方面，也不能单一着眼于管理。学生管理工作的目标是成为教育教学的推动者和维护者，确保学生在接受管理的过程中，同时获得高质量的教育和教学指导，从而实现学生的全面发展和成才。高等学校在实施学生管理工作时，必须深入理解教育教学的内涵，将管理工作与教育教学深度融合，共同推动学校教育目标的实现。

3. 实践性

高等学校学生管理工作的核心在于其实践性，其宗旨是通过实际操作解决学生面临的具体问题，从而实现培养高素质、对社会有实际贡献的人才的教育目标。高等学校的管理工作应紧跟时代发展的步伐，不断更新管理的内容、形式和手段，以适应快速变化的社会和学生群体的需求。在此过程中，新型的学生管理模式必须落到实际工作中，而不是仅仅停留在理论讨论的层面。因此，管理者需要在日常的管理活动中应用这些新型管理模式，并根据实践结果进行反思和总结，及时调整和优化管理策略。不合理的管理模式应被改革，而那些被证明是有效、先进和科学的管理方法则应得到保留并进一步发展，以确保学生管理工作能够更好、更快地适应学生群体和社会环境的不断变化。

二、基于不同管理理论指导下的高等教育学生管理

（一）基于激励理论指导下的高等学校学生管理

在当代的高等教育环境中，高等院校学生管理工作已经成为一项集服务、教育、管理、引导及激励为一体的复杂系统。管理者需具备专业的知识和素养，并在实际工作中紧跟时代发展的步伐，敏锐捕捉学生的动态变化。科学、合理的引导及公平公正的激励机制，可以促进学生全面而均衡的发展。激励理论的引入，为高等院校学生管理工作提供了新的视角和方法。结合公正的学生考评制度和综合素质的提升，高等院校可以为学生设置各种奖学金、助学金等，以物质奖励和精神鼓励相结合的方式，有效激发学生的内在动力和创新潜能，从而促进学生的学业成就，并激发学生对未来职业发展的积极态度和热情。在实践中，高等院校应不断探索和改进学生管理的方法，以更好地适应时代和学生群体的变化。运用网络技术建立学生管理信息系统，可以大大提高管理效率，简化工作流程。同时，加强与学生的沟通和理解，通过情感管理深化师生之间的情感联系，为学生营造一个温馨、和谐的学习和生活环境。宽严适度的管理策略和适时调整的教学内容，都是适应学生需求、提高学生管理工作效果的有效手段。高等院校学生管理工作的目标是培养出既具备高素质、高质量，又能对社会作出贡献的人才。为了实现这一目标，高等院校必须全面适应学生群体及环境特征，更新管理理念，改进管理方法。这要求学生管理工作不仅要关注学生的学习和生活，还要关注学生的心理健康、个性发展和社会适应能力，通过全面而科学的管理手段，推动学生管理工作的全面专业化。

（二）基于目标管理理论指导下的高等教育学生管理

在当前的高等教育体系中，目标管理理论为高等院校学生管理提供了新的视角和实践路径。通过坚持过程管理与目标管理的有机统一，并创新管理模式，明确管理角色，以及建立健全教育教学目标管理体系，高等院校能够有效地促进学生的全面发展和提升教育质量。高等院校学生管理的关键在于实现过程管理与目标管理的有机统一。过程管理注重对管理活动过程的监督和优化，而目标管理则着重于确立明确的教育目标和成果标准。高等院校应引入目标评价体系，实时监控学生和管理者的表现。同时，通过职业生涯规划和制度设计，完成目标管理。在此基础上，高等院校还需加强过程管理，如对学生的日常行为进行监督管理，通过设置纪检委员与学习委员等，促进学生的德育发展和学业进步。为了适应时代的快速发展，高等院校需要创新学生管理模式并明确管理角色。一方面，应明确层级，为学生提供一站式服务，强化服务意识，满足学生的多元化需求。另一方面，应将教学工作和学生工作紧密结合，通过管理层之间的合作，加强教学管理和学生管理，提高工作效率。高等院校还需坚持以学生为中心，实施个性化管理，这意味着要明确学生权利，维护学生合法权益，同时以学校为主导，加强法律意识和日常管理，正确把握管理与引导的关系。在学生管理工作中，高等院校应顺应社会发展的需要，不断建立和完善教育教学目标管理体系。通过推动研究性学习和专题学习，提高学生的知识深入了解能力和创新能力。为此，高等院校需要建立管理机构，完善管理制度，实现教育教学管理的制度化、规范化和科学化。同时，还应全方位地管理教学过程，规范学校的教育教学行为，提升学校的教学质量，全面提高学生的综合素质。

第二节　高等教育财政的管理

一、高等教育财政管理的内容阐释

（一）高等教育与外界环境之间的关系

在当今社会，高等院校与外界环境的关系日益紧密，尤其在筹资问题上，这种关系体现得尤为显著。面对多元化的资金来源，包括政府拨款、学生学费、社会捐赠、项目经费以及产业和经营性单位的支持等，高等院校需要建立一个灵活高效的筹资机制，以适应资金来源的运作规律和外部资源的结构要求。这对于在保持办学自主权的同时实现筹资最大化具有重要意义。当前，高等教育及高等学校正面临着前所未有的发展机遇，新的挑战和课题不断被提出。例如，高等院校如何利用银行贷款支持学校的建设和运营、如何有效运用学校资源吸引社会捐资以支持学校发展等问题，都需要高等院校通过精细化管理和创新策略来解决。这既要求高等院校深入研究和把握筹资的各种规律，还要求他们在对外关系管理上采取主动，建立和维护与各种资源提供者之间的良好合作关系。为了适应这一复杂多变的筹资环境，高等院校需不断创新筹资方式和策略，比如开展校企合作、发展校园内的经营性项目、加强校友网络建设以吸引校友捐赠、利用科研成果转化等。同时，高等院校还应加强内部财务管理，提高资金使用的效率和透明度，以增强社会各界对学校的信任和支持。

（二）高等教育内部利益分配的关系

在高等院校内部，利益分配关系的处理是一项复杂且至关重要的工作，它触及学校的各个层次和单位，这些单位各自拥有相对独立的利益。为了确保高等院校的有效运转，必须妥善解决信息问题和激励问题，这就要求适当的分权。财权的分配是高等院校内部利益分配的核心问题，它必须建立在各个层级和单位的事权（即职责）基础之上。事权的分配需要遵循明确的规则，以确保高效合理地运作。财权与事权的统一并非自然发生的结果，它需要通过学校内部资源的转移和职能的重新分工来实现调整，而调整是否具有规律性，是高等院校管理工作需要深入探讨的问题。此外，高等院校还需要根据学校事业发展目标，通过体制和政策调整来调节财权的集中与分散程度，这一决策关系到学校长远发展的大局。对于各级的财政收入和支出内容，高等院校需要制定清晰透明的规则和标准，以确保财务管理的规范性和合理性。同时，高等院校的会计核算模式、财务管理体制以及资金的集中与分散之间的关系，也是保障学校财务健康运行的关键因素。

（三）高等教育与后勤的财政关系

传统的后勤模式，因其福利化、内部化、行政化的特点，已逐渐难以适应当前高等教育和社会的发展需求。因此，高等学校后勤管理改革的核心并非在于是否需要后勤服务，而在于如何通过改革更有效地满足后勤服务需求。关于学校对后勤的财政负担的界定，以及后勤经营性资源如何与学校的利益进行合理分配，都是需要深入探讨的问题。高等学校后勤改革还涉及政府、社会以及高校三方的角色和责任。政府在政策指导和财政支持上发挥更积极的作用，社会可以通过多种合作模式参与高等学校的后勤服务，高校则需要在确保服务质量和效率的同时，探索更加市场化、专业化的后勤管理模式。高等学校后勤改革的目标是建立一个既能满足高等学校发展需求，又能适应市场经济条件的新型后勤服务体系。

（四）高等教育与产业的财政关系

随着经济体制的转变，高等学校与产业的财政关系日益复杂化。高等学校兴办产业最初可能出于非营利目的，如作为教学实践的基地，但市场经济的引入使得原有校办产业面临重新定位和产权界定的挑战。新成立的校办产业以追求利润和为高等学校提供投资回报为目标，这就要求高等学校在关注经营性资产的保值增值的同时，还要有效处理企业与学校之间的利益分配关系。在这一过程中，高等学校需要建立有效的监督机制和利益协调机制，确保校办产业能够在追求经济效益的同时，支持学校的教学和研究发展，实现学校与产业的双赢局面。

二、当前高等教育财政管理采取的主要措施

高等学校财政管理的核心是预算管理，它是实现学校资源有效配置的主要手段。预算管理存在尽可能地满足学校事业发展对资金的需求，并确保资金使用的效益。预算管理不仅是经济问题，更是事业发展与经济管理的综合体现。近年来，随着教育管理理念的更新和高等教育发展的需求变化，预算管理作为高等学校资源配置的重要工具越发受到重视。高等学校管理者通过预算管理，组织学校收入、合理安排支出，并落实学校的各项业务计划，从而保障学校能够稳定运行并实现持续、健康的发展。

高等学校预算管理面临的许多挑战，包括如何从企业管理中吸取有益经验以优化预算管理，如何借鉴政府预算的理论和方法来提高财务管理的透明度和效率，以及如何实现预算管理与会计核算的有机结合等。由于高等学校组织结构的复杂性，特别是规模较大、结构复杂的高等学校，高等学校在预算管理中必须综合考虑校系两级各主体的关系，这使得高等学校的预算体系与财权结构分布之间存在一致性。因此，高等学校的预算体系成为一个层次分明、主体多元的复合体系，该体系大体上

可以分为总量层次、结构层次和微观层次。在总量层次，高等学校需要确定整体预算规模，确保资金的合理配置满足学校的整体发展需求。结构层次的预算管理则聚焦于财力结构的优化，合理分配各项资金，确保教学、科研、基础设施建设等关键领域的资金需求得到满足。而在微观层次，校系预算的制定和执行则更侧重于具体业务单元的经费管理和使用效率，强调在各自的业务范围内实现预算目标的精细化管理。

在高等学校财务管理中，总预算的编制反映了高等学校在未来一段时间内所有经济活动和经费收支的大量关系。总预算不仅包括经常性收支，也涵盖了基本建设收支，其核心在于围绕事业发展规划，如何合理安排支出和筹集资金，包括在资金短缺的情况下如何利用金融手段支持学校的发展。总预算将高等学校视为一个整体，考察其事业发展和运营对资金的需求及满足这些需求的策略。在该层次上，基本不涉及财权结构和资金在内部各单位的分配情况。编制全面的预算规划是为了概括学校资金收支的总体框架，是满足学校内部管理特别是决策的需要，也是响应相关政府部门的要求。自 1999 年起，教育部和财政部要求各高等学校编制并上报学校总预算。一旦总预算被形成并获批准，它就转变为具有法律约束力的文件，对学校的经济行为产生约束。总预算的一个显著特点是其执行情况通常通过学校资金流量表来反映，既可以监测资金流向，还能提供预警，为学校的决策提供重要依据，有助于学校在面临预算执行中的各种问题时能够及时调整和优化财务管理策略，确保学校财务的健康稳定运行。

在高等学校的财务管理体系中，财权结构层次的预算管理基于学校财权结构分析，旨在构建一个相对合理的财权结构。高等学校的公共需求层次性决定了基本的事权结构，而事权结构则要求建立相应的财权结构。简而言之，高等学校的运行过程涉及各个部门和单位满足公共需求的复杂过程，包括机关部门提供管理和服务职能、后勤部门提供公共条件和保障以及业务部门开设课程和组织科学研究等，所有职能均旨在满足公共需求。为了有效满足公共需求，高等学校内部存在着一定的分工，即由学校层面负责的事务和院系层面负责的事务，从而构成了事权（即职能）结构。事权的实现需要相应的财权作为保障，没有资金支持，事权无法顺利完成。因此，学校资金在不同层次、不同单位之间的分配，即财权结构，成为高等学校财务管理的核心问题。财权结构分析的主要目的在于通过解剖性分析来满足学校内部管理的需求，描述各级财权状况的变化，形成并维持一个相对合理的财权结构，从而促进和推动各级各单位事权的顺利完成。在该层次，关注财权结构的变动分析、学校内债和学校信用分析尤为重要。通过深入分析财权结构，高等学校可以更有效地配置资源，确保资金分配的合理性和效率，进而支持学校的各项职能顺利运行。在不断变化的教育环境中，高等学校需要灵活调整其财权结构，以适应内外部发展的需求。同时，确保财务管理的透明度和公正性，以维护学校的健康发展和良好声誉。

在高等学校的财务管理体系中，校系预算层次既涵盖了学校一级的综合收支计划，也包括了院系级别的收支计划和预算。该层次的预算直接关系到高等学校的日常运营和长期发展，具有高度的操作性，是高等学校各单位最常见且最为核心的预算形式。校系预算为各单位的经济决策提供了宝贵的信息，对资金收支行为更起到了有效的约束和保障作用。校系预算之间的关系并非孤立，而是紧密相连，共同构成了高等学校财务管理的一个复杂体系。校系预算的编制基于既定资源的合理分配，校级和系级预算之间存在着动态的平衡关系，如同对一块蛋糕的切分，既要确保公平，又要追求效率。合理的资源分配能够促进高等学校内部的效率提升，使得下一个财年可分配资源总量增加，推动学校进入一个良性循环的轨道。为了实现这一良性循环，高等学校需要从两个方面入手：一是合理确定校系的收入和支出内容，确保各项经费的使用符合学校的事业发展规划和管理目标；二是通过转移支付等方式适当调节，确保各级各单位的财权与事权相匹配，既保证学校对基层单位的有效控制，又维持基层单位对学校的合理依赖。从这一角度出发，校系预算以及围绕校系预算的经济利益分配，成为高等学校财政管理的核心内容。

第三节　当代高等教育学科建设及其管理

一、学科与学科建设的概念界定

学科，作为知识体系的表现形式，随着知识生产的复杂化和规模的扩大，已成为高等学校教学和科研活动的基础。随着社会对高等学校角色和功能认识的深化，政府对学科建设的重视程度不断提升，并将其视为加强资源投入、制度供给及监督评价的关键。学科建设是高等学校办学的核心议题，也是体现学校特色、水平和能力的关键指标。它贯穿于学校的教学、科研等全过程，不仅包括对硬件设施的投入，更重视体制机制、学科文化等软环境的构建。在此过程中，学科组织如院系等成为直接的执行者，对学科队伍建设、科研项目开展和人才培养产生了深远的影响。学科建设是一个复杂的系统工程，它关系到学校的科研活动和人才培养以及学校的社会服务功能。通过学科建设，高等学校可以更好地完成科研活动、培养高素质的人才、为社会提供服务，从而实现学校的三大职能。因此，学科建设上成为高等学校发展的重点，占据着学校发展战略的核心位置。高等学校的学科建设涵盖了多个方面，并具有知识性、组织性和文化性等基础特点，充分体现了学科的内在逻辑关系，凸显了学科建设的全面性和系统性。通过对高效重视并加强学科建设工作，高等学校可以在科研活动、人才培养和社会服务等方面取得显著成效，进而推动学校的整体发展。

二、高等教育学科建设的理论基础

学科协同理论强调了内外部力量的共同努力和相互作用，高等学校的一流学科建设需要政府的政策支持和资金投入与学科内部各要素之间的有序协调和协同发展。政府的角色主要体现在为一流学科建设提供制度保障和资金支持，而一流学科则应为区域社会发展提供智力支持，并通过与其他学校、企业、政府及科研机构的合作，进一步提升人才培养质量和科研成果的产生。在学科系统内部，学科的发展离不开人才、资金和物质资源的支持。如何在资源有限的条件下，如何合理安排人才培养、科研和社会服务等活动，以实现学科发展的协同效应，成为高等学校一流学科建设面临的主要问题。学科规训理论指出，学科是由专门知识、制度规范和组织机构共同构成的完整体系。学科不仅是知识的分类，更是学术活动的规范和组织结构。学科的发展既遵循内部知识生产的逻辑，也受到制度、权力和社会等外部因素的影响。因此，一流学科的建设应当实现学科内部自组织力量与外部他组织力量的协调、适应和平衡，形成具有自身特色的一流学科。在一流学科的建设过程中，高等学校应充分考虑学科协同理论和学科规训理论的指导意义：一方面，通过强化内外部协同合作，优化资源配置，提升学科建设的整体效能；另一方面，遵循学科内涵式发展的规律，兼顾学科知识生产的内在逻辑和外部社会的需求，从而构建有利于学科长期发展的制度和机制。

三、高等教育一流学科的有效建设工作

（一）高等教育一流学科建设的基础内容

学科方向的凝练是一流学科建设的基石，它在很大程度上决定了学科未来的发展路径和研究重点。因此，高等学校应首先明确学科方向，确保学科方向具有前瞻性、创新性和特色性。在凝练学科方向时，需要综合考虑学校的历史积淀、师资力量、资源条件以及社会需求等因素，确保学科方向既具有深厚的学术基础，又能紧密结合时代发展的前沿。在学科方向确定之后，高等学校需要通过有效的组织管理和资源配

置，加强学科方向的整合与凝练。例如，可以通过开展研究项目、举办学术会议等，加强学科内部的交流与合作，促进学科方向的深化与拓展。同时，高等学校应通过选拔和培养一批高水平的学科带头人，构建稳定而富有活力的学科队伍。学科带头人不仅需要具备卓越的学术能力，还应有广阔的国际视野和良好的组织协调能力，能够引领学科的发展方向，带领学科队伍取得突破性的科研成果。此外，高等学校还需重视学科梯队的建设，通过合理的人才引进和培养机制，形成由学科带头人、中青年学术骨干和青年才俊组成的学科梯队，确保学科发展的持续性和稳定性。最后，学科平台是一流学科建设的物质基础，高等学校应积极构建具有国际先进水平的学科实验室、研究中心和创新基地等，为学科研究提供强有力的技术支撑和实验条件。高等学校还需加强与国内外知名研究机构和企业的合作，通过共建联合实验室、科研平台等形式，拓展学科研究的深度和广度。

（二）高等教育一流学科建设的基本模式

根据学校的办学资源、学科基础、师资力量以及社会需求等因素，高等学校可选择学科带头人引领型、特色优势学科拓展型或学科交叉融合型中的一种或几种模式进行学科建设。每种模式都有其独特的优势和适用条件，能够在不同的办学环境和学科发展阶段中发挥重要的作用。学科带头人引领型模式强调由学科领军人物带领学科团队，凭借其学术影响力、创新思维和战略眼光，确定学科发展的方向和目标，并通过有效的资源整合和团队建设推动学科的持续进步。该模式特别适合于在特定领域具有明显优势、拥有一批高水平科研人员的高等学校。学科带头人的存在能够提升学科的核心竞争力，吸引更多优秀人才加入，促进学科的整体发展。特色优势学科拓展型模式注重于挖掘和发展高等学校自身的学科特色和优势，通过集中有限的资源投入具有明显优势和特色的学科中，实现学科的突破和提升。该模式适合于学科门类相对齐全、但资源有限的高等学校。通过聚焦特色优势学科，高等学校能够形成鲜明的学科特色，并且在一定程度上带动其他学科的发展，提升学校的整体学术水平和社会影响力。学科交叉融合型模式强调多个学科间的相互渗透和融合，促进新的学科领域和研究方向的产生。该模式适用于学科门类齐全、综合实力较强的综合性大学。通过学科交叉融合，高等学校能够在原有的学科基础上创新发展，形成新的学科增长点，推动学科整体向更高层次发展。

（三）优化高等教育一流学科建设的有效策略

高校一流学科建设的优化策略应多方面展开，既涵盖政府层面的支持与引导，也包括学校层面的具体实施措施。政府应发挥其在一流学科建设中的引导与支持作用，制定相关政策，提供资金支持，并引导高校与地方经济社会发展相适应。提高地方财政对教育的投入，特别是对一流学科建设的经费支持，确保高校有足够的资源进行科研与人才培养。通过发展地方经济，提供稳定的资金来源，为一流学科建设提供物质基础。建立和完善教育捐赠、科研合作等多元化资金筹集机制，鼓励企业、社会组织及个人参与并增加对一流学科建设的资金投入。推动高校之间的资源共享与合作，通过建立联盟等形式，加强校际学术交流与科研合作。地方高校应主动作为，根据自身定位与优势，制定科学、合理的建设方案，并结合地方发展需求与自身优势，明确一流学科建设的方向和目标，确保学科发展与地方经济社会发展相匹配。通过建设高水平的学科平台，吸引优秀人才，促进学科交叉融合，实现学科群体的整体提升。加大人才引进力度的同时，注重本校教师的培养与发展，建立长期稳定的师资培养机制，提高教师的科研与教学能力。此外，积极参与国际学术交流，与海外高校和研究机构建立合作关系，提升学科的国际影响力。最后，营造开放包容、鼓励创新的学科文化氛围，提升学科的内生动力，形成良好的学术生态。

四、高等教育学科管理工作的落实

（一）高等教育学科管理机构

高等学校应当设立学科教研组或学科管理组，这些组织承担着该学科课程管理、教学设计以及评估统计等一系列重要职责。学科教研组或学科管理组由具备专业知识的教师组成，他们根据学校的教育工作规划，专注于日常的教学和教研活动。这些组织还需负责组织和参与不同层级的学科竞赛以及科技竞赛，以此促进学生的全面发展和学科的深入研究。高等学校结合此类机构设置和运作，能够确保每个学科的教育教学活动都能高效、有序地进行，同时也为教师提供了一个专业成长和相互学习的平台。学生和教师通过参与竞赛能够提升专业技能，并增进对学科前沿知识的理解和应用，从而不断推动教育质量的提升。

（二）高等教育学科管理的措施

有效的学科管理能够确保教学质量和提高学生学习效率，这一过程主要包括教学设计、教学实施以及学科考试三个方面。教学设计环节要求教师基于学科课程的具体要求制定出合理的教学计划，旨在确保教学活动既有序又高效。这要求教师不仅要深入理解课程内容，还要能够准确把握学生的学习需求和特点，以便设计出符合实际情况的教学方案。在教学实施过程中，学科教师需紧密跟随课程教学进度，有效地组织和实施各项教学活动。在课堂上，教师应注重视听交互，通过各种教学方法激发学生的探究精神和创新能力，从而帮助学生更好地理解和吸收知识。学科考试则是检验教学效果和学生学习成果的重要手段，学校必须遵循教育部门的考试管理规定，严格依照课程标准和考试要求组织考试，确保考试的公平性和公正性，真实反映学生的学习情况，促进教学方法的不断改进和优化。通过采取完整的学科管理流程，高等学校能够为学生提供一个高效、公平的学习环境，同时为教师的专业发展和教学水平的提升提供支持。

第四节 高等教育教师队伍的建设与管理

一、高等教育教师队伍建设与管理的意义

教师队伍的建设与管理是提升教育教学质量的关键所在。教师是引导学生学习、思考和成长的关键角色，其重要性不言而喻。因此，高等学校必须高度重视教师的职前培训和职中继续教育，确保他们拥有扎实的专业知识和卓越的教育教学能力。实施系统的培训和管理措施，旨在不断提升教师队伍的整体素质，以满足高等教育发展的需要。合理的教师管理和调配策略是确保教学活动有效进行的关键。这包括教师资格的认定和教学质量的评估等，它们共同为优化师资队伍结构、提升教育教学成效提供了重要保障[①]。

二、高等教育教师队伍建设与管理的必要性

（一）高等教育中教师的主导价值

高等学校教师在教学中的主导地位，凸显了教师在传承人类文明、推动社会进步中的不可或缺的作用。当代教师应具备高度的责任感和使命感，以及坚定的职业道德观念。教师的主导地位体现在他们对知识传授的决定权上。在高等学校的教育教学活动中，教师负责设计课程内容、选择教学方法和制定评价标准，这些都源于他们对专业领域的深刻理解和对学生学习需求的精准把握。教师不仅通过自己的专业知识和教学经

① 孙利．民办高校师资队伍建设研究 [J]. 现代交际，2020（6）：145.

验，引导学生深入探索学科前沿，激发学生的学习兴趣和创新思维更在塑造学生人格和价值观方面起到了决定性作用；高等学校不仅是传授专业知识的殿堂，更是培养学生综合素质，形成正确世界观、人生观和价值观的重要场所。教师的言传身教对学生的道德观念、职业态度和社会责任感产生深远影响。在高等教育中，教师需要参与科研活动，通过自己的研究成果推动学科的进步和知识的更新。教师的科研能力和创新成果能够提升学校的学术地位，为学生提供更多的学习资源和研究机会。教师的主导地位还体现在他们对学校教育教学改革的推动作用上。面对快速变化的社会需求和知识更新，高等学校需要不断调整教育教学策略和内容，以适应时代发展。教师作为教学一线的直接参与者，他们的意见和建议对推动教育教学改革具有重要价值。

（二）教师自身素质在高等教学中的价值

在高等教育领域，教师的素质直接关乎教学的质量和学生的全面发展。因此，提升教师队伍的整体素质成为高等学校发展的核心要务。教师要有良好的教育理念、丰富的教学经验和持续的学术研究能力。这些因素共同构成了高质量教学的基石，对学生的知识传授、能力培养和价值观的形成具有决定性作用。教师的学历水平和专业知识能力是教学质量的基石。作为学术研究的先驱者和创新者，高学历背景和深厚的专业知识使教师能够准确把握学科发展的前沿动态，为学生提供丰富、前沿的学习内容。此外，教师的专业知识能力还决定了他们解决学术问题和指导学生科研活动的能力，对于培养学生的创新思维和实践能力至关重要。优秀的教师能够根据学生的学习特点和需要，灵活采用教学方法和手段，激发学生的学习兴趣，促使他们主动学习和深入思考。同时，教师在教学过程中的引导和反馈，能够帮助学生及时调整学习策略，提高学习效率。积极参与科研活动的教师，能够将最新的研究成果和学术观点融入教学内容，增强课程的前沿性和实用性，培养学生的科研兴趣和创新精神。教师的科研项目往往为学生提供了实践锻炼的平台，对学生未来的职业发展具有深远的影响。高等学校应高度重视教师队伍建设，通过多种途径提升教师素质。一方面，学校应为教师提供持续的专业发展机会，如参加学术会议、短期培训、访问学者等活动，不断更新知识结构和教学方法；另一方面，学校还应鼓励教师参与科研项目，通过科研创新提升教师的学术水平和教学质量。此外，学校还应建立完善的教师评价和激励机制，全面考察教师的教学效果、科研成果和社会服务贡献，以此激发教师的工作热情和创新动力。

三、高等教育教师队伍建设与管理的革新

（一）强化高等教育教师队伍建设的有效途径

1. 深化师德师风建设，提升教师专业水准

在当代高等教育体系中，教师队伍的建设与管理被置于优先发展的战略地位。这一选择并非偶然，教师作为人才培养的关键环节，其素养和风范直接影响着高等学校的教育品质和学风的塑造。鉴于此，教育行政部门和高校普遍高度重视并积极落实教师师德师风建设与专业素养的全面提升。为了对抗当前学术界存在的功利化倾向，教师队伍的建设亟需淡化“唯论文、唯职称、唯学历”的成果导向，并针对不同办学层次和类型的高校实施差异化的科研考核任务。对于以培养应用技能为重点的院校，应将教师日常教育教学的实践贡献和学生成就视为科研考核的重要指标，降低对传统学术成果的过分追求。高等院校在考察教师晋升与奖惩时，不应仅偏重于研究成果的数量，而应更加重视学术伦理、教育质量和过程监管，既看重结果，更注重个体贡献的全面性。同时，应高度重视师德师风的建设与考核，这关系到学校育人环境的健康与和谐。为此，应明确师德考核的权重，设定科学、合理的考核机制，真实反映

教师的道德行为和职业素养。例如，高校可通过开设常态化的师德教育研讨活动，针对性地加大负面行为的曝光和惩戒力度，以营造风清气正的学术氛围。在加大考核力度的同时，还应运用先进的舆论监督方式，如匿名调查、学生评价等，真实反映教师德育工作的实际效果，全面了解和准确评价教师的师德表现。为了增强教师的育人责任感，学校应营造崇尚学术、尊重育人的校园文化环境。这不仅需要校方治理层面进行文化塑造，还需通过教师培训、研讨会等各类方式，实质性地增强教师的育人观念和道德修为。换言之，大学作为人才培养的基地，应不遗余力地弘扬尊重个体差异、因材施教的人文精神，更应推崇淡泊名利、坚持为人师表的崇高师德。

2. 合理开展教学科研，助力教师专业发展

教学和科研是高等学校教师职责的两大主要方面，它们相辅相成，共同推动高等教育的质量提升和学科发展。在此过程中，高等学校需采取一系列措施，旨在为教师打造一个充满活力且发展潜力的工作环境，以促进其专业成长。完善教师队伍结构是保证教学与科研工作平衡发展的关键，高校应根据学科发展和学生需求，合理安排师资资源，既要稳定经验丰富的教师队伍，又要积极引进和培养青年教师，为他们提供广阔的成长空间和发展机会。通过建立有效的师资培训和发展体系，强化校史校情教育，增强教师的认同感和归属感。同时，通过提供教育技术培训等措施，持续提升教师的教学能力，确保教师能够在教学和科研之间取得良好的平衡。加强团队科研合作有利于提升教师的科研能力和创新思维。通过组建跨学科的研究团队，可以整合不同领域的资源和优势，为年轻教师提供学习和成长的机会，推动知识的传承和创新。此外，通过“老带新”的模式，让经验丰富的教师与青年教师结对，既传承了经验，又能激发新的思考和创意，为高校的科研工作注入新的活力。高校及相关部门应建立公平、公正、透明的评价和奖励机制，对教学质量和

科研成果给予充分的认可和奖励。通过增加奖励额度和丰富奖励形式，激励教师在教学和科研方面持续投入，减轻其工作压力和倦怠感，激发其持续的工作热情。

3. 加强社会服务的开展力度，提升教师的专业实践能力

创建高校教师社会服务平台是推动教师参与社会服务的重要举措。高校应搭建一个全面的社会服务宣传平台，及时发布社会服务的供求信息，并优化校企合作平台，促进高等学校与行业、企业之间的密切交流与合作。同时，高校还应完善社会服务交流平台，鼓励教师就社会服务实践中遇到的问题进行深入探讨、分享和经验总结，不断探索和创新教师开展社会服务的新方法和新规律。高校应从制度层面保障社会服务工作的有效开展。通过科学构建导向机制，引导教师平衡好教学、科研与社会服务之间的关系。同时，高校还应制定相关的扶持政策和考核办法，将社会服务的工作成果纳入教师的考评体系，使社会服务的数量和质量与教师的评优评先挂钩①。此外，赋予教师科技成果使用、处置和收益管理的自主权，完善科研成果和知识产权的归属及利益分配机制，以进一步激发教师参与社会服务的积极性。

（二）优化高等教育教师队伍管理的有效策略

面对新时代的挑战和机遇，高等学校应精准定位自身发展方向，探索更为科学和有效的教师分类管理方法，以促进教师的专业成长，并提高教育教学质量。高等学校需根据自身的发展定位，合理规划教师队伍结构，实施精细化的分类管理。同时，要关注学科专业建设和人才培养的需求，为不同类型的教师制定差异化的管理和发展策略。特别地，应

① 吴艳，黄珊，王笑欢．高校教师队伍建设路径研究：基于25所高校的调查[J]．宁波大学学报（教育科学版），2022，44（2）：114.

用型、双师型教师的引进和培养应成为重点。通过合理设置岗位类型和职责，使教师在教学、科研以及社会服务等方面能够充分发挥其专长和潜能。此外，推进师生共同体的构建，是营造和谐校园环境的重要途径。教师应“以仁爱为本”，公正、客观地处理师生关系，积极有效地沟通和互动，促进师生之间的相互尊重和理解。和谐的师生关系不仅有利于学生的全面发展，也能激发教师的教育教学热情，从而携手共进，有力推动高等学校的教育教学改革和创新。强化师德师风建设，是提升教师专业实践能力的基础。通过制定具体的师德师风建设实施细则，高校不仅能明确教师的职业行为规范，筑牢其职业理想和信念的基石，还能有效激发教师的主观能动性，促使他们在教育实践中不断追求卓越，致力于为国家和社会培养更多高素质的人才。优化教师队伍管理的发展保障机制，是确保教师分类管理策略有效实施的重要一环。这既需要完善法律、经济和行政等多维度的制度保障，也需要加强管理者队伍的建设，并提供充足的物质和技术支持。这样，才能为教师提供一个更为公平、开放和创新的工作环境，激发他们的创新精神和专业热情，进而推动高等学校教育教学质量的全面提升。

第四章　高等教育管理信息化的建设与改革路径

第一节　高等教育管理的信息化概述

一、高等教育管理信息化的基本内涵

高等学校教育管理信息化旨在通过广泛应用现代信息技术，如计算机、网络通信及多媒体等，全面提升校园各环节的教育教学和行政管理效率。这不仅体现在技术手段的创新和应用层面，更彰显了现代化管理理念对传统教育体系的深度改革和积极推动。信息化手段可以使各级教育管理事务高效、有序地进行，为教育质量的提升和教育公平的实现提供有力保障，同时推动教育教学模式和教育观念的现代化转型。因此，推动教育管理信息化是高校适应时代潮流、实现科学管理和教育教学可持续发展的重要路径。

作为实现高等教育管理现代化的重要手段，高等学校信息化管理正受到普遍关注和积极推进。这一进程借鉴了企业界对信息化的成功实践，并将现代信息技术与高校特定的教育教学、科研管理以及后勤保障等各环节相整合，旨在构建一个智能化、高效率、透明化的高等教育治理体系。信息化管理重塑了高等学校的办学理念、工作流程、教育手段和决

策机制，促进了教育质量和服务质量的根本性提升。在全球化和知识经济时代背景下，未来人才的需求更加注重创新能力和实践技能。高校不仅致力于高水平的学术研究，还需大力推动创新人才的培养。高校管理信息化恰好为这一新时代使命的实现提供了技术和思维上的支撑。信息化手段的灵活应用，无疑将促进教育教学内容和形式上的不断变革，进而提高人才培养的效率与品质。通过建设校园网络基础设施、开发和应用管理信息系统、实施网络教学和远程教育等信息化手段，学校能够实现校园各职能部门、教师和学生之间的无缝对接，充分整合校内外资源，实现快速高效的信息交流与共享。比如，学生信息管理系统、教学资源管理系统和科研项目管理系统的建立，为学校高效决策提供了数据支持，强化了教育教学、科研和社会服务等环节的质量监督和水平提升。管理信息化还有利于提高大学内部治理的科学化、民主化和法治化水平，通过搭建各项线上管理流程和决策平台，增强大学内部公开透明程度，促进利益相关者之间平等参与、充分沟通与民主决策，更好地维护高校各方成员的合法权益。然而，实施管理信息化的过程并非一帆风顺，仍面临众多挑战，比如信息基础设施的建设与维护、信息化人才的培养与储备、信息安全与隐私保护等问题都需给予足够重视。为了实现管理信息化的深入推进，提升管理效能，高校需紧跟时代步伐，大力投入、创新驱动，打造特色化、差异化的信息化管理模式，以期实现其科学管理和教育教学的质量双提升，最终构建现代化管理新格局。

信息化管理，作为现代教育管理领域的重要创新，尤其在高等学校的应用中，不仅仅是信息技术的简单应用，而是一个深度融合与创新的过程。在企业界，信息化管理的核心是通过信息技术实现数据的集成和深度挖掘，以支持决策系统，进而提升企业的效率和市场竞争力。高等学校借鉴企业信息化管理的经验，在教育管理中实施信息化，意味着要通过信息技术整合学校的各个环节，实现数据共享，以提升教育教学质量和管理效能。高等学校实施信息化管理，首先需要构建健全的数据平台，这包括教学科研、学生管理、财务管理、人力资源等基础数据的集成，还涉及如何有效挖掘和利用这些数据以支持学校管理和决策。例如，通过分析学生的学习数据，可以优化教学计划和课程设置，进而提高教育教学质量；通过分析财务数据，可以更加科学地进行资金分配和使用，提升资金使用效率。信息化管理的实施，对高等学校的传统管理模式和管理体制提出了挑战。它要求学校管理者不仅要具备信息技术知识，还需要有创新的管理理念和能力，能够根据信息化管理的需要，对学校的管理模式、业务流程进行重新设计和优化。然而，信息化管理的实施也面临挑战。一方面，高等学校的信息系统可能与现有的管理制度和组织行为发生冲突，信息化的深入推进可能会受到现行制度的制约；另一方面，信息化管理的最终目标是服务于学校的教育教学和科研工作，如何确保信息技术的应用能够真正提升教育教学质量和管理效能，是实施信息化管理过程中需要认真考虑的问题。因此，高等学校在实施信息化管理时，不仅要注重信息技术的应用和数据平台的建设，更要注重信息化管理与学校管理创新的深度融合。学校应从战略高度出发，结合自身的发展目标和实际情况，全面审视和优化校园文化、办学理念、管理制度和组织结构，实现管理模式和方法的创新，以信息化推动学校管理现代化，实现高等学校的可持续发展。

高等学校的信息化管理不是一成不变的，而是一个动态发展、循序渐进的管理过程。其动态性要求信息化管理系统的建设必须紧密围绕学校的发展战略，以满足其不断变化的发展需求和业务应用需求。作为知识和人才的重要孵化器，高等学校的办学目标和教育模式随着社会需求、科技进步和教育理念的更新而不断演变。因此，信息化管理系统的设计和实施需要具备高度的灵活性和适应性，以便于随着高等学校发展阶段的不同而做出相应的调整和优化。随着高等教育改革的深入推进，高等学校对信息化管理提出了更高的要求。信息化管理的目标是通过有效的信息技术应用，促进学校管理现代化，提升教育教学质量，进而增强学校的核心竞争力。为此，高等学校需要建立一个从规划、实施、应用到评价的良性循环系统，确保信息化管理能够及时响应学校发展的新需求，支持学校教育改革和发展战略的实施。

二、高等教育管理信息化的基本特征分析

（一）系统性特征

高等学校教育管理信息化展现出了显著的系统性特征，因为它覆盖了教学科研管理、学生教育管理、基础设施以及行政管理等多个领域。同时，其实施涉及政府部门、高等学校、教师、学生及社会机构等多个主体。这种系统性要求高等学校在推进教育管理信息化过程中，必须充分协调各方面关系，建立和维护持久、和谐的合作伙伴关系，以实现信息化资源的合理配置和高效利用。通过这样做，高等学校可以有效提升教学科研管理效率，优化学生教育管理流程，提高基础设施和行政管理的现代化水平。高等学校教育管理信息化的系统性不仅体现在它能够整合各方力量，还体现在它能够支撑教育治理体系和治理能力的现代化，进而推动高等学校整体发展和教育质量的提升。

（二）目标性特征

高等学校教育管理信息化具有明确的目标性，旨在通过教育现代化推进学校管理的高效和科学化。在国家层面，主要目标集中于构建和运用教育管理公共服务平台，目的是准确和全面地掌握高等学校的动态数据，辅助教育决策过程，提升教育监管的能力及整体教育管理水平。在学校层面，目标则聚焦于如何充分利用信息化的基础设施与资源，节约工作时间，提升校内行政、教学和科研等各职能部门的管理效率。信息技术与教育教学深度融合，目的在于提高教学质量、改善教学条件，从而增进办学效益，提升学校的管理效能，促进教育的整体发展。

（三）协同性特征

高等学校教育管理信息化系统具有显著的协同性特征，作为一个复杂而动态的非线性反馈系统，该系统内部的各个要素，如资金投入、基础设施及信息资源的开发、信息化人才储备、教师及学生信息素养的提升、科研及教学管理效率优化、教育评估体系完善、利益相关者重视程度的提升、政策规划的精细化以及教师及学生的数量合理配比等，均相互作用、相互影响，形成了一个复杂的内部反馈网络。此外，该系统还受到外部环境因素的影响，如社会的经济水平、教育水平和信息化发展水平等。这些外部因素既可以推动教育管理信息化的发展，也可能成为其发展的阻碍。因此，协同性成为高等学校教育管理信息化系统的核心特征。高校需要充分协调系统内外的各个要素，确保它们之间能够平衡发展，以实现教育管理信息化的目标。协同性要求高校内部的各个部门之间要有良好的合作和协调，且要求高校与外部环境之间能够有效地互动和适应。通过全方位的协同作用，才能确保高等学校教育管理信息化建设的成功。（4-1）

表 4-1　高等学校教育管理信息化的基本特征

特征类型	内容描述	实施策略
系统性特征	覆盖教学科研管理、学生教育管理、基础设施及行政管理等多个领域。涉及多个主体如政府、学校、教师、学生等	建立和维护合作伙伴关系；整合各方力量，优化资源配置；支持教育治理体系和能力现代化
目标性特征	推进管理高效化和科学化。国家层面构建教育管理公共服务平台；学校层面利用信息化资源提升管理效率	构建和运用公共服务平台；利用信息化基础设施和资源提升工作效率；促进教学质量和管理效能提升
协同性特征	系统内外要素相互作用、影响，形成复杂的反馈网络。包括资金、人才、政策规划等	协调内外部要素，平衡发展；促进校内外良好合作和协调；适应外部环境变化；全方位协同作用

三、高等学校教育管理信息化的主要内容

高等学校教育管理信息化的推进是当前教育领域的重要任务，其目标是通过现代信息技术提升管理效率、优化教育资源配置、创新教育教学模式、提高教育质量，进而实现高等教育现代化。为实现这一目标，高等学校教育管理信息化的内容涵盖了多个方面，包括加强顶层设计、完善管理信息化体制机制、资源整合、加强安全管理以及信息化队伍建设等关键领域。

第二节　高等教育管理信息化的建设方式

一、建设信息化高等学校教育管理的基础

（一）学以致用的信息化模式

在当前大数据时代背景下，高等学校教育管理信息化的深入推进，对构建学以致用的信息化教学模式提出了新的要求和挑战。为了更好地适应社会需求和促进学生全面发展，高等学校需要不断优化教育管理体系，充分利用信息技术，推动教育教学方式的创新变革。高等学校应充分利用大数据、云计算等现代信息技术，改进和完善传统教育管理工作，通过科学的数据分析为专业课程设置和教学内容的更新提供依据。深入调查研究相关行业发展趋势，结合大数据分析，精确把握行业需求和人才素质要求，使教学内容与社会需求紧密结合，提高教育的针对性和实用性。在教学实践中，高等学校教师应着重培养学生的信息素养和数据分析能力，引导学生主动利用网络资源，深入了解行业动态和企业发展情况。教师可以设计相关的教学项目，鼓励学生通过网络搜集企业运营数据，并进行比较分析，找出行业发展规律，以及结合专业知识对企业

运营中存在的问题提出改进措施，从而培养学生的创新思维和实践能力。高等学校还应加强与企业的合作，建立更加紧密的校企合作模式。通过定期组织企业参观、实习、项目合作等活动，让学生在实际工作环境中应用所学知识，提高专业技能。同时，企业可以参与专业课程的设计和教学过程，为学校提供最新的行业信息和技术需求，确保教学内容的前沿性和应用性。高等学校教育管理信息化还需要注重教育评价体系的改革，构建多元化、开放式的评价体系，既关注学生的知识掌握程度，又重视学生的能力培养和实际应用水平。

（二）高等教育资源数据库信息系统的完善

科学完善教育资源数据库信息系统的建设关乎教学质量的提升，也是提高学校教育管理效率、促进教育公平的关键所在。高等学校应当紧跟信息技术的发展步伐，深化教育信息化建设，以确保教育资源数据库信息系统的功能性、实用性和前瞻性。高等学校应充分利用互联网和信息技术，与国内外的科研机构、其他高校等建立稳定的合作关系，通过互联网平台构建开放、共享的教学资源机制。在此过程中，学校应注重资源的质量和实用性，通过专业团队对收集到的教育资源进行筛选、验证，确保所收录的资源能够真正服务于教育教学需求。同时，鼓励教师积极贡献个人的教学设计、研究成果等，形成学校内部的资源共享文化，促进教育资源的内生增长。为了使教师、学生等用户能够快速、准确地检索到所需资源，技术团队需要对数据库中的资源进行细致的分类整理。分类应遵循易于理解和操作的原则，标准既要科学合理，又要符合用户的实际使用习惯。例如，可以根据学科领域、资源类型（如课件、论文、视频等）、适用对象（如本科生、研究生等）进行分类，同时提供关键词搜索功能，以提高资源检索的准确性和便捷性。

（三）加强高等教育管理平台的建设

在当前大数据时代背景下，高等学校教育管理信息化的有效实施，特别是网络教育平台的建设与完善，已经成为推动教育改革、提升教学质量和效率的必要条件。网络教育平台拓宽了教学的空间和方式，实现了资源共享、教学互动、信息反馈等多功能集成，对促进学生个性化学习、提高教学效果具有重要意义。网络教育平台的建设需从网络硬件设施完善做起，这是确保平台稳定运行的基础。高等学校应投入必要的资金和资源，配备足够的服务器和存储设备，建立高速、稳定的校园网络环境，以支撑大量教学内容的在线交互和数据处理需求。同时，考虑到网络安全的重要性，高等学校还需加强网络安全保护措施，确保教学数据和个人信息的安全。网络教育平台的核心在于其功能的完善与优化，其中网络教学功能是基础。高等学校应利用平台进行丰富多样的在线教学活动，如视频讲座、在线讨论、虚拟实验等，以满足不同学生的学习需求。特色网络课程的开设可以进一步丰富教学内容，如案例分析、模拟实践等，使学生在具体应用中深化理解，从而提高学习兴趣和实践能力。信息交流功能的建设是网络教育平台的另一重要方面。通过建立高效的沟通渠道，实现教师与学生、学生与学生之间的实时互动和信息共享，不仅能够促进学习的深入，还可以加强师生关系，进而营造积极向上的学习氛围。高等学校应鼓励教师充分利用平台进行教学指导和答疑，同时发起学生之间基于特定课题的讨论和交流，以提高学习的互动性和针对性。高等学校应建立专门的技术支持团队，负责平台的日常维护、监控和技术支持，确保平台的稳定运行和及时更新。

二、高等教育管理信息化建设的手段

（一）有效创新高等教育管理的手段

在当今信息化快速发展的时代背景下，高等学校亟须拥抱技术浪潮，将信息化管理融入校园治理的方方面面。传统的以书面文件、口头通知为主的管理方式已难以满足当前教育管理高效化和精准化的需求。通过部署先进的管理软件和平台，利用大数据、云计算等信息化技术，高等学校的管理者能够实时掌握学生的综合情况，实现个体化关怀与精准施策，推进学风建设与学生成才环境的优化。在管理模式上进行信息化、智能化转型，不仅极大地提升了学校的行政效率，还在相当程度上丰富了校园文化、促进了教育教学活动的多样化。数字化手段下的高校教育管理创新，鼓励学生成为高校治理的参与者，充分表达意见和建议，助力校园决策的民主化、透明化。同时，打通信息壁垒，构筑起教职员工与学生之间高效、便捷的沟通桥梁，有力推动了校园治理的现代化，实践了以人为本、因材施教的教育理念，为构建和谐、文明、开放的校园文化注入了新的活力。

（二）强化校园安全的创新管理

校园安全始终是管理工作的重点与难点。随着信息技术的快速发展，高等学校越来越重视利用信息化手段加强校园安全管理，这不仅能够有效提升校园安全防护水平，还能够实现校园管理的现代化、智能化。高等学校应引入先进的安全技术和设备，如网络防火墙、入侵检测系统等，加强网络信息安全，保护校园网络环境的安全，防止信息泄露和网络攻击。同时，应在信息管理权限设置上严格把关，为不同层级的管理人员设置独立账号，实施严格的身份认证措施，确保每位管理人员的操作权限得到合理控制，从而有效避免信息泄露的风险。此外，高等学校应制定和完善学生管理信息系统使用规范，明确规定信息系统的使用范围、权限分配、数据保护措施等，并对违反规定的行为进行严肃处理，以营造安全、规范的信息管理环境。

（三）建设信息化创新管理研发队伍

高等学校应成立由校领导亲自挂帅的信息化创新管理研发中心，集结跨学科的专业人才，对信息化管理领域展开深入研究和实践探索。该中心应具备明确的职责划分，专业化、职业化地对待信息化创新管理，全面提升研发队伍的科研和实践应用能力。顶尖人才的引入直接促进了高校信息化创新水平的提升。高等学校应积极与国内外著名高等院校、科研机构开展合作交流，不断汲取前沿的创新理念和成熟的研发经验，积极营造开放、包容、创新的校园文化氛围，吸引和聚集更多的信息化创新人才。完善的激励、考核体系是激励信息化创新人才的关键，既包括物质激励，也包括精神鼓励，通过绩效评定体系确保对个体和团队努力成果的认可和奖励，充分调动广大信息化创新研发人员的积极性和创造性。

第三节　当代高等教育管理信息化的改革路径

一、重视高等教育管理信息化的顶层设计

教育管理信息化的顶层设计不应只停留在表层调整，亟须打破信息流、业务流与决策流之间的壁垒，真正实现校园数字化战略的深度整合与全面优化。当前，虽然众多院校已启动信息化建设计划，然而，在实施中普遍存在条块分割、数据孤岛等问题，这些问题在很大程度上削弱了信息化对校园管理和服务品质的提升。由此看来，开展以数字治理为出发点的、自上而下的全域顶层设计显得极为必要。这一设计包含了信

息化人才队伍建设、跨学科数据整合、长期演化机制等方面，体现了对当前乃至未来校园信息化建设和应用趋势的全局洞见。通过这一策略，高等学校不仅针对现有痛点和薄弱环节制定出切实可行的对策，还有力促成以校园为本的教育信息化生态，从而高效应对外部环境的快速变化，确保高等教育管理信息化健康、有序向前发展。

（一）高等教育管理信息化发展战略规划的制订

教育管理信息化不仅是技术的革新，更是一种管理理念和模式的深刻变革。因此，制订一项全面、长远且具有可执行性的教育管理信息化发展战略规划，将大大提升高校的管理效率和教育质量。高等学校需确立信息化发展的核心目标和原则，明确信息化建设的方向和重点，这要求高校领导层具备前瞻性的战略视野，结合学校实际，通过广泛调研和深入分析，识别学校信息化建设的优势与劣势，并准确把握未来发展的机遇与挑战。高等学校的教育管理信息化规划应注重实效性与可持续性，且有具体、可操作的实施方案，并充分考虑资源的有效配置、技术的持续更新以及人才的培养和引进。同时，需要坚持开放合作的思维，鼓励校内外资源共享与交流，以促进校园信息化生态系统的健康发展。智慧校园建设是高等学校教育管理信息化的重要组成部分，不仅关乎技术的应用，更在于营造一个有利于学习、研究、创新和生活的校园环境。高校在信息化建设中应充分体现人本精神，通过智能化手段优化教育教学、科研管理、校园生活等各个方面，为师生提供更加便捷、高效的服务。

（二）高等教育管理信息化组织领导的强化

实现教育管理信息化这一目标，离不开对教育管理信息化组织领导的加强和优化。高校应建立以首席信息官（CIO）为核心的信息化管理机构，确保信息化建设与学校战略目标紧密结合，并充分利用数字技术优化教育管理流程，提高教育服务质量。高校需明确教育管理信息化的领导架构，确保信息化工作有序进行。通过设立首席信息官（CIO）职位，高校能够更好地实现信息技术与教育教学、科研以及管理工作的深度融合。CIO的角色定位应超越传统信息技术管理，更多地参与学校的战略规划和决策，从而确保信息化建设与学校的长期发展目标相匹配。加强教育管理信息化的组织领导，还需加强各部门、各层级之间的紧密合作与信息共享。通过跨部门协作机制，实现资源的有效配置和信息流的顺畅，避免资源浪费和信息孤岛现象。信息化岗位的设置不仅要覆盖教学、科研、行政等主要业务领域，还需深入每个组成单元，以确保信息化的全面渗透和应用。首席信息官的选任和能力构建是信息化领导力量的重中之重，CIO应具备较强的战略规划、组织协调和创新推动能力，以确保其能够在信息化政策制定、实施方案设计以及新技术应用等方面提供专业指导和领导。同时，CIO还需具备敏锐的洞察力，能够准确捕捉时代发展的趋势，引领学校信息化建设向更高层次发展。

二、科学完善高等教育管理信息化体制机制

（一）统一标准与规划机制

为保证高效和一致的管理，高等学校教育管理信息化的实施需遵循统一标准、统一规划的建设机制，从而确保在迈向数字化转型的过程中，高校能够实现资源的最优配置和数据的高效共享。统一的建设标准有助于实现系统间的无缝集成，能够在维护、升级和日常管理中降低复杂性和成本，从而提高整体的信息化管理效率和效果。高等学校应制定全面的信息化建设规划，从顶层设计出发，全面审视学校的长远发展需求，将信息化建设视为推动学校发展、提升教育质量和管理效能的战略工具。在此过程中，统一的建设标准起到了基础性的作用，它确保了不同系统和平台之间能够实现数据的互操作和共享，有效避免了信息孤岛现象的产生。统一规划的建设机制要求高校对信息化建设的每一步都进行精心

规划和协调，包括硬件的选型、软件的开发、系统的集成以及后期的维护和升级。除了技术层面的统一，更重要的是在管理理念、操作流程和服务标准上实现一致，确保整个高校的信息化建设和管理能够形成有效的支撑，服务于学校的教育教学、科研和管理工作。在实施过程中，面临的挑战包括如何更新和统一早期系统的数据标准，以及如何处理由于采购合同等外部约束而导致的标准不一致的问题。解决这些问题需要高校信息化管理部门与供应商、合作伙伴以及校内外的相关部门紧密合作，共同推进标准化和规范化的建设。高校还需建立健全监督和评估机制，对信息化建设的进展和效果进行定期审查，确保信息化建设与学校的发展战略紧密结合，真正实现信息化建设的目标和效益。同时，通过加强培训和提升信息化队伍的专业能力，为统一标准、统一规划的建设机制的实施提供坚实的人才支撑。

（二）全覆盖与全周期的互动机制

构建全覆盖、全周期的互动机制，对于提升高校治理能力、优化资源配置、增强师生互动具有重要意义。这一机制的建立，要求高校在信息化管理过程中，实现从传统的单向命令与控制，向多元参与、协同共治的新模式转变，进一步强化师生在信息化建设中的主体地位，以实现管理的民主化、透明化和智能化。全覆盖、全周期的互动机制应贯穿于高校管理信息化的每一个环节，即从信息化规划、设计、实施，到使用、反馈、优化，都需要师生和管理者的共同参与和持续互动。这种机制可以使信息化建设更加贴近师生实际需求，从而提升信息系统的适用性和有效性。例如，通过线上调查问卷、访谈等方式，广泛收集师生对信息化的需求和建议，确保信息化建设的方向和内容能够真实反映用户需求。同时，建立全覆盖、全周期的互动机制还有助于打破信息孤岛，实现信息资源的共享与优化配置。在信息化建设初期，高校应通过跨部门、跨层级的协作机制，构建统一的信息平台，实现数据共享和业务协同，从而提高管理效率和服务质量。此外，通过建立反馈机制，及时收集使用过程中出现的问题和建议，不断优化信息系统，以提高信息化服务的满意度。进一步地，全覆盖、全周期的互动机制还要求高校不断创新信息化管理的方式和手段。利用大数据、人工智能等现代信息技术，深化教育管理信息化的应用，提高教育管理的智能化水平。例如，通过大数据分析技术，深入分析学生的学习行为、教育资源使用情况，为教学改革和教育决策提供科学依据；同时，通过智能推荐系统，为师生提供个性化的学习和教学资源，增强教育服务的针对性和有效性。全覆盖、全周期的互动机制，还需要高校加强对信息化建设的投入和支持，包括资金投入、人才培养、技术支持等各个方面，以确保信息化建设有足够的资源保障。此外，高校还需要加强信息化建设的安全管理，确保信息系统的稳定运行和数据安全，为师生提供安全、可靠的信息化服务环境。

（三）实时、透明的监督机制

实时、透明的监督机制，要求监督信息的即时更新和公开。通过互联网监督平台，所有监督信息应实时反馈、更新，并对外公开，确保所有师生和管理人员能够随时了解监督的内容和结果。其即时性和透明性能够提高被监督对象的自我约束力，增加师生对管理决策的信任和认同。实时、透明的监督机制通过大数据分析，为监督提供科学依据。通过对大量数据的分析和处理，监督人员可以及时发现管理中的问题和不足，为决策提供准确的数据支持。同时，大数据技术还能够对监督过程中收集到的信息进行深度挖掘，预测和防范潜在的风险和问题，提升监督的前瞻性和有效性。实时、透明的监督机制还需要建立完善的反馈和改进机制，监督能够及时发现问题，促进问题的解决和改进。

（四）及时、高效的运维管理机制

随着信息技术的迅速发展和应用范围的不断扩大，高校教育管理信息化建设已成为推进学校教学、科研、管理现代化的重要途径。然而，伴随着信息化建设的不断深入，运维管理的复杂性和挑战性也日益凸显，尤其是在确保系统稳定运行、数据安全、提升用户体验方面。因此，建立及时、高效的运维管理机制，对于保障信息系统的可靠性、安全性及用户满意度至关重要。高校需建立完善的运维管理体系，包括运维组织结构的科学设置、运维流程的规范化和运维标准的统一化。明确运维管理的责任体系和职责分工，确保每一项运维任务都有明确的责任人，从而提高运维工作的效率和质量。高校应实施动态监控和预警机制，通过建立和完善信息系统和网络的实时监控中心，实时监测系统运行状态，及时发现和处理系统异常，减少系统故障对教学和科研工作的影响。同时，通过数据分析和挖掘技术，对潜在的安全威胁和系统薄弱环节进行预警，提前采取防范措施，确保系统的稳定运行。高校需要加强运维人员的专业培训和技能提升，通过定期组织运维人员参加专业技术培训、技能竞赛等活动，不断提升运维团队的专业水平和服务能力，确保他们能够快速、准确地处理各类运维问题。建立用户反馈和快速响应机制也是提升运维管理效率的重要手段，以建立线上服务平台、热线电话等多种渠道，收集用户的使用反馈和需求，及时响应用户的服务请求，有效提升用户的满意度和信息系统的使用效率。高校应利用现代信息技术手段，如云计算、大数据等，对运维管理进行智能化升级。构建云平台可实现资源的弹性扩展和灵活配置，提升系统的处理能力和服务质量；同时，利用大数据分析技术，对运维数据进行深入分析，优化运维策略，提高运维管理的科学性和预见性。

三、高等教育管理信息化资源的有效整合

（一）建立校级数据标准及字典

校级数据标准和数据字典的建立能够实现数据的标准化和规范化管

理，在高校的不同部门和系统中，由于缺乏统一的数据标准，同一数据项在不同系统中的定义和格式常常存在差异，这直接导致了数据共享和交换的困难，进而增加了数据处理的复杂性和错误率。建立统一的数据标准和数据字典，可以确保不同系统和部门间数据的一致性和准确性，从而极大地提升数据处理的效率和质量，为数据的有效共享和利用提供了坚实的基础。在高校管理中，分析和决策需要依据大量的数据进行，统一的数据标准和数据字典能够保证决策所依据的数据是准确和一致的，从而使管理决策更加科学和有效。高校管理者通过对数据字典中数据的深层次、多维度分析，可以洞察潜在的问题和趋势，从而更加主动和精准地进行决策，提高决策的效果。在教育资源日益紧张的背景下，如何高效利用现有资源，是每所高校都面临的挑战。通过建立统一的数据标准和数据字典，高校可以更准确地掌握资源使用情况，发现资源配置的不合理之处，从而进行优化配置，最大化资源的使用效率。然而，建设校级数据标准和数据字典并非易事，这需要高校在顶层设计上下功夫，进行细致的规划和协调，对现有的数据资源进行全面的梳理和评估，明确数据标准和数据字典建设的目标和范围。制定明确的实施计划，包括数据标准的制定、数据字典的编制以及相关系统的改造和升级等。此外，要加强跨部门之间的协作，确保数据标准和数据字典的统一实施，也要对数据标准和数据字典进行定期的评估和更新，以适应教育管理信息化发展的需要。

（二）结合现有服务流程再造

随着信息技术的迅速发展和广泛应用，高校教育管理信息化已成为推进学校管理现代化的重要手段。然而，随着时间的推移，一些现有的管理信息化服务已无法满足当前教育管理的需要，因此，对现有服务进行全面梳理和流程再造成为迫切需要解决的问题。高校需要从管理理念上进行创新，将管理信息化从单纯的技术支持手段转变为提升整体管理效能和用户满意度的重要工具。要求高校管理者不仅要注重信息化建设的技术层面，更要注重信息化服务的人文关怀，确保信息化建设与学校的教育教学理念和目标紧密结合，真正实现以人为本。高校应加强服务意识，将用户需求放在首位，通过加强需求调研，了解用户的实际需求和满意度，从而有针对性地对现有的管理信息化服务进行调整和优化。例如，通过建立用户反馈机制，收集用户对信息化服务的意见和建议，及时对服务流程进行调整和改进，确保信息化服务能够更好地满足用户的需求。高校还应重新规划和设置管理机构，打破传统的部门壁垒，建立跨部门协作机制，促进信息资源的共享和高效利用。

四、促进高等教育组织结构的优化

（一）全面整合信息化相关部门

高等学校普遍存在的一个问题是管理信息化职能部门的分散和碎片化，这在很大程度上影响了信息化建设和管理的效率，也降低了管理的质量和服务水平。为了解决这一问题，高校必须采取积极措施，对信息化相关部门进行有效整合和重组。高校应该建立以信息化为核心的组织结构，将分散在不同部门的信息化资源和职能进行集中整合，形成统一的管理和决策机制，有效消除部门间壁垒而导致的资源浪费和责任推诿的现象，从而提高信息化管理的协调性和执行力。高校还应强化信息化部门的战略地位和作用，明确其在推进学校信息化建设中的引领作用。通过设立首席信息官（CIO）或相应的高级职位，确保信息化决策和管理能够与学校的整体发展战略紧密贴合，以保障信息化项目的顺利实施和持续发展。高校还应加强信息化部门人员的专业培训和能力提升，构建一支专业化、高效的信息化管理队伍。通过定期的培训和交流，不断提升团队的技术水平和创新能力，确保能够快速响应信息技术的发展变化，有效支持学校的教育教学和管理工作。

（二）构建现实与虚拟相结合的组织结构

在现代高等教育管理中，构建一个现实与虚拟相结合的组织结构已成为有效促进信息技术与教育管理深度融合的有效途径，进一步提升了教育的质量和管理的效率。以“数字孪生”为核心理念，高校在物理空间的基础上建立数字空间，实现两个空间的无缝对接和互动，是未来高等教育发展的重要方向。这种双元结构使得高校能够在数字空间中模拟和预测物理空间的各种管理和教学活动，从而提前发现和解决可能出现的问题，实现更加高效和精准的管理。同时，线上线下服务大厅的建立，使得学校服务更加便捷和高效，能够根据业务流程快速响应学生和教职工的需求，极大地提高了用户的满意度。结合独立于传统组织结构之外的项目小组运作，高等学校能够更加灵活地处理跨部门的业务流程，减少因部门间壁垒造成的工作推诿现象，进一步提升工作效率。

第五章　高等教育管理制度创新的措施研究

第一节　高等教育管理制度阐释

一、高等学校与高等教育管理

高等学校，作为知识传递、科学研究、社会服务的重要平台，承担着培养高层次人才、推动科技进步、促进社会发展的使命。纽曼在《大学的理想》中所描绘的大学，不仅仅是普遍知识的传授之地，更是一所集高级文化传播、深层学术探究、高层次人才培养、高科技服务社会于一体的综合性机构。这一观点强调了高等学校在社会发展中的多重角色和职能，凸显了其在促进人类文明进步中的核心地位。现代高等学校的发展已经远远超越了单一的知识传递功能，它们通过创新科研、跨学科合作、国际交流、产学研结合等多种方式，为社会发展贡献智力支持和科技成果。这些学校不断拓展其功能和服务范围，以更好地适应社会变革的需求，引领科技和文化的前进方向。在我国，高等学校的定义包括全日制的大学、学院以及高职高专院校，它们构成了我国高等教育的主体框架。

高校的教学活动，具有专业性、探索性以及实践性的特点，是一个高度复杂且系统化的过程，要求学生掌握专业知识，更重要的是培养他们的创新能力和实践能力，使他们毕业后能够有效地将所学知识应用于实际工作中。为了确保教学活动能够高效、有序地进行，高校的教学管理显得尤为重要。教学管理涵盖了从教学计划的制定、教材和教学手段的现代化建设，到课程建设与管理、实践教学的组织与管理，以及教学资源和教学质量的监督与管理等多个方面。这一过程要求管理者不仅要有高度的责任感和专业知识，还要能够准确把握管理规律和教学规律，通过科学的计划、组织、指挥、协调和控制，为教师和学生创造一个良好的教学环境，从而实现教育教学的既定目标。值得注意的是，教学管理与学生管理之间存在着密不可分的联系。学生既是教育教学的对象，也是教学活动的主体和学习的主体。因此，学生的学籍管理、学业成绩的管理、学生成长档案的管理等内容，都是教学管理不可或缺的一部分。通过有效的教学管理，可以促进学生在专业知识、创新能力和实践能力等方面的全面发展，为社会培养出更多高质量的人才。高等教育的教学管理是一个全面而复杂的过程，它不仅包括对教学计划、教材、课程和教学资源等的管理，还涵盖了教学质量和实践教学的监督与管理。这一过程要求高校能够科学地组织教学活动，确保教学资源的有效利用，还要求不断更新教学手段，以适应现代化教育的需求。更重要的是，教学管理必须紧密结合学生管理，因为学生不仅是教育的受益者，也是教学活动的主体。学生的学籍、学业成绩以及成长档案的管理，都是教学管理不可分割的一部分。通过有效的教学管理，可以促进学生的全面发展，提高教学质量，实现教育教学的目标。因此，高校必须重视教学管理的系统性和科学性，将学生放在教学活动的中心，不断探索和优化教学管理模式，以更好地适应教育发展的新要求。

二、高等教育管理制度的结构框架及实际功能

（一）高等教育管理制度的结构框架

制度的科学划分为教学管理提供了清晰的操作框架，其中教学管理基本制度尤为关键，它涵盖了教学组织的架构和工作流程，是教学活动得以顺利进行的基础。具体到组织制度，它明确了教学部门的职责、权限以及与其他部门的协作关系；而工作制度则详细规定了教学活动的基本程序和规范，确保了教学工作的有序执行。教学管理具体制度则更加细化，涉及课程设置、教师授课、学生学习等教学过程中的各个环节，通过明确的教学行为规范和相关工作的具体要求，以及激励制度的建立，激发教师和学生的积极性，保证教学质量的持续提高。

1. 高等教育管理的基本制度

机构设置及其权限的组织制度，作为教学管理体育的一部分，对于确保教学活动顺畅进行具有不可或缺的作用。此类制度通过明确的管理层级、机构设置、人事安排及相应职责权限，为教学工作的每一个环节提供了组织上的保障，确保了教学目标的实现和教学任务的顺利完成。中国高校普遍采用校、院、系三级管理体系，这一体系的建立基于高校的学科特点和组织运行的实际需求，体现了对学科发展和教学需求的深入理解。这种管理结构不仅体现了行政管理的效能，更是一种集计划、组织、领导、协调、评价等多种管理职能于一体的综合体系。在纵向上，它保障了教学活动的有序进行；而在横向上，它又实现了对教师、学生、设备、财务、质量等多个方面的有效协调与管理，体现了一种高效的矩阵管理结构。这种组织制度的设置，不仅优化了教学资源的配置，提升了教学管理的效率，还促进了学科建设和教学质量的提升。通过明确的职责分工，每个层级和部门都能在自己的职能范围内发挥作用，共同推

进教学活动的高质量发展。同时，矩阵结构的管理模式也为教师的专业发展、学生的学习成长以及教学创新提供了有力的支持。

在高等学校中，制度的制定和实施是确保教学管理有效性和高效性的基础。工作岗位和综合性管理的具体工作制度，正是该体系中的关键环节。通过明确的岗位职责和综合性管理制度，高等院校能够在教学管理中实现专业化、规范化，从而提高教学质量和管理效率。基于分工前提和岗位职能的工作制度，为教学管理中的每个岗位提供了清晰的职责、功能和权限描述。这种制度安排确保了高校内各岗位能够根据既定职责正常运行，每位工作人员都明确自己的工作范围和职责，减少了工作中的模糊性和不确定性。此外，制度还涉及平行机构之间、上下级机构之间以及机构内部的关系调整和协调。对于平行机构之间的关系，例如教务处与学生处、后勤处之间的关系，通过工作制度的明确规定和协调，可以有效减少工作过程中的冲突，避免责任推诿，确保各部门之间的协同和高效运作。对于上下级关系，如教务处与各院系之间的关系，通过明确权利与义务、规范工作流程，不仅避免了管理上的越位和错位，而且提高了整体工作效率。机构内部关系的协调，如科室、教研室、系部之间的相互配合，也是基于分工明确的前提下进行的。

2. 高等教育管理的具体制度

在高等教育管理中，教学行为规范类管理制度为教学过程中的所有参与者，包括教师、学生及管理人员提供了明确的指导和规范。此类制度详细阐述了每个教学活动的目标、责任、范围和操作流程，确保了教学秩序的正常运行和教学工作效率的提升。日常教学管理制度，如课程表的安排、教学文件的编写标准，专业设置及其调整的审批程序等，均在此类制度下得到严格规范。这些制度优化了教学资源的分配，确保了教学内容的更新与专业发展的需求相适应。同时，学籍管理、专业技术职位的推荐与评审、考试管理以及教学档案的维护等方面的规定，进一步加强了教学质量的监控与评估，保障了教育质量和学术水平的持续提升。高等院校通过实施具体的制度规范，能够有效地维护教学秩序，提升教学质量，同时为学生提供清晰的学习目标和路径，为教师提供教学活动的具体操作指南。

在高等教育管理中，各教学专项工作的相关规定是教学管理制度的重要组成部分。这些规定为专业建设、课程开发以及实验室等关键领域设定了明确的目标、方向和范围，极大地激励了师生积极参与教学改革和创新活动。这种制度补充和完善了教学行为规范，鼓励师生在教学实践中积极探索和总结，将个人和集体的经验转化为教学改进的动力。结合专项工作的相关规定，高等院校能够精准地引导教学资源的优化配置和高效利用，推动教学内容和方法的持续创新，进而显著提升教学质量和效果。这有助于构建更加开放、灵活的教学环境，并为实现教育教学目标提供了强有力的支撑，有力地推动了高等教育的持续发展和不断进步。

在高等教育管理体系中，激励制度发挥着至关重要的作用。它通过巧妙的奖惩机制有效地激发了师生的积极性和创造力，进而提升教学工作的整体效率和质量。虽然组织制度和工作制度为高校的日常运营提供了稳固的基础框架，但仅凭这些规定往往难以充分调动师生的主动性和创新性，因此，高等院校必须设计和实施一系列的激励制度，弥补基础制度的不足，以推动教学活动的蓬勃开展。激励制度分为行为约束和行为激励两大类。行为约束制度针对那些因责任心不足而导致的疏忽大意或故意违反规定的行为，提出了明确的惩戒措施，能维护教学秩序，确保教育教学活动在有序、正规的环境中进行。例如，对于违反教学纪律的教师，可能会采取降级、扣除奖金等措施，以此作为警示，维护教学活动的正常秩序。而行为激励制度则是通过给予奖励来鼓励优秀的教学活动和成果。这包括但不限于表彰优秀教师、提供研究经费支持、公布优秀教学案例等。这些激励措施不仅激发了教师的教学热情和创新精神，还激发了学生的学习兴趣和主动性，形成一个良性循环，推动教学质量的持续提升。因此，高等院校的管理者应高度重视激励制度的设计和实施，将其作为提升教学效果的重要手段。（表 5-1）

表 5-1　高等教育管理制度的结构框架

制度类别	组成部分	概念描述	实施策略
基本制度	机构设置及权限	定义教学部门的职责、权限以及与其他部门的协作关系	确立清晰的管理层级和职责分配
	工作岗位及综合性管理	规定教学活动的基本程序和规范	规范工作流程，明确岗位职责
具体制度	教学行为规范	涉及课程设置、教师授课、学生学习等教学活动中的各个环节	明确教学行为规范，建立激励制度
	日常教学管理	包括课程表的安排、教学文件的编写标准等	优化教学资源分配，确保教学内容更新
	教学专项工作规定	涵盖专业建设、课程开发、实验室管理等关键领域	鼓励教学创新和改进，提升教学质量
	激励制度	包括奖励优秀教师、支持研究项目等	激发师生的学习兴趣和创新精神

（二）高等教育管理制度的实际作用与功能

高等学校教学管理制度是管理活动的规范和指南，更是教育思想和理念的具体体现。结合管理制度的宣传、推动与实施，教育思想和理念深深地影响着师生员工，与他们的利益、地位密切相关，并渗透到教学工作的各个环节。管理制度确立了教学活动的基本框架和运行机制，对提高教育质量、促进学校可持续发展具有不可替代的作用。其教育功能体现在其对学校发展战略、培养目标的坚定支持上。通过规范教学活动，确保教育过程的质量和效率，使师生员工能够明确自己在教育活动中的角色和地位，促进了教育理念的传播和实践，鼓励了师生围绕学校的发展战略和培养目标进行教学和学习活动，从而推动学校各项事业的可持续发展。教学管理制度还为教学工作提供了清晰的实施机制。在高等学校中，选择适合的教学模式是教学工作成功的前提。制度的存在使得学校能够根据既定的教育思想和理念，选择合适的教学模式，并通过制度化的方式规定和引导这一过程。无论是培养创新型人才还是实践型人才，教学管理制度都能为其提供合适的教学环境和模式，以确保教学活动的有效性和目标的实现。高等学校教学管理制度还为教学工作提供了强大的动力机制。教育事业的发展离不开师生的参与和动力支持。制度通过确保师生能够分享教育发展带来的成果，并积极参与学校事业的发展，从而激发了教学工作的有效实施和学校事业发展的支持。同时，制度还解决了个人利益与学校组织利益的协调问题，为师生提供了激励机制，创造了良好的教学和学习环境，为教学过程提供了源源不断的动力。

第二节　高等教育管理制度的价值取向及其创新原则

一、高等教育管理制度的价值取向分析

价值取向，作为价值哲学中的核心概念，深刻影响着个体或集体在面对矛盾、冲突时的行为和选择。它是基于个体价值观的一种基本价值立场和态度，而且体现了个体的实践品格。价值取向的核心功能在于决定和支配个体的价值选择，对个体自身、个体间的关系以及对其他主体都产生了深远的影响。因此，价值取向的合理化不仅是个体发展的需要，也是社会进步和人类文明发展的重要标志。通过积极、合理的引导价值取向的发展，可以更好地帮助个体和集体面对生活和工作中的各种挑战，实现个人价值与社会价值的和谐统一。在高等教育领域，教育活动在满足外部需求方面，主要是指满足社会对高级专业人才的需求，这既包括

政治、经济建设的需要，也涵盖了文化、科技发展的需要。通过培养具备深厚专业知识和高度社会责任感的人才，高等教育为国家和社会的全面发展服务，为社会提供了解决实际问题的专业人才，并通过教育活动传承和发展社会文化，推动社会进步和文明。在满足内部价值追求方面，高等学校的教育工作者以知识和学科为价值基础，致力于发展知识体系，提高人的综合素质。这种内部价值追求不仅源于对知识本身的尊重和热爱，也基于深刻的认识论哲学，即通过教育活动探索知识的真理，推动知识的进步，同时培养学生的批判性思维能力和综合素质，为学生的全面发展服务。在高等教育的价值体系中，教育者、受教育者和社会三者的角色和价值实现是相互联系和相互影响的。教育者不仅是知识的传递者，更是价值观的引导者和文化传承的重要参与者。他们通过传授专业知识和技能，不仅实现了自身的价值，也为学生的个人发展奠定了基础。受教育者通过学习和掌握这些知识和技能，提升了自身的能力，也为未来的社会发展作出了贡献。而社会则通过此过程使文化得以传承和发展，实现了对技术和知识人才的需求，推动了社会的整体进步。高等教育的价值导向不仅体现在对知识和技术价值的追求上，更体现在对人的全面发展和社会责任感的培养上。它要求高等教育注重学科知识的传授，关注学生批判性思维能力的培养、道德素质的提升和社会责任感的培育，为社会培养了具有专业技能以及具有高度社会责任感、创新能力和综合素质的优秀人才，为社会的可持续发展和文明进步作出了重要贡献。高等教育与社会发展之间存在着密切的互动关系。社会的发展需求推动高等教育的改革和创新，促使高等教育不断调整教学内容和方法，以适应经济、科技、文化等方面的发展变化。同时，高等教育通过培养高素质的人才，为社会发展提供了智力支持和技术保障，促进了社会经济的发展和科技创新，推动了文化的传承与发展。

在制度层面，高等学校教学管理制度作为规范的集合，为教育教学行为提供了必要的秩序框架，是确保教育质量的关键措施。这些制度虽然本身不直接具有价值，但却是价值观念传递和实现的重要载体。这意味着，教育和教学背后的不同价值理念，如平等、自由、民主等，都将通过教学管理制度的设计和实施得以体现和推广。因此，高等学校教学管理制度的创新应当基于高级技术和知识，尊重并促进有关价值理念的实现，通过制度设计和优化提升教育教学的效率和质量，促进教育公平、激发教育创新，为师生创造一个更加自由、平等和民主的学习环境。

（一）自由

高等教育的核心在于培养面向未来、具备深厚人文关怀和社会责任感的人才。在此过程中，自由不仅是一种基本的教育理念，也是高等教育追求的终极价值。自由的实现是基于对个体生存和发展的高层次关怀，意味着在保障基本生存的前提下，赋予个体实现人生价值、提升生活与生命质量的权利和机会。在高等教育领域，自由的体现具有多重维度。首先，它体现在教学过程中，赋予教师和学生在知识传授、整合与应用过程中的主动权和选择权。教师的自由不仅体现在教学内容和方法的选择上，还体现在教育理念的实践和创新上，使他们能够根据学科发展和学生需求，灵活调整教学策略，创造性地开展教育教学活动。学生的自由则体现在学习的自主性上，包括选择学习领域、参与研究项目、探索新知识，以及根据个人兴趣和职业规划自由选择课程和活动。自由还体现在学术研究的自主性上，高等教育鼓励教师和学生基于自己的研究兴趣和社会需求，自由地选择研究主题和方法，推动学术创新和知识进步。学术研究的自由有助于培养具有独立思考能力和创新精神的人才，也是推动社会文明发展的重要动力。自由在高等教育中还体现在表达和讨论的自由上，包括教师和学生在课堂内外对知识、观点和信仰的自由表达，以及通过讨论、辩论等形式，自由交流思想和观点。这种交流和讨论的自由是高等教育培养批判性思维和公民意识的重要途径，也是维护学术自由和促进知识发展的基石。值得注意的是，自由是一个具有时限性和相对性的概念，不同群体和个体对自由的理解和需求各不相同。因此，在实践自由的过程中，高等教育需要平衡个体自由与集体利益、个人发展与社会责任之间的关系，确保自由的实现既促进个体全面发展，又符合社会发展的需要。

（二）平等

在高等教育领域，平等原则的实施是建立在精神层面的互相理解和尊重之上，而非仅仅基于物质或能力的“相等”或“平均”。平等观念着重于权利本位的平等，它涉及教育管理体系中教师与学生的权利和地位，确保了教育过程中的公正与尊重。在高等学校的教学管理制度中，教师享有平等使用学校资源的权利，这意味着每位教师都应有平等的机会获取到教育资源，如教学设施、研究资金和学术交流机会等，以便在其专业领域内进行高校的教学和研究工作。权利的平等促进了教师间的公平竞争，保障了他们在学术追求上的自由和独立，使他们能在不受外界不当干预的环境中开展工作。平等原则同样适用于高等教育中的学生，他们享有主动学习的权利，包括选择学习内容、方法、时间和地点的自由。权利的保障使学生能够根据个人的兴趣和职业规划，进行个性化的学习，从而更好地实现自我发展。学生还拥有质疑教师观点的权利，这不仅是学术探讨的基本前提，也是培养学生批判性思维和独立思考能力的重要途径。随着知识经济时代的到来，知识的价值愈发凸显，社会对个体的知识素养提出了更高要求。在此背景下，高等教育中的平等权利变得更加重要。教师和学生的平等权利不仅是高等学校教学管理制度的核心价值观，也是适应知识经济发展要求的必然选择。

在高等学校教学管理系统中，平等理念与传统的集权管理方式形成鲜明对比。过去，教学管理者因其管理方法和技能而占据主导地位，但随着时间的推移，现代管理能力的定义已经发生了根本性的变化。如今，管理能力不仅包括对管理技巧的掌握，更多地依赖于个人在态度、价值观和思维方式等多方面的发展。这种转变使得管理者能更有效地理解和处理组织内外的各种影响力。在此背景下，现代高等教育管理者的任务变得更为复杂和具有挑战性。他们需要具备协调不同权利、保障权利平衡的能力，以确保平等理念在教学管理中得到实现和贯彻。这意味着管理者不仅要在保持组织效率和实现目标的同时，还要确保教师和学生的权利得到平等的尊重和保护。

（三）民主

高等学校教学管理的民主化是对其本质要求的体现，也是现代教育管理的核心原则之一。该原则应在多个层面得到体现，包括保护师生的自由和人权，确保决策过程中多数的意见得到采纳，同时充分尊重少数意见的权利。民主原则还要求师生在教育过程中享有平等的制度保障，以及明确的权利和责任相统一的原则。通过实施相关措施，高等教育能够更好地促进学术自由和创新，并确保教学管理过程的公正性和透明度，为师生创造一个更加开放和包容的学习环境。

高等教育管理制度的核心在于教育教学，其出发点和落脚点均聚焦于教育教学的利益相关者，包括教师、学生、家长、社会用人单位及教育管理者等。利益相关者共同分享学校的教育资源和利益，直接影响教育教学质量的提升。在此过程中，教师作为教育教学质量保障的最直接且决定性力量，其发挥关键作用依赖于学术权力的合理运用。民主管理原则的贯彻实现，要求教育教学管理制度不仅要反映学术权力的内在要求，更要促进所有利益相关者的广泛参与。这主要体现在日常教学活动中，更应体现在教育教学的改革、建设与发展的重大决策过程中。教职工应拥有重大问题上的发言权和表决权，确保教育管理的民主性和透明度，从而有效促进教育教学质量的持续提升。在推进教育教学管理民主化的过程中，应重视建立开放的信息公开机制，确保所有利益相关者能够了解教育教学管理的决策过程和结果，提升管理过程的透明度。建立多元化的参与机制，让教师、学生、家长等能够直接参与教育教学管理的决策过程，特别是在涉及教育教学改革、课程设置、教学质量评估等重大问题上，确保他们的意见被充分听取和尊重。学术自由是高等教育的根本，保障教师在教学和研究中的自主权，是提升教育质量的关键。通过确保教师能够自由探索、传播和创新知识，可以激发教育教学的活力和创新性。学生是教育教学的直接受益者，其学习体验和满意度直接反映了教育质量。建立学生反馈机制，及时了解并解决学生在学习过程中遇到的问题，可以不断优化教育教学环境。结合定期召开师生大会、教育研讨会等形式，建立平等对话的平台，促进师生间的沟通和理解，共同探讨和解决教育教学中的问题和挑战。

高等教育管理制度的民主化是适应现代社会发展需求的重要步骤，其中，确保学生群体能够实质性参与教育教学的管理是民主原则的关键体现，不仅包括提供意见和建议，更包括在教育教学的改革、建设与发展等重大问题上拥有实质性的发言权和表决权。这一变革是对过去高等学校“教授治校”模式的必要修正，该模式虽有其价值，但因只体现了部分人群的民主，逐渐显示出与现代社会民主化进程要求的不符。现代高等教育管理制度应以学术利益为导向，平衡教学与行政管理、学术自由之间的关系。这意味着高等学校中的所有成员，无论是拥有职务的学者，还是学术人员与行政管理者，以及教师与学生，都应该被纳入学校的教育教学管理体系，且有机会表达自己的意愿和参与决策过程，真正做到民主管理的全面体现。全面的民主管理不仅促进了学校内部的公平与透明，还有助于提升教育教学质量。通过广泛的参与，可以汇聚多元的视角和智慧，共同解决教育教学中遇到的问题，促进教育创新。这种管理方式还能增强学生的责任感和归属感，让他们成为教育教学活动的共同主人，而非被动的接受者。为实现这一目标，高等学校需要建立更加开放和包容的沟通机制，确保所有意见都能被听取，所有建议都能被考虑。

高等学校管理中的民主原则要求将不同类型的管理工作合理分配给相应的管理主体，以实现权利与责任的高度统一。这一分配体现了对管理工作的专业化要求，还着重强调了在行使管理职责时必须坚守民主的原则。这一原则涵盖了多个方面，包括确保决策机构人员构成的多元化，以全面反映学校社区的广泛利益和观点；拓宽咨询机构的范围，以汇聚更多的意见和建议；以及采用科学的决策机制，确保管理决策的合理性和有效性。如此，高等学校能够在保持决策效率的同时，促进校内外利益相关者的广泛参与，共同推动学校的发展。

二、高等教育管理制度的创新原则

（一）系统性

高等教育的系统性原则强调教学管理制度需要全面覆盖，确保包括教师、学生、教学管理人员在内的所有利益相关者能够共同参与。该原则要求教学管理制度的保障主体全面，保障范围广泛，覆盖教育资源、教育教学过程以及教育教学结果等所有与教育教学质量相关的因素。系统性原则还要求对教育教学的全过程进行有效的调节和控制，确保教学管理制度能够形成一个环环相扣、相互支持的有机整体。通过这种全面而系统的管理方式，高等教育可以更有效地提升教育教学质量，实现教育目标。

系统性原则要求教学管理制度既要有作为支柱的核心制度，也要有辅助性的配套制度。两者需通过合理的统筹安排紧密结合，以实现教育目标的高效达成。制度结构的优化聚焦于过程管理，特别是对教学活动中关键环节的重点管理。在传统的教学管理模式中，对学生的课堂考勤、听课、自习、作业完成等环节进行全面而细致的检查和监督，虽然能够确保学生的行为规范，但往往伴随着较高的管理成本和过度的监管，给师生带来额外的负担，也可能限制学生自主学习和创新能力的发展。因此，高等学校教学管理制度的现代化转型需要将关注点从烦琐的全面监管转移到关键环节的精准管理上，如在课程考核的出卷、考试和阅卷等环节下功夫，确保这些关键环节的质量和公正性。专注于关键环节的管理可以减少管理成本，为学生提供更多的自主学习空间，激发他们的创新精神和主动性。这种管理模式还有利于简化管理程序，避免烦琐的操作，减轻师生的负担，从而提高教学工作的整体效率。为实现这一目标，高等学校需要对制度设计进行深思熟虑，确保核心制度和配套制度之间有效配合。核心制度应聚焦于教育教学的主要目标和原则，而配套制度则应围绕核心制度提供必要的支持和补充，共同构建一个协调一致、高效运转的教学管理体系。

（二）可行性

可行性原则强调的是效率和质量提升的必要性，这两者相互依存，共同构成教育目标实现的基础。效率在于确保教学活动和管理流程的一致性和条理性，从而带来秩序的高效运作。然而，如果缺乏质量支撑，单纯追求效率很难实现真正的教育服务目标。同样，质量是教育发展过程中的核心，它既是效率实现的基础，也是提高教育成果的关键。因此，高等学校在教学管理中的效率概念，应当与传统的经济管理、行政管理等领域的理解有所区分，更应贴合高等教育的本质特性，即在保证教育质量的前提下追求合理的管理效率，确保教育资源的优化配置和高效利用，从而更好地服务于师生，实现教育的根本目标。

高等学校教学管理制度的可行性原则强调制度的可测性，即通过统一的标准对制度的执行情况进行客观测量和评价。这种做法能够确保制度执行的透明性和公正性，避免因赏罚不明确或标准不统一而影响教学管理系统的有效运作。明确的测量和评价标准，不仅有助于及时发现和纠正执行过程中的问题，还能够提高教学管理的效率和效果，从而保证教育教学活动顺利进行，进一步提升教育质量和管理水平。

可行性原则的体现需要强调教学管理制度的强制性，确保制度执行的严格性和一致性。遵循“无例外原则”是确保制度公正执行的关键，通过给予奖惩条例严格的规定，授予执行部门必要的手段和权力，确保每位成员在执行教学管理制度时能够感受到制度的“力度”。该制度的强制性要求每个人付出一定的努力来遵守，从而确保制度能良好贯彻执行。当教学管理制度得到有效执行时，所有组织成员，包括教师、学生和教学管理者，将自觉遵守并维护教学管理制度的权威性[①]。这种高度自觉的遵守不仅提升了制度的有效性，也促进了教学管理的秩序和效率[②]。随着制度规范的行为逐渐成为组织成员的自觉行为，成员的行为自由也不会因为制度的约束和限制而感到受阻[③]。

高等学校教学管理制度的可行性原则注重制度的实用性和效率，这意味着制度设计不应过于烦琐或细化过度。任何制度都存在其潜在的局限性，且无法做到无限度的细化。制度细化程度的增加，会直接导致管理成本的提升。过度细化的制度，虽然看似可以应对更多的情况，但实际上却需要师生更高的自觉性来确保执行，并可能在一定程度上限制了他们的活动自由。因此，高等教育的管理制度应当留有足够的空间，允许师生在一定范围内自主选择行为，这既体现了对个体的尊重，也促进了师生自主性和创新性的发展。在设计制度时，应避免过多使用否定性词语和命令式语气，减少对个体行为的过度约束，而是应侧重于指明一个大致的方向或目标，将对细节的过度关注转变为对个体行为的尊重和信任。这样，高等学校就能够降低管理成本，激发师生的积极性和创造力，为高等教育的发展营造一个更加开放和包容的环境。

① 郭冬生．论大学教学管理制度蕴含的基本矛盾及其协调 [J]. 江苏高教，2004（6）：80.

② 张慧兰，陈德海，王洁．从构建和谐社会的新视角谈高校教学管理 [J]. 教育与职业，2006（18）：16.

③ 郭冬生．论大学教学管理制度蕴含的基本矛盾及其协调 [J]. 江苏高教，2004（6）：80.

（三）开放性

高等学校的开放性原则倡导制度变革应由多元化主体共同参与，打破以往由教学管理部门单一主导制度创新的传统模式。这一变革鼓励教师、学生、家长以及所有教学活动利益相关者能够积极参与制度的创新与调整，实现从单一到多元的发展转变。多元化的参与主体能够确保制度设计更加全面，更好地兼顾不同群体的需求与期望，进而制定出更加合理、公平且具有广泛适用性的教学管理规范。

高等学校管理制度的开放性原则强调多元化参与，以及制度变迁的可持续性，确保教学管理制度能够适应时代的发展和教育需求的变化。因此，制度既不能过于僵化，以免限制教学和个人发展的潜力，也不能频繁无序地修改，以免影响制度的稳定性和有效性。在制度设计和执行过程中，平衡好制度的稳定性和灵活性成为关键。通过建立畅通的信息渠道和保证信息的多向传递，可以使制度设计更加贴近实际需要，同时留有适当的调整空间，以便根据反馈进行必要的调整和完善。如此，高等学校能够在不断变化的教育环境中，逐步完善和稳定管理制度，形成一个既稳定又富有弹性的教学管理体系，有效促进教学质量的持续提升和教育目标的实现。

第三节　高等教育管理制度创新的具体措施

一、高等教育管理理念的转变

（一）形成服务性的高等教育管理理念

在当今高等教育领域，服务性管理理念正逐渐成为一种重要趋势。它强调将管理行为转变为对教师和学生的全方位服务，旨在为他们提供更加优质的工作、学习和研究条件，帮助他们解决困难，激发他们的主动性和创造力，共同营造一个民主、和谐的教育教学环境①。服务性管理理念的核心，在于从根本上改变传统的上令下行的管理模式，摒弃行政权力的过分干预，更加重视学术自由和学生的权利。服务性管理理念要求管理者转变角色，从以往的命令式领导者变成事业的推动者和民主、和谐氛围的营造者。这种角色的转变不仅需要管理者具备更高的服务意识，还要求他们建立起共同参与、相互协商的沟通机制，确保在管理决策的过程中能够充分听取并尊重教师和学生的意见和建议。服务性管理还涉及改变师生间传统的控制与被控制的关系，倡导建立一种基于民主、平等的新型师生关系。在这种关系中，教师不仅是知识的传递者，更是学生成长道路上的引导者和支持者。他们通过践行平等、自由、尊严、信任等价值观，感化、指导和鼓舞学生，帮助学生形成积极的人生态度和丰富的情感体验。这种师生关系的建立有利于激发学生的学习热情，促进其全面发展。实施服务性管理理念意味着高等学校需要在组织文化、管理制度、沟通机制等多个方面进行深刻的改革。这需要教学管理者具备开放的心态和创新的精神，不断探索和实践新的管理方法，确保教育管理活动能够真正服务于教师和学生的需求，促进学校教育教学质量的整体提升。

（二）形成人性化的高等教育管理理念

人性化管理强调以人为本，尊重和关怀每一位教师和学生的个性和需求，体现了现代教育管理的核心价值观。人性化管理理念要求管理者必须深刻理解教育教学的本质——服务于人的成长和发展，这意味着高等学校的教学管理不仅仅是对教学活动的组织和指导，更是对教师和学生个体发展的支持和促进。管理者应顺应教学环境的变化，尊重教师和

① 刘根厚.关于高校教学管理制度改革的研究[J].教育探索，2009（9）：77.

学生的人格和权利，满足他们的工作和学习需求，从而激发他们的积极性、主动性和创造性。人性化管理注重建立双向互动的沟通机制，教学管理人员与教师、学生之间的互动不应是单向的指令传达，而应是基于相互尊重和信任的平等对话。这种沟通方式有助于管理者更准确地把握教学一线的实际需求和问题，同时为教师和学生提供了表达意见和建议的渠道，共同参与教学管理和改革。人性化管理理念强调赋予教师和学生相应的权利和自由。对教师而言，包括了保障他们在学术研究和教学活动中的自主权，为他们提供自由探索和创新的空间。对学生而言，则是注重于培养他们的自主学习能力，激发创新思维，并引导他们在学习、生活及未来的工作中学会自我成长。

二、高等教育管理组织体系的持续完善

在高等学校中，教学管理制度的核心目的是促进学生的全面学习和发展，包括教师的“教”与学生的“学”两大部分。然而，现实中教学管理与学生管理往往形成两条平行线，缺乏有效的互动和协作，这导致了学校资源的利用效率低下，阻碍了学生学习的进步。为了打破这一局面，高等学校需要建立一个以学生为中心，教师、行政管理者和学生事务工作人员共同参与的综合管理体系，以营造积极的学习氛围，激发学生的活力和激情。传统的学生管理组织过于注重日常事务的管理，忽视了人才培养的根本目标，将自身职责局限于为教学提供辅助服务，成为校园中处理琐碎生活事务的边缘角色。这种做法不利于学生的全面发展，与现代教育的目标存在偏差。现代高等学校教育应该以学生为中心，不仅要让学生掌握知识和技术，更应关注学生的个性发展、创新能力和社会适应能力，帮助学生成为有教养、懂得如何生活的公民。为实现这一目标，高等学校需要改革现有的教学管理制度，构建一个以学生为中心、教学管理和学生管理紧密结合的新模式。这一模式要求教学管理不仅要关注课堂内的学术任务，还要关心学生课外的全面发展，通过提供丰富

的课外活动、实践机会和个性化的学习路径，来激励学生主动参与，进而发挥其主体性和创造性。同时，学生管理的职能也应从单纯的日常事务管理转变为更加注重学生个性化发展的服务，包括提供心理健康支持、职业规划指导、创新、创业辅导等，以帮助学生充分挖掘和发展自身潜能，成为社会所需的复合型人才。高等学校还应建立有效的沟通机制，促进教师、学生、行政管理者和学生事务工作人员之间的协作与互动，通过定期的会议、研讨和反馈渠道，共同探讨和解决学生学习和发展过程中遇到的问题，共同制定和实施有利于学生学习的政策和措施。

构建一个有效的学生管理组织是至关重要的，它不仅涵盖学籍、学业、职业生涯规划、生活事务管理等基础领域，还应包括学生事故处理申诉、学生会、社团联合会等委员会性质的组织，以尊重学生意愿并发挥学生群体的作用。这些组织的建立为学生提供了更多参与学校事务管理的渠道，也体现了学校对学生个体发展的关注和支持。为确保学生管理组织能有效发挥其功能，必须赋予它们新的职能，如提供专业的学业指导、职业规划建议、实习和创业支持等，从而更全面地满足学生在学习、生活和职业发展上的需求，促进学生的全面发展。

高等学校学生事务管理组织在培养学生方面发挥着至关重要的作用，其中最为基本的职能之一是实施思想教育并提供相关咨询功能，旨在帮助学生正确理解和分析社会信息，引导他们在社会发展的大背景下形成正确的价值观、世界观和人生观。通过心理咨询中心、就业指导中心、学籍管理中心等相关组织，学生可以获得必要的指导和支持，帮助他们以积极健康的心态面对个人成长和社会挑战。学生事务管理组织提供了专业的咨询服务，还为学生的全面发展提供了坚实的支撑，使他们能够更好地适应社会，实现自身价值。

学生们因个人经历、知识结构和兴趣爱好的不同而拥有不同的学习和科研能力，以及对未来职业的不同选择。因此，高等学校的学生管理组织应致力于营造一个能够让学生根据自己的个性和兴趣自主选择专业、课程、教师、学习时间和地点的环境。为了实现这一目标，高等学校需要建立一套有效的机制和组织，其中包括提供学习咨询和指导服务，帮助学生做出更加合理的选择。同时，社团性质的学生组织成为促进学生自主成长的重要平台。学生社团为学生提供了一个以共同兴趣爱好为基础的交流和学习的场所，还成为学生综合素质培养的重要载体和校园文化建设的主要力量。通过参与社团活动，学生可以在相互学习和交流中提高自己的能力，拓展个人素质，丰富课余生活。基于兴趣和自愿原则的组织形式，能够有效地促进学生的理性精神和主体创造精神的培养，让学生在自主选择和参与的过程中保持教学活动的积极性和问题思考的自主性。高等学校应当鼓励和支持学生社团的发展，通过提供必要的资源和指导，使社团成为学校思想教育和精神文明建设的重要阵地。

三、高等教育管理的职责

（一）高等教育管理中部门职责的明确

明确教学部门的职责，规范各部门之间的相互关系，是避免管理工作中出现摩擦、权术游戏及效率低下的关键。不当的管理往往源于给予部门或个人过多的权力而未能相应地负起责任，导致权力滥用的现象发生。在多数高等学校采用的校、院（系）两级管理模式下，顶层自治的加强与学部和系级决策机构的自治之间存在潜在的冲突。这种状况说明了集权化趋势的加剧，而解决这一问题的关键在于明确代表学校的教学管理职能部门与直接面向师生的院（系）教学部门的职责界限，从而理顺两者之间的关系，确保教学管理体制的科学性和有效性。为了实现这一目标，高校的校级领导和各职能部门必须从过去那种包揽各种日常管理事务的状态中解放出来，转向目标管理和价值观管理，减少对教学、科研等具体工作的直接干预[①]。校级管理的职责应当聚焦于统一管理、全面协调及检查督促，为院（系）提供战略指导和资源支持，确保学校的长远发展和教学质量的持续提高。与此同时，二级院（系）应充分发挥其主动性和能动性，根据社会的发展需要，积极调整和优化教学和科研活动，妥善处理好与学校、社会、企业之间的关系。院（系）承担着基层教学管理和教学科研活动的双重职责，应当着力于学科建设、人才培养和科研工作，确保教学管理在各项管理职责中占据核心地位。高等学校还应鼓励和促进院（系）与外部市场的接轨，通过校企合作、产学研结合等模式，提高教育教学的实用性和市场适应性。

在高等学校中，学生管理部门的角色正在经历一场深刻的转变，从过去的日常与生活管理职责，转向更加注重促进学生学习与发展的方向。这一变化要求学生管理部门不再仅仅作为“父母替代者”，而是成为具有直接、积极教育意义的角色。为此，学生管理部门需要主动参与学术事务，与学术事务管理建立起良好的伙伴关系，共同努力在校园内创造“无缝隙的学习经历”。伙伴关系和协作的建立，旨在形成学生学习环境的新特征，通过更紧密的学术与社会整合，加强学生对综合素质教育的认识，鼓励他们参与服务学习和课外活动，同时促进学生的心理和社会发展。

（二）高等教育管理中岗位职责的明确

建立健全的教学管理岗位责任制是确保教学运行管理系统高效、有序、规范、科学运作的基础。该制度的实施不仅要求明确界定每个岗位的职责，还需涉及责任指标的合理设定、工作标准的清晰明确、协作要求的规范统一，以及激励措施的有效实施。明确每个岗位应担负的责任意味着每位工作人员都应清楚地了解自己的责任指标，认识到完成责任

① 刘根厚．关于高校教学管理制度改革的研究 [J]. 教育探索，2009（9）：78.

指标的重要性及其对个人发展的价值。这种明确性有助于提升员工的工作积极性和主动性，还能够确保整个教学管理系统的目标得以实现。责任指标应具有可行性，确保通过努力可以实现，且衡量标准需统一、明确和客观。对于每个岗位的工作标准需要明确规定，包括岗位的业务功能和服务功能，以及完成岗位工作所需的行为要求和具体实施方式①。通过明确的工作标准，可以确保每位员工都能以正确的方法高效地完成工作任务。协作要求能够使教学管理系统得以顺畅运作，有效的协作关系包括部门内外的协作、上下工作程序的协调以及平行部门和岗位之间的合作。处理好协作问题，可以最大限度地利用周围的资源和环境，为岗位工作提供有力支持，从而提高工作效率和质量。激励措施的制定和实施能够激发员工的工作热情和创造性，教学管理中的激励措施应包括精神激励和物质激励。对于出色完成岗位职责的员工应兑现奖励，对于未完成岗位职责的员工应实施相应的处罚措施。

① 王毅．关于高等学校教学管理制度建设的思考 [J]. 呼伦贝尔学院学报，2005（2）：88.

高等教育
教学创新篇

第六章 创客教育模式在高等教育教学创新中的实际应用

第一节 创客教育模式的理论界定

一、创客教育的基本概念探析

（一）创客及创客运动概述

“创客”文化，起源于英语单词“Maker”，它象征着创新精神和动手能力的完美结合。“创”代表创造，“客”指从事某种活动的人，因此，“创客”即指那些将创意和创新勇敢实现的。这一概念的起源最早可以追溯到麻省理工学院微装配实验室的项目，该项目强调创新的重要性，并将创客放在核心地位，高度重视个人的设计和制造能力。创客文化鼓励个体基于个人兴趣和爱好，通过自主学习、探索和制造，将创意想法实现为具体的产品或项目。这不仅仅是一种技术或艺术的实践，更是一种鼓励自主创业、自我实现的生活态度。创客们通过实践，不断探索新的可能性，努力将创新思维和技术应用转化为实际价值，推动社会的进步和技术的发展。

创客运动，作为一种将创新理念转化为实际作品的全球性创新运动，正在世界范围内迅速蔓延，它激发了人们对于创新的热情和参与创客实践的渴望。它不仅仅是一场关于技术和制造的运动，更是一种文化现象，强调开拓创新精神的启发、实践动手能力的培养以及合作共享精神的传承。通过运用新技术，创客运动致力于将人们对未来美好生活的向往变为现实。被誉为“创客运动之父”的戴尔·多尔蒂认为，创客运动已经从一场小范围的创新、创造活动，转变为具有社会性质的运动，并在全球范围内展现出其时代特征。这场运动的影响力正在从教育领域延伸到政治、经济、商业等多个领域，凸显了创客精神的深远意义和广泛应用。创客精神不是现代社会的新产物，而是深深根植于人类悠久的历史文化之中。在当前时代的浪潮中，创客精神和创客运动正攀爬上浪尖，引领着社会向更加创新、合作和共享的方向发展。

创客文化，作为当代技术创新和个人创造力的重要体现，有着深厚的历史渊源，可追溯至20世纪在欧美流行的DIY活动和Haker文化。DIY，即“Do It Yourself”，它强调不依赖专业工匠，而是鼓励个人通过动手制作、使用工具和原材料来实现自我创造。这种活动不仅代表了对原创性和实际操作能力的倡导，也逐渐发展成为一种鼓励个人创意和创新的文化潮流。随着技术的进步，DIY文化与现代信息技术的结合，为创造者提供了更广阔的实践平台，使他们能够将创意想法转化为具体的作品。Haker文化，则体现了对技术的热爱、开放精神和共享理念，这种文化鼓励开源、合作和技术创新，为创客运动的兴起提供了精神土壤。创客运动继承了Haker文化的核心价值，促进了开放性、共享性和创新性的融合发展，吸引了众多创客爱好者参与，共同推动了这场运动的全球化进程。创客运动的兴起，标志着人们对个人创造力和技术创新能力的重视，也反映了现代社会对于开放性、合作性和创新性文化价值的追求。创客运动延续了DIY和Haker文化的精神，更加入了现代技术的力量，使得个人创造变得更加容易实现，更加多样化和广泛化。

创客运动，直到20世纪80年代才在我国开始受到关注。它从家具制造、音响设备研发、家电修缮等领域开始，迅速扩展到更多的创新领域，展现了 DIY 文化的广泛影响力。近年来，深圳作为我国的一线城市，在推动创客运动方面走在了全国前列。特别是在 2015 年，深圳成为创客运动热潮的发源地，引领了全国的创客文化热潮，它标志着创客运动在我国不仅快速发展，还得到了广泛认可。这股热潮推动了技术创新，激发了人们对创造和实践的热情。

（二）创新教育与创客教育的内涵

创新教育的目标在于激发学习者的创新精神、创造性思维，并提升创新能力，从而使学生能够在未来的职业生涯和社会生活中展现出卓越的创新和解决问题的能力。而创客教育，是一种新兴的教育模式，它将创客运动的理念与教育实践相结合，着重培养学生的跨学科能力、团队合作精神和创新能力，为学生提供实践和实现个人创意的平台。创客教育倡导的是“学以致用”的学习理念，它超越了传统的课堂教学，更注重通过项目学习、团队合作和在解决实际问题中的实践活动，让学生在亲身操作中掌握知识和技能。创新教育模式鼓励学生运用现代信息技术和数字化工具，将自己的创意和想法转化为具体的产品或解决方案。在这一过程中，学生能够自主学习、积极探索并勇于创新，从而提高自主解决问题的能力和创新能力。创客教育的实施，对传统的教育模式提出了挑战并推动了其改革进程。它要求教育者不再是单向的知识传授者，而是成为学生学习过程中的指导者和协作者，与学生一同探索和学习。创新教育模式下，教育的重心从教师转移到了学生，强调了学生的主体地位，以学生的兴趣和需求为出发点，提供更加个性化和定制化的学习体验。同时，创客教育也体现了教育的开放性和包容性，它鼓励开放创新、探究体验，倡导学生之间、学生与教师之间以及学生与社会其他成员之间的共享和协作。学生通过开放的学习环境能够在学术上获得成长，进一步在社交和情感上得到发展，培养成为具有全球视野和社会责任感的创新型人才。

创客教育和创新教育理念的融合与发展，为培养新时代的创新型人才提供了新的路径。两种教育理念虽然在侧重点上存在差异，但共同的目标是激发学习者的创造性思维，引导他们在学习过程中积极创造，重视将理论知识通过实践活动转化为现实产物。创新教育强调的是创新意识及思维的培养，旨在让学生在理解知识的基础上，能够思考如何将这些知识应用到新的情境中，解决实际问题。创客教育则在创新教育的基础上，更加注重创造能力的养成，鼓励学生通过动手实践将自己的创意和想法实现出来。学生通过参与创客活动，不仅能跨越学科界限，还能在各领域、各学科互助式和合作式的学习中培养创新精神，以及乐于分享、注重实践的能力。中国电子学会现代教育技术分会创客教育专委会对创客教育的定义，强调了以学生兴趣为基础，通过项目式学习和运用数字化工具，不仅促进学生创造物的产出，还鼓励分享与合作，旨在培养学生的跨学科解决问题能力、团队协作能力和创新能力。该定义充分体现了创客教育作为素质教育重要组成部分的核心价值，即通过实践学习促进学生的全面发展①。高等学校作为创新教育与创客教育实践的重要场所，应当积极探索将这两种教育理念有效融入教学活动的路径和方法②。这包括构建开放的学习环境，提供足够的资源和支持，如创客空间、实验室等，使学生有机会将自己的创意转化为实践项目。

二、创客教育的基本特征

（一）多元化的学习目标

目前，随着技术进步和时代发展，对人才素质的要求日益提高，创

① 陈美平．创客教育在中职电子专业的实践研究 [J]. 广东科技，2016，25（15）：65.

② 李亦菲．核心素养背景下创客教育的目标建构与实施要点 [J]. 湖北教育（教育教学），2017（7）：73.

客教育应运而生，成为一种适应时代需求的新型教育模式。它摒弃了传统教育中单一的学习目标要求，转而追求学习目标的多元化，旨在全面提升学习者的能力和素质。在知识维度上，创客教育鼓励学习者积极参与实践探索，通过动手操作和实验探究，主动构建和创新知识，打破了传统教育中被动接受知识的模式。在能力维度上，创客教育注重培养学习者解决实际问题的能力，包括问题解决能力、团队合作与交流能力以及创新能力，这些能力将对学生未来的学习、工作乃至生活产生深远影响。在情感维度上，创客教育通过项目合作和创新产品的制作过程，加强学习者之间的互动和交流，培养集体责任感和团队精神，同时激发学习者的创新意识和创新精神。

（二）创客教育项目的适切性与综合性

创客项目是创客教育实施的核心环节，其设计和实施必须紧密结合学生的实际情况和学习需求。创客项目应与学生的生活环境密切相关，能直接触动学生的内心，激发他们创作的热情和兴趣，使他们能够在完成项目的过程中感受到项目与自己生活紧密相连的意义和价值。项目的设计需要充分考虑学生的知识基础和认知能力，确保项目既有一定的挑战性，又不至于超出学生的理解范围。通过合理设置难度和复杂性，项目能够促使学生在探究和实践中学习新知识，培养解决问题的能力，同时体验到通过自己的努力达成目标的满足和快乐。

（三）创客学习过程的创造性与协作性

在高等学校实施的创客教育中，学习过程的创造性和协作性是其核心特征。在这一教育模式下，学生围绕现实生活中的问题确定研究主题，整个学习过程中，从观点的交流、互动到作品的制作，每一环节都充满了创造性。此外，协作互动是推动学生创新思维和创意实现的关键因素。学生在协作过程中能够互补知识、共享资源，这种相互学习和交流的环境有助于激发他们新的创新想法，不仅提高了个人的创造能力，还促进了团队合作精神的培养。

（四）教学情境与资源的开放性及整合性

创客教育在高等教育中引入了一种新的学习模式，其中，开放性和整合性的教学情境为学生提供了广阔的探索空间。在此教学环境下，学生能够接触到丰富的知识和技能，并从多个视角和侧面理解和分析问题。多维度的情境设计使学生能够在协作和交流的过程中，根据个人兴趣和团队目标，自主选择创新项目的切入点和实施路径。为了支持学生在开放环境中有效学习和创新，教师的角色变得尤为关键。他们不仅需要提供必要的物理空间资源，如实验室、工作室等，还需提供各种工具和技术支持，包括但不限于数字化制造设备、软件平台等，以便学生能够利用这些资源进行探索、设计和创造。

（五）教学方式的专业化发展

由于大学生的学习内容跨越多个学科领域，且学习方式与传统教育有着根本的不同，这对教师的教学策略提出了更高的专业化要求。在该教育模式下，教师应成为教学情境的创造者，设计出既具有实际意义又能整合多学科知识与技能的学习项目，为学生提供一个丰富的、能够激发创新思维的学习环境。在创客教育的实施过程中，教师应将学生置于学习过程的中心，更多地扮演辅助者和引导者的角色，鼓励学生主动探索、自主学习。为了达到这一目的，教师需要采用多元化的教学策略，如项目式学习、合作学习、问题导向学习等，引导学生在实践中学习和创造。同时，教师还需要根据教学目标和学生的学习需求，灵活采用多样化的教学策略，并以创客项目为载体，有效促进学生创新意识和创新能力的全面发展。

三、实施创客教育模式的理论基础分析

创客运动兴起的时间不久，以创客空间为主的创客教育逐步拓展了“新大陆”，其能否更新或者构建新的教育思想尚不能下定论。从目前来看，其理论基础主要可以从现有的多种成熟教育理念中寻求契合点。

（一）融合多种教学理论

1. 实用主义中的“做中学”

杜威的“做中学”理念提倡“以学生为中心”的学习方法，强调通过实际操作和体验来获得知识和技能。与传统的理论灌输相比，这种方法更能促进学生的主动学习和创新思维。在这一框架下，学生被鼓励探索、实践、反思，从而在真实的环境中构建和应用知识，是提升学习技能、培养创新精神和解决问题能力的过程。“做中学”的教育模式在高等教育中的应用，特别强调了教学情境设计的重要性。这种模式为学生提供了具有挑战性的项目，要求学生运用跨学科的知识来解决问题，这不仅增强了学生对学习内容的兴趣，还提高了他们解决复杂问题的能力。同时，这种模式下的学习过程也促进了学生之间以及学生与教师之间的互动和协作，从而建立了一种共同学习和成长的社区。创客空间作为这一教育理念的实践场所，为学生提供了一个自由探索、创新和实践的空间。在这里，学生可以自由地实验自己的想法，通过制作实物来测试和改进这些想法。这种实践活动不仅包括技术和科学项目，也可以是艺术创作、社会创新等方面的尝试。

高等学校的创客空间标志着教育模式的一种重大转变，即从传统的以教师为中心的教学文化向以学生为中心的自主学习文化演进。在此过程中，那种一度被边缘化的教学元素——动手实践和创新活动，被重新赋予了核心地位和价值。创客空间为学生提供了一个自由探索、实践和

创造的环境，更重要的是，它鼓励学生通过“玩”的方式发现和解决问题，将游戏和乐趣融入学习过程中，从而挖掘出玩耍的教育潜力。在创客空间学习环境中，学生被激励去自主探索、利用可用的资源学习和创造。创客空间的存在，使学生有机会亲手制作海报、PPT、教程、视频以及各种模型产品，促进了学生对知识的深入挖掘，也为他们提供了将理论知识转化为实践经验的机会。更重要的是，以项目为基础的学习方式，能够有效地培养学生的问题解决能力、团队协作精神以及创新能力。通过创客空间的学习活动，学生能够在实际操作中体验到从失败中学习、通过团队合作克服难题的过程，这对于他们未来的职业生涯和个人成长都具有不可估量的价值。

2. 构建主义理论

建构主义学习理论在高等教育中的应用标志着教学革新的重要步骤。它强调了学习过程中学习者的主体地位，提倡通过“发现学习”和认知活动促进深层次理解和知识的内在化。这种理论突破了传统教育模式中知识传授的单向性，转向一种更为动态和互动的学习过程，其中知识的建构成为学习的核心。建构主义理论认为，学习不仅仅是知识的积累，更重要的是通过学习者与学习环境的互动，以及学习者之间的协作，共同参与知识的生成和意义的建构。建构主义理论强调了学习者在学习过程中的主动性和创造性，学生被视为信息的主动处理者和意义的建构者，他们通过探索、实验和讨论，在特定的情境中与他人协作，共同建构知识和理解。在高等教育中，建构主义学习环境的创建需要教育者细致地设计学习情景，鼓励学生的协作学习，提供充分的会话机会，以及支持学生对知识意义的主动建构。教育者需转变角色，从传统的知识传递者变成学习的促进者和指导者，为学生提供一个丰富、开放和支持性的学习环境。

随着时代的发展，以学科知识为中心、以知识灌输为主要方法的传统教育模式逐渐显示出其局限性，特别是在培养学生创新思维和综合素养方面。传统教学模式往往忽视学生的主动参与和实践体验，限制了学生创新能力和批判性思维的发展。与此相对，创客教育这种新型的教育模式，通过融合体验式学习、参与式学习和深度学习等多种学习方式，为学生提供了一个全新的学习环境和体验。创客空间，作为创客教育的重要载体，为学生提供了一个能够在真实的创作环境中开展协作、发现和解决问题的平台。在这种环境中，学生不仅可以通过亲身实践来学习新的知识和技能，还可以在创作过程中发挥自己的想象力和创新能力。“手脑并用”的学习过程可以提高学生的实践能力，激发学生的学习热情，培养学生的综合素养。建构主义学习理论在创客教育中发挥了重要作用，它强调学生的主体性，重视学习过程中学生的情感、体验、领悟和想象等心理过程。与客观主义的“从技术中学习”不同，建构主义倡导“用技术学习”，将信息技术视为学习的工具。在创客空间内，学生可以利用 3D 打印机、Arduino 开源硬件和互联网资源等现代信息技术，将技术作为支持学习和知识建构的工具，从而在实际操作中学习和创新。信息技术的革新为创客教育提供了强大的支持，使得学生能够更加灵活地利用各种技术资源进行学习和创作。

3. 团队协作理论

如今，合作学习理论作为一种富有成效和创造性的教学理论与策略体系，已被世界许多国家广泛采纳。该理论倡导以学生为中心，通过小组合作活动激发学生的学习动力和兴趣，不仅强调学生个人能力的提升，还注重团队协作和集体荣誉感的培养。合作学习的实施，能显著提高学生的自我效能感，从而增强其学习动力。在团队协作教学模式中，教师转变为促进者和指导者，他们鼓励学生之间进行交流与合作，目的是实现学生集体的进步和教学相长。而在高等学校中，创客空间的出现与运用，为合作学习提供了一个理想的实践平台。创客空间通过项目式学习，让学生在真实且富有意义的创客项目中，以团队为单位，共同面对挑战，整合运用多种认知工具和信息资源来解决问题。在创客空间中，学生不仅可以在技术层面互补技能、共同进步，更能通过共同承担任务的责任感，激发彼此的潜能。此外，合作过程中的交互式学习进一步深化了合作的内涵，使学习过程变得更加丰富和多元。通过团队合作，学生可以从单纯的知识接受者转变为积极的知识创造者，从而实现从“会学”到“乐学”的转变。在高等学校教学中引入创客活动，并采用多样化的教学方法，可以促进学生与学生、教师与学生，乃至人机之间的交互合作，为学生提供一个从“学会”到“好学”的学习跃进的机会。

（二）创客式的学习活动

1. 以实践为主的学习

创客式的学习是基于实践的学习，是一种能够满足高等教育环境下多样化需求的学习方式。在过去，实践动手学习方式常常被贬低或被视为无意义的活动，但实际上，它对教育的影响却是深远的。创客空间为人们提供了一个实践学习的平台，学生可以通过动手实践来探索、体验、学习和创新。

2. 以创造为主的学习

高等创客空间为学生提供了基于创造的学习机会，借助新材料、新工具和新技能，学生可以更易于成为创造者。研究表明，基于创造的学习是人类最需要、最偏好的学习方式之一。创客空间融合了新技术，降低了学生创造的门槛，使学生从被动的知识接受者转变为产品的主动的创造者，实现了“做中学”的升级。

3. 以技术为主的学习

高等创客空间提供了先进的技术设备，为学生创造了一个探索前沿科技的平台，使学生的视野得到了拓展，激发了他们的创新思维。尤其是随着3D打印技术的成本降低和普及，学生们能够更轻松地将自己的创意付诸实践。信息技术的应用进一步拓展了学生的实践范围和深度，加快了创作的速度，并且使得他们的成果能够更广泛地传播和分享。

4. 以项目为主的学习

高等创客空间汇聚了来自各年级、不同背景的学生和社会人士，共同参与项目的创作。无论是在工作坊的实践制作、创客比赛的团队合作中，还是在分享会的主题探讨中，项目式学习让参与者深入问题，共同协作，最终完成了令人满意的作品。以项目为主的学习方式不仅锻炼了学生的实践能力，还培养了他们的团队合作和解决问题的能力。同时，不同背景的人士之间的交流和合作也促进了跨界思维和创新的融合。

四、实施创客教育教学的方式

（一）项目驱动学习方式

高等创客教育倡导项目驱动的学习方式，学生可以根据自己的兴趣选择项目，并在学习过程中获得适当指导。教师也可与学生合作制作产品。首先，确定课题；其次，撰写项目申请书，包括目的、计划、人员安排、经费等。项目研究主要通过实践探索进行，小组合作制作产品，完成后制作相关文档资料以供展示和存档。项目驱动学习方式能促进学生的个性发展，有助于教师发现学生潜力，并引导其实现自我价值。项目驱动学习使学生能够在实践中深刻理解和掌握知识，培养解决问题的能力，提高团队合作和沟通能力，也可以激发学生的创造力和创新思维。

在这一过程中，教师不仅是学生学习的指导者，是学生学习的参与者，与学生一起参与项目制作，与学生共同成长。

（二）跨区域跨专业合作学习

高等创客教育鼓励学生跨区域、跨学科、跨专业，甚至跨教育阶段进行合作学习，突破传统教学内容的局限，丰富学习者的知识面，开阔视野，接触更多新奇的知识与技术。跨界合作不仅促进了创新，还通过思想碰撞激发了更多创意。在合作交流过程中，学生增进了友谊，同时培养了语言表达能力。

（三）重视教学活动的实践性

高等创客教育注重实践性教学，其目标的实现主要依赖于学生利用计算机技术、人工智能技术以及 3D 打印技术等先进工具，在跨学科团队合作的环境下进行实践操作、成果产出和分享。真实的问题探索、解决过程，有助于培养学生的沟通交流、创新和动手实践能力，这一教学模式弥补了传统高校教学目标单一的不足，既注重知识学习又提供了实践机会，充分发挥了学生的创造性思维，培养了他们的动手操作能力。这种教学实践，能够培养出更加全面发展的高质量人才，符合国家对高等教育改革中创新型人才培养的政策要求。

（四）结合传统教学进行对比

高等教育的传统教学方式偏重于知识传授，而在学生实践能力和创新思维的培养方面存在不足。相比之下，创客教育提倡转变教学方式，注重培养学生的实践能力和创新思维。创客教育的目标不仅是传授知识，更要注重培养学生的实践能力和创新意识，重视学生的个性化发展。在教学组织形式上，创客教育不再局限于传统的班级课堂授课，而是倡导小组合作学习和自主探究学习，让学生更加活跃地参与其中。创客教育的实施需要转变传统的教学观念，改变教学方式，但这仅是开始。开展创客教育需要综合考虑教学环境、教学目标、教学内容、师资培养以及评价机制等方面的因素，创客教育与传统教学的对比如图 6-1 所示。

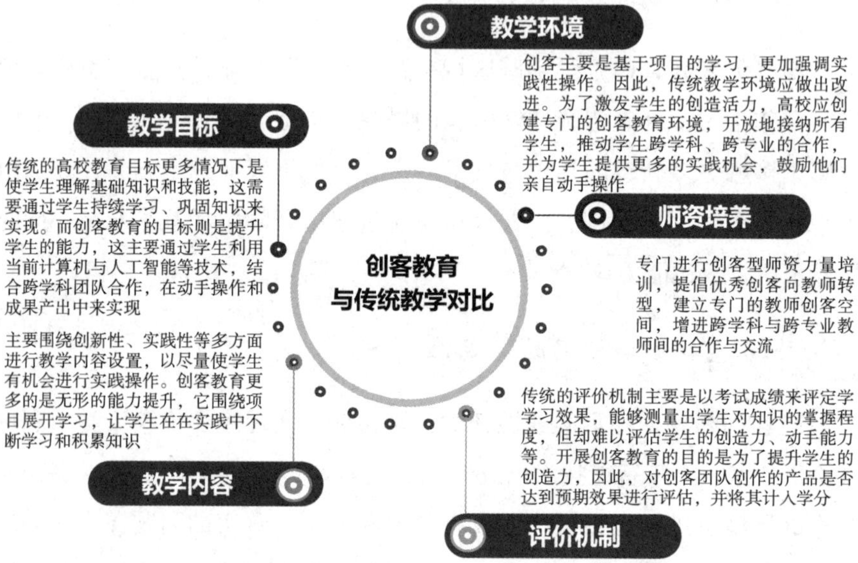
教学环境
创客主要是基于项目的学习，更加强调实践性操作。因此，传统教学环境应做出改进。为了激发学生的创造活力，高校应创建专门的创客教育环境，开放地接纳所有学生，推动学生跨学科、跨专业的合作，并为学生提供更多的实践机会，鼓励他们亲自动手操作
教学目标
传统的高校教育目标更多情况下是使学生理解基础知识和技能，这需要通过学生持续学习、巩固知识来实现。而创客教育的目标则是提升学生的能力，这主要通过学生利用当前计算机与人工智能等技术，结合跨学科团队合作，在动手操作和成果产出中来实现
创客教育
与传统教学对比
师资培养
专门进行创客型师资力量培训，提倡优秀创客向教师转型，建立专门的教师创客空间，增进跨学科与跨专业教师间的合作与交流
主要围绕创新性、实践性等多方面进行教学内容设置，以尽量使学生有机会进行实践操作。创客教育更多的是无形的能力提升，它围绕项目展开学习，让学生在在实践中不断学习和积累知识
教学内容
传统的评价机制主要是以考试成绩来评定学习效果，能够测量出学生对知识的掌握程度，但却难以评估学生的创造力、动手能力等。开展创客教育的目的是为了提升学生的创造力，因此，对创客团队创作的产品是否达到预期效果进行评估，并将其计入学分
评价机制

图 6-1　创客教育与传统教学对比

第二节　创客教育模式融入高等教学中的创新思路

一、我国高等学校创客教育发展的情况

自 2012 年起，“创客”一词正式进入我国公众视野。政府开始鼓励高等学校重视培养具备实践创新能力的人才，以推动教学模式的变革，构建以培养创新型人才为目标的人才培养机制。我国高等教育逐步将创客教育纳入人才培养模式，并开始落地实施创客教育。相较于其他国家，我国的创客教育起步较晚、发展较为缓慢，其发展形式主要包括建立创

客空间、设立创客俱乐部、举办创客大赛以及召开创客教育讨论会等。这些举措以不同的方式共同促进了创客教育在国内的发展，为高等教育的创新发展注入了新的活力，为培养适应时代需求、具备创新精神和实践能力的高素质人才奠定了坚实的基础。

（一）创客教育整体的发展势态良好

创客教育在中国的发展已经成为当今教育领域的热点之一，各高等院校纷纷响应国家政策，积极推动创客教育的发展。在国内众多高校中，清华大学、同济大学和温州大学等知名院校的创客教育实践备受关注。清华大学作为国内创客教育的引领者，以其 i.Center 创客空间为核心，构建了完善的创客教育体系。i.Center 创客空间秉持敢于创新、跨学科融合、理论与实践相结合以及乐于分享的理念，举办了众多创客讲座、工作坊和项目引进等活动，营造了丰富多彩的创客文化氛围。此外，i.Center 还建立了网络在线平台，鼓励学生进行跨学科、跨领域的学习与合作，为他们提供了丰富的学习资源和交流平台。同济大学通过 Fab Lab 开放夜、创客马拉松等活动积极推进创客教育。Fab Lab Shanghai 作为全国首个开放创造空间，定期举办各种主题的跨领域讨论，为学生提供了一个开放、创新的学习环境，促进了学生间的交流与合作，也为他们提供了展示创意和实践技能的舞台。温州大学充分利用创客空间，开展多样化的创客培训活动和项目分享交流会，旨在推广创客知识，促进创客文化的传播与发展。学校组织学生参与乐高机器人、Arduino 3D 打印机等项目，通过实践活动培养学生的动手能力和创新思维。当前，中国的创客教育呈现出蓬勃发展的态势。尽管早期的创客教育主要集中在中小学阶段，但随着时间的推移，越来越多的高等院校也开始关注并加入创客教育的行列。例如，清华大学附属中学等学校在中小学阶段便已经积极推进创客教育，而清华大学等高校则在创意设计、工程训练和科技竞赛等领域率先涉足创客教育。自 2013 年清华大学创客空间成立以来，与创客教育相关的机构不断涌现，创客教育在全国范围内得到了迅速普及和发展。创客教育的兴起与中国古代重视工匠精神、推崇创新创造的文化传统息息相关。随着信息技术的持续更新和普及，创客教育成功引领了一场教育革新，对教育理念、教育模式、教师发展、课程设置以及人才培养途径等方面产生了深远影响。在新时代的背景下，互联网的发展为创客教育的传播和发展提供了强大的支持。

我国高等院校创客教育自 2014 年起呈现出爆发式的增长态势。各种组织机构相继涌现，各类论坛、创客团体数量急剧增加，创客参与人数也直线上升。新建的创客空间装备了先进的设施设备，并引入了最新的信息技术，与创新创业中心形成了良好的互补。这一迅速发展引起了社会各界的广泛关注。2014 年，清华大学举办了创客教育论坛，围绕“创客与教育”的主题进行了探讨。众多来自各行各业的创客人士齐聚一堂，共同研讨了创客教育的未来发展方向。紧接着，2015 年 4 月，清华大学 i.Center 创客空间联合多方团体共同发起了“创客教育基地联盟”，以加强创客教育资源的整合与共享。同年 7 月，全国教师创客联盟成立，致力于为教师提供更多的思想和方法支持，以推动创客教育在教育领域的广泛普及。2016 年，由清华大学创客实验室编撰的《中国创客教育蓝皮书（2015）》问世。该书从理论和实践两个角度全面梳理了创客运动和创客教育的发展历程，对创客教育进行了深入研究和探索，为中国创客教育的理论建设和实践提供了宝贵的参考。2017 年底，教育部认定了 16 所高校和 2 家企业为首批挂牌中美青年创客交流中心的单位，以促进中美两国青年创客之间的交流与合作。这一举措不仅是对中美创客交流的重要推动，也是我国创客教育发展的新里程碑。在这一系列举措的推动下，我国高等院校的创客教育得到了迅速的发展，不仅创客教育空间和设备得到了显著提升，更重要的是创客教育理念得到了广泛的传播和认同。

我国地域辽阔，从东到西划分为东、中、西部，而按经济区域划分，则包括华北、长三角、珠三角、东南沿海等九个经济地区。在这样的地域背景下，创客教育的发展显现出显著的区域性差异。以创客空间为例，它清晰地反映了创客教育在各地的发展状况。在沿海城市，特别是深圳等地，创客教育得到了最为成熟的发展，对全国创客教育的推动起到了引领作用。总体来看，东部地区创客教育的发展较为迅速，西部地区相对滞后，中部地区的发展速度则介于两者之间。从经济区域的角度来看，长三角、珠三角等沿海地区创客教育的文化氛围浓厚，发展势头强劲。推进创客教育的区域性发展和普及已成为必然趋势，也是确保教育公平和提升区域创新能力的关键。为此，我们需要协调各地区的创客空间的发展，实现东中部地区对西部地区的带动作用，促进经济发达地区与经济欠发达地区在创客教育上的共同发展。同时，我们还应充分利用已有的优势，挖掘潜在的优势，整合各方面的资源，以推动创客教育在全国范围内的均衡发展。因此，在未来的创客教育推进过程中，我们需要注重各地区教育资源的整合与共享，确保教育资源的均衡分配。只有这样，才能够实现创客教育在全国的普及，进而提升我国各区域的创新能力，推动经济社会的持续健康发展。

（二）创客教育在高校内部发展存在诸多不足

1. 创客教育课程匮乏

创客教育课程的匮乏是当前创客教育所面临的主要挑战之一。创客课程在创客教育生态系统的构建中占据核心地位，是实施创客教育、推动新课程改革的重要途径。然而，现阶段创客课程的数量和质量还无法满足社会对创客文化日益增长的需求。尽管创客教育在国内发展迅速，创客教育工作者也对此充满信心，对未来发展持积极态度，但随着创客文化需求的不断扩大，现有的创客课程已显得力不从心。这一矛盾意味着创客教育需要更加积极地应对挑战，加强创客课程的建设，以满足社会对创客文化的迫切需求。因此，加强创客课程建设已然成为创客教育领域亟待解决的问题。高校需通过设计更加全面且多样化的创客课程，来提高创客教育的实施水平，以更好地推动创客文化的发展，满足社会对创新人才的需求，进而促进教育改革的深入和创新发展的实现。

创客课程作为一种特殊的教育形式，其目的在于培养创客人才，与传统学科课程有显著区别。创客课程涵盖信息技术、工程开发、项目制作和艺术设计等多个领域的内容，通过创客活动来提升学生的创新能力和实践技能。在我国，随着创客运动的兴起，一些高等院校陆续开设了创客教育课程，然而，从整体上看，仍缺乏一套完整的课程体系。已经引入创客教育的高等院校存在一些问题，部分学校在设定课程目标时定位不够明确，过于注重对创客型人才的培养，却忽略了培养“创客式”思维的重要性。创客课程的内容和开展形式相对单一，缺乏与课程相关要素的综合开发以及深层次的学术探讨。大多数课程以团队合作、小组讨论和班级学习为主，这种方式难以激发学生进行深入思考和独立创新能力。课程评价缺乏创新，过于注重学习成绩，评价内容单一，缺乏多元性，无法全面反映学生的创客潜力和实践水平。因此，高等院校需要进一步完善创客教育课程体系，解决存在的问题。首先，应明确课程目标，平衡培养创客型人才和“创客式”人才的需求，确保课程目标明确、具有针对性。其次，要丰富课程内容，开发与创客课程相关的多元素课程，以促进学科交叉融合和学生全面发展，从而激发学生的创新思维。最后，课程评价要创新，采用多元化的评价方式，综合评估学生的学习成果和创客能力，推动课程评价向更加客观、全面的方向发展。只有采取一系列措施，才能够进一步提升高等院校创客教育的质量和水平，培养出更多具有创新精神和实践能力的优秀人才，推动创客教育事业的持续健康发展。

2. 创客教育空间有待强化

创客教育着重于通过实践活动促进学生的学习，因此需要有充足的设施和场地支持。然而，当前高等院校的创客空间建设仍存在一些亟待解决的问题，这些问题限制了创客教育的有效开展。我国高等院校创客空间的建设主要依托于创客空间这一平台，但在资金保障和平台搭建等方面遇到挑战，导致创客教育的成效不尽如人意。从国内的创客空间建设情况来看，它们大部分集中在东部地区，尤其是在一些重点高等院校和工科类院校中。然而，在全国范围内，创客空间的普及尚未达到应有的水平，许多高等院校仍未建立创客空间，已建成的创客空间也面临诸多问题。

创客空间作为一个开放的物理平台，为高等院校的师生以及社会人士提供一个思想交流和资源共享的场所，帮助他们将创意转化为现实。然而，目前高等院校创客空间的开放程度与期望相去甚远，其正常运行和发展存在一些挑战。高等院校的创客空间发展尚处于起步阶段，对于新事物的认识和探索还比较欠缺，需要更多时间和经验的积累。学生对创客空间的认识不足，概念理解模糊，导致其参与的积极性和热情不高。创客空间主要吸引了理工科学生，而对文科类学生的吸引力有限，也存在性别吸引力的差异，这使得创客空间的参与度和多样性受到一定程度的限制。为了解决这些问题，高等院校需要采取一系列措施来提升创客空间的开放性和吸引力，包括加强对创客空间的宣传和推广，提高学生和社会人士的认知度和兴趣。

安全是社会正常运转和创客空间持续运作的基础，它包括刚性安全和柔性安全两个方面。刚性安全指外部设施和设备的正常运行，保障物理器械和人身安全；柔性安全则涉及个体的安全意识和防范措施，通过安全培训和约束措施来提升安全系数。当前，高等院校创客空间存在诸多安全方面的问题。其中，机器设备的维护和检查不到位，存在安全隐患；安全防护设施不完善，增加了事故发生的风险。此外，由于缺乏专门的安全管理机制，对安全问题的管理和监督不到位，容易导致安全事故。同时，创客成员及个体创客的安全意识较低，对安全知识了解不足，缺乏必要的安全防护措施，这些都容易导致意外事件的发生。为了解决上述问题，高等院校需要采取一系列措施来强化创客空间的安全管理和防范。首先，要加强对设备的维护和检查，确保机器设备正常运作，及时发现并解决安全隐患。其次，需要建立健全的安全管理机制，制订相关的安全规章制度，明确安全责任和管理流程，并加强安全监督和管理。最后，开展安全意识培训和安全知识普及活动，提升创客成员和个体创客的安全防范意识，增强他们的自我保护能力。

高等院校创客空间的共享度亟待提高。创客空间是高等院校内部各院系之间沟通与交流的重要途径，也是学校与社会之间合作与交流的桥梁。然而，在实际操作过程中，由于缺乏有效的学习、交流、共享平台，高等院校与社会之间的交流与合作受到了限制。目前，各个高等院校普遍缺乏跨学科通识课程，这使得不同学科之间相对独立，缺乏交流。此外，校际循环共生的生态系统还未建立，这制约了共享度的提升。

3. 创客教育师资队伍建设有待加强

教师是教育活动的基本要素，而高等院校创客教师则是推动创客教育的重要力量之一。创客教育的成功实施需要大量具备创客理论知识、创新实践能力、指导创客活动的教师。然而，目前无论是在基础教育还是在高等教育阶段，都面临着一个严峻的问题，即缺乏满足当前创客活动需求的合格创客教师。因此，加强对高等院校创客教师的培养和建设，提升他们的创客教育水平和能力，对推动创客教育事业的健康发展至关重要。

高等院校创客教师师资短缺是一个亟待解决的问题。创客教育融合了众多学科的基础知识和技能，对教师提出了全新的要求。创客教师不仅需要掌握多学科的理论知识，还需熟悉各种设备的操作，这要求他们不仅具备深厚的专业素养和广泛的综合能力，还需要具备对新事物的敏锐洞察力，以使不断更新教学内容和方法，推动创客教育的创新发展。

然而，当前高等院校教师队伍中，流行着“术业有专攻”的观念，即教师被鼓励专注于自己擅长的领域，这导致具有高综合素质的教师相对匮乏。这种状况限制了创客教育的发展，使得高等院校在培养创客人才方面面临挑战。为了解决这一问题，高校需要采取一系列措施，包括加强教师的跨学科培训，提供更多的机会和资源让教师掌握新知识和技能，同时建立鼓励教师跨学科合作的机制，以促进创客教育的跨学科融合和发展。

创客教育作为一种新兴的教育形式，在传统教育体系中并未有专门的培训计划。但要在高等院校广泛开展创客教育，就需要大量的合格创客教师。因此，对教师进行创客教育培训显得至关重要。然而，由于创客教育在中国发展的时间较短，许多教师对创客教育的理念和知识储备并不充分。在短时间内培养出大量优秀的创客教师是一项艰巨的任务。教师培训的不足使创客教育实施面临困难，限制了创客教育在高等院校的推广和深入发展。为解决这一问题，可以建立专门的创客教育培训机构或平台，为教师提供系统化、针对性的培训课程，包括创客理念、技能和实践方法等方面。同时，强化高等院校内部的师资培训机制，鼓励教师参与创客教育相关的研讨会、工作坊和实践活动，从而持续提升其创客教育水平。此外，推动高等院校之间的教师交流和合作，共同探讨创客教育的最佳实践方式，也是提升和完善创客教师培训工作的关键所在。

目前，进行创客教育培训的教师主要来自高等院校原有的教师队伍。虽然这些教师在专业教学方面经验丰富，但他们往往习惯采用传统的教学方法，侧重于知识传授，而在创新思维、实践能力以及分享合作精神方面存在不足。创客教育课堂要求采用多样化的教学方法，强调学生的主体作用，而不仅仅是知识灌输。因此，如何通过培训使现有教师转型为适应创客教育需求的合格优秀教师是当前创客教育面临的一项紧迫任务。在教师培训过程中，需要为教师提供创客教育理念和方法的系统培训，帮助他们转变教学观念，掌握并应用新的教学技术和工具。同时，还应该注重教师的实践能力培养，鼓励他们在实践中不断尝试新颖的教学方式，并提供必要的支持和引导。

创客教育在中国的发展中，与其他学科的结合是一种重要的发展途径。要实现创客教育与原有学科的融合，教师需要在教学活动中融入创客教育理念，并采用新式教学方法和教具。这不仅需要教师不断提升自身的教学能力和水平，还需要进行角色的转换，从传统的知识传授者转变为学习的引导者和促进者，这对教师的教学能力提出了新的要求。教师需要具备更灵活的教学方式，更强的创新意识，以及更强的教学资源和工具的运用能力。同时，他们还需要具备跨学科的知识和视野，能够将创客教育与不同学科进行有机结合，促进学科之间的交叉融合。这对于许多教师来说是一个挑战，因为他们可能需要放弃传统的教学方法和观念，接受新的教育理念和方法，并不断进行自我学习和反思，才能更好地适应创客教育的要求，发挥好自己在教学中的作用。

4. 学生创客意识有待强化

对于大多数学生来说，创客教育是一种新鲜事物，他们在初次接触时对其教育理念、实施方式和意义等并不了解。这导致一些学生在进入创客空间时缺乏明确的目标和方向，甚至盲目跟随潮流，对创客空间的结构和运行方式也缺乏深入了解。由于缺乏自己的创意观点，学生在实践中往往缺乏坚定的意志力和积极性，一遇到困难就容易退缩。另外，由于对创客教育和创客空间的认识不足，很多学生加入创客空间的主观目的是结交朋友、丰富课余生活，而不是真正重视自己创新思维的训练和实践能力的培养。他们缺乏对创客教育的认同和理解，仅仅把创客空间当作一种社交场所，而忽视了其中蕴含的创新精神和实践机会。因此，提升学生创客意识成为创客教育亟待解决的问题。学校应加强对创客教育理念和实践意义的宣传，引导学生树立正确的创客观念。

二、高等学校创客空间的分析

（一）高等学校创客空间的概念

创客空间作为创客运动的核心载体，在其蓬勃发展的网络中体现出了重要价值。创客空间不仅是一个物理空间，更是一个促进创新和知识共享的平台，是志同道合的人们聚集在一起，共同探索、学习和创造的场所。从概念上讲，创客空间的定义十分广泛。它不仅是一个实体空间，更是一种理念和文化的体现，强调创造、协作和分享。创客空间提供了必要的工具和资源，如设备、专业技能等，还促进了项目的实施和完成。因此，创客空间既是一个实体的场所，又代表一种思想和行为方式，其核心价值在于促进知识和实践的结合，激发创新意识和共享精神。在高等院校中，建设创客空间不仅是为了提供一个实践创新的场所，更是为了营造一个促进学习和合作的氛围。创客空间的建设可以使学生们得到更多的实践机会，培养创新思维和团队合作能力。同时，创客空间也为师生提供了一个共享资源和经验的平台，促进了跨学科的交流和合作，推动了学校创新教育的发展。

全球范围内，创客运动已在各地建立了多种类型的创客空间，大致可分为三类：独立的创客空间、服务于学校的创客空间，以及以公共图书馆为基地，为社区服务的创客空间。在高等院校中，创客空间的类型也多种多样。首先是社团性质的创客空间，例如苏州大学东吴商学院创客空间，这类空间通常由学生自发组建和管理，是一个提供创意交流与实践的平台。其次是以某个学院为支撑的创客空间，例如北京理工大学创客空间（机械与车辆学院），这些空间通常由学院提供支持，旨在促进该学院相关领域的创新与合作。最后是校企合作的创客空间，例如英特尔与西南交通大学合作的创客活动中心，这类空间往往由学校与企业联合建设，旨在结合校企资源，培养创新人才，推动科技成果转化。每种类型的创客空间都有其独特的特点和目标：社团性质的创客空间注重学生自主创新和团队合作，培养学生的创新精神和实践能力；以学院为支撑的创客空间则更加专注于特定学科领域的创新与研发，推动学科交叉与融合；而校企合作的创客空间则着眼于产学研结合，将学校的科研成果与企业需求相结合，促进科技创新与产业发展。

高等院校的“创客空间”在创建目的、运营模式和资金来源等方面与社会企业有所不同。高等院校的创客空间旨在培养学生的创新意识和实践能力，为学生提供一个创新实践平台。通常，高等院校会投入一定的经费，并提供场地和资源，以支持学生的创客活动。创客空间不仅面向特定专业或学科，还为不同专业和学业背景的学生提供了一个聚集、交流、合作和共享的平台，让他们能够将创意变成现实的实践项目。与社会企业相比，高等院校的创客空间更注重学生的学习和成长，以培养学生的创新精神和实践能力为宗旨，是学生探索创新、发展兴趣爱好的理想场所。

（二）高等学校创客空间的特征

1. 物质角度

（1）实体与虚拟融合。高等院校的创客空间既是一个实体存在的物理场所，又是一个隐形的虚拟空间。实体空间为学生提供各种资源设备和特色活动，是他们进行实践演练的场所。学生可以在这里动手实践，尝试创新想法，并将其变成现实。与此同时，创客空间还拥有虚拟空间，包括网上论坛、QQ、微信等在线平台。虚拟平台为学生提供了即时交流、答疑解惑和分享成果的机会，学生可以通过在线交流与合作，共同探讨问题、解决难题，互相启发和激励。实体空间与虚拟空间的结合，为学生的知识积累和能力增长提供了多样化的学习方式和机会。学生通过线上线下相结合的学习方式，不仅可以获得实践经验，还能够在与他人的交流互动中不断提升自己的创新能力和团队合作精神。因此，创客空间的实体与虚拟相结合，为学生的全面发展和创新、创业提供了有力支持。

（2）开放与自由融合。高等院校的创客空间体现了开放与自由的理念，不受人群、时间和内容的限制，随时向以学生为主体的社会各界开放。与传统实验室相比，创客空间的开放性和自由度更高，使得它成了一个充满活力和创新的场所。传统实验室通常具有严格的专业性和主题限制，开放时间有限，导致利用率不高、学习效果不佳等问题。而高等院校的创客空间则不同，它的开放性吸引了来自不同专业和领域的人才，促进了跨学科和产学研结合的交流与合作。跨领域交流有利于促进新知识的产生和创新的孵化，使创客空间成为知识的“创新基地”。创客空间采取了以兴趣为导向、自由来去的管理方式，激发了学生的主动学习欲望。在自由的环境中，学生可以根据自己的兴趣和需求自由选择参与的项目和活动，从而更加积极地投入学习和创新实践中去。创客空间不仅提供了丰富多样的资源和设施，还为学生们提供了一个自由发挥、探索未知的平台。

（3）知识与实践融合。高等院校的创客空间将知识与实践相结合，成为一个创新实践的平台。尽管创客空间强调实践，但缺乏一定的知识积累也会使学生感到迷茫。因此，创客空间的运作通常遵循以下过程：将理论知识应用于实践，通过实践巩固已有知识，并不断吸收新知识，扩展知识面，增强实践能力。在这一过程中，学生通过将理论转化为实践，享受着动手实践的乐趣，并逐渐形成对知识的深入理解和应用能力。创客空间为学生提供了一个结合理论学习和实践探索的平台，激发了他们对知识的兴趣和学习的热情，培养了他们的动手能力和创新精神。

2. 价值角度

（1）持续创新。高等院校的创客空间秉持创新理念，为学生创造了自由、开放的环境，提供了完善的设备和教师指导，旨在激发他们的创造性思维，鼓励他们进行大胆创作，从而不断提升创造力。在这一开放的平台上，学生可以尽情发挥想象力，尝试新的理念和方法，实现创意的转化。

（2）注重实践。高等院校的创客空间着重于持续实践，以培养学生的实践能力为主要目标。该理念强调学生在实践中的动手能力、解决问题的态度和思维方式。学生通过实践，可以直接应用所学知识，积累宝贵的经验，并从中获得深刻的体会。高等院校的创客空间为学生提供了一个开放的平台，在这里，他们可以自由地进行实践探索，发挥创造力，锻炼解决问题的能力，从而更好地适应未来的社会和职业发展需求。

（3）共同合作。高等院校的创客空间强调共同协作，鼓励学生培养团队精神。除了独立思考完成任务外，创客空间还通过团队项目、比赛等活动促进学生之间的交流合作。合作精神能够帮助学生更好地理解团队合作的重要性，也培养了他们在团队中相互支持、协调配合的能力。通过与他人的交流与合作，学生不仅能够分享彼此的经验和知识，还能够共同解决问题、共同进步。

（4）乐于分享。高等院校的创客空间鼓励乐于分享的精神，在资源共享和思维开放的环境里，学生们可以分享彼此的知识、经验和技能，实现各自的创意想法。这种开放的分享精神体现了开源的理念，促进了资源共享和共同进步。在创客空间中，不同专业、不同行业的人汇聚一堂，通过分享和交流，激发了创新灵感，拓宽了视野，推动了学生们的共同成长和进步。这种乐于分享的氛围不仅有利于个人的成长，也促进了整个创客社区的发展，为创新和创造搭建了更加广阔的平台。

三、高等学校创客教育的教学实践模式

（一）教学的目标

高等院校的教学目标是教学的起点和终点，旨在引导学生的学习方向，并为评价学生的学习成果提供依据。对学生而言，清晰的教学目标有助于他们理解学习的重点和方向，同时也可以用作自我评估的标准。对教师而言，教学目标则是指引教学活动的核心，引导着教师在后续的教学过程中选择合适的内容、采取有效的教学方法，并确定适当的评价方式。在制定教学目标时，高等院校的教师应当考虑到学生的学习需求和水平，确保目标既具有挑战性又具有可行性。教学目标应该明确具体，能够被学生理解和接受，并能够激发学生的学习兴趣和动力。同时，教学目标还应该与课程内容和教学方法相适应，确保教学过程的连贯性和有效性。在教学实践中，教师可以通过不断地调整和优化教学目标，以适应学生的学习进展和实际需求。教学目标的达成不仅需要学生的努力和参与，也需要教师的指导和引导。

（二）教学实践条件

实践条件是教学实践模式落实过程中的首要前提，主要包括教师、学生、学习环境以及评价方式。

1. 教师条件

在创客式课堂中，教师需要具备丰富的创造力，他们要搭建一个融入信息技术和文化氛围的学习环境，与学生一同探索和创造。这要求教师不断地设计创新的教学内容和方法，以吸引学生的兴趣，并引导他们积极参与学习过程。教师的角色在创客式课堂中发生了转变，他们不再是单纯的知识传授者，而是学生学习的促进者和合作者。在多元的学习

环境中，教师需要根据学生的需求和反馈及时调整自己的教学策略，与学生一同探索和解决问题。另外，创客式教育带来了新的挑战和困难。教师需要面对复杂而综合的创造性活动，需要处理各种技能和方法上的问题，同时还需要关注学生的情感和心理状态，给予他们足够的鼓励和支持。

2. 学生条件

在高等教育中，学生在创客式课堂中是学习活动的主体，需要展现出一系列的学习品质和能力。学生需要具备学习的自主性，其自主性体现在积极参与课堂教学活动、自觉预习巩固知识、面对教学任务能够主动解决问题等方面。在创客式课堂中，学生不再依赖教师的指导，而是需要自主探索，根据自己的兴趣和需求进行学习，积极地构建知识体系。学生还需要具备创新能力，能够根据已有的知识和经验，对旧事物进行创新与改造，能够举一反三，提出新的思路和方法解决问题。在创客式课堂中，学生面临着各种挑战和问题，需要通过创新的方式来解决，发挥自己的创造力和想象力。

3. 学习环境

在当代教育环境中，高等学校承担着培养创新人才的重要责任。为实现这一目标，应构建一个有利于学生全面发展的学习环境。该环境不仅包括物理空间的布局与设施配备，还涵盖了虚拟平台的建设与利用。实体环境的构建，不应仅仅聚焦于高端设备的配备。虽然先进的技术设备对于学生的学习和研究有一定的促进作用，但更重要的是创造一个开放而自由的空间，让学生能够在轻松愉悦的氛围中激发创造力和想象力。实体环境的设计应该注重灵活性和多功能性，使之能够适应不同学科和活动的需求。例如，通过改造传统的信息技术教室，可以实施创客教育，让学生在实践中学习和创新。实体环境鼓励学生自主探索，通过动手实践来解决问题，从而培养他们的问题解决能力和创新意识。虚拟环境的建设则是高等教育创新的另一个重要方向。随着信息技术的发展，高等院校有机会通过网络平台建立一个超越物理界限的学习共同体。利用微信等社交媒体平台，可以创建“未来教室”。在该虚拟空间中，学生不仅能够找到学习伙伴，跨专业合作探讨学术问题，还能接触到丰富的教育资源，包括国内外著名思想家、教育家的经典著作和演讲，这些资源能够激发学生的思考和灵感。虚拟空间也为学生提供了展示自己作品的平台，通过分享和交流，学生能够从同伴处获取反馈，促进思想的碰撞和知识的融合。结合实体和虚拟环境的教育模式，对于高等教育来说是一种创新的尝试，能够为学生提供更加丰富的学习体验，培养他们的创新能力和团队合作能力。在实体环境中，学生通过动手实践学习，培养解决问题的能力；在虚拟环境中，他们通过交流合作，拓宽视野，增进理解。

（三）基本教学过程

在当今社会，教育模式正处于快速的转型期，特别是在高等教育领域，创新成为推动学科发展和人才培养的核心动力。高等院校的教学过程，作为教育活动的核心，正在经历一场深刻的变革，其中创客教育的引入和融合被视为一种重要的创新方向。创客教育是一种新的教学理念、教学模式，它强调在教学过程中融入创新思维和实践操作，旨在培养学生的创新能力和实践技能。高等院校教学过程的转型，核心在于改变传统的教学模式，将创客教育的理念和实践融入课堂教学中。这种转型不仅是教学内容的更新，也是教学方法和学习环境的改变。高等学校结合创客教育，营造一种民主自由的学习环境，鼓励学生主动学习、探索和创造，从而提高他们解决实际问题的能力。创客教育的教学过程主要包括三个部分：知识学习、实践体验和作品共享。这三个环节相互关联，形成一个循环往复的过程，旨在通过实践中学习、学习中实践，从而实现知识与技能的深度融合。知识学习是整个教学过程的基础，它不仅仅包括传统意义上的课堂教学，更重要的是要引导学生学会如何学习，如何在学习中发现问题、分析问题和解决问题。实践体验是创客教育中不可或缺的部分，它要求学生将所学的知识应用到实际操作中，通过动手实践来深化对知识的理解和掌握。在这一过程中，学生能够提升自己的实践操作能力，还能够激发创新思维，培养解决实际问题的能力。作品共享是创客教育教学过程的重要环节，它鼓励学生将自己的作品展示给同学和社会，通过交流和分享，获取反馈，从而进一步完善自己的作品和思想。

融合创客教育的高等院校课堂显著区别于传统教学模式，倡导一种更加互动和参与性的学习方法。在这种模式下，学生成为知识应用和创新的主体，课堂变成了一个探索和创造的空间。学生通过动手实践，将抽象的理论知识转化为具体的实践成果。在这种课堂上，知识学习仅作为基础，更多的关注点放在了如何将学到的知识应用到实际中，通过创造性的实践活动来验证和加深对知识的理解。这一过程不只是知识的简单应用，而是要求学生在实践中进行创新设计，制作出既反映个人理解也具有创新价值的作品。作品的共享和讨论环节进一步促进了学生之间的互动交流，学生能够从不同角度审视问题，从而拓宽了思维和知识的边界。

在高等教育的新教学模式下，教师被赋予了更大的自主权来构建课堂，这既是一种机遇也是一种挑战。要有效执行这一模式，教师必须紧紧围绕“两个中心”和“五个基本点”进行教学设计和实践。这要求教师具备先进的教学理念，还需要他们具备创新和适应性强的教学能力。“两个中心”即以学生为中心和以体验为中心，强调的是教育活动应充分尊重学生的主体地位和个性发展。在这一理念指导下，教师在课程设计时应关注内容是否符合学生的认知规律，是否能够激发学生的学习兴趣，以及教学资源的选择是否与学生的生活经验相匹配。这要求教师不仅仅是知识的传递者，更是学生学习过程的引导者和促进者。他们需要创造条件让学生有机会展示自己，从而实现学生主体性的充分发挥。在尊重学生个性发展的同时，教师还需要通过创设自由开放的学习环境，鼓励学生动手实践和自由探索。这样的环境能够有效地挖掘学生潜在的创新力，并且呵护和发展学生的创造力。教师的角色转变为搭建平台的设计者和提供机会的提供者，而学生则在这一过程中成为学习的真正主体。而“五个基本点”是知识、联系、技术、艺术与自由。（图 6-2）

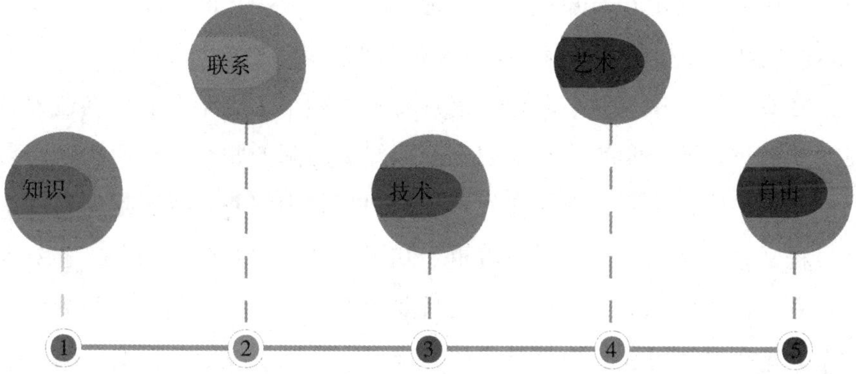

图 6-2　五个基本点

在高等教育中，知识的传播被视为教学活动的根本，它为学生提供了智慧发展的基础。波兰尼的知识分类理论，将人类知识分为显性知识与隐性知识，为理解创客教育中知识传播的复杂性提供了理论支持。显性知识，作为可以通过语言和符号明确表达的知识，构成了学习的基础，而隐性知识，则更多地涉及个人的直觉、经验和技能，是创新过程中不可或缺的元素。高等院校在推广创客教育时，对显性知识的传播尤为重视。这类知识容易被标准化和传授，而且为学生提供了必要的理论基础和技能训练。通过课堂讲授、教材学习和在线资源，教师能够有效地将这些知识传递给学生，为他们后续的探索和创新打下坚实的基础。然而，仅有显性知识的传播是不够的。真正的创新还需要深厚的隐性知识作为支撑，而隐性知识的传播和积累更依赖于个人的实践经验和师生间的互动。在创客教育中，通过项目制学习、工作坊和实验室活动，学生有机会将理论知识应用于实践中，通过动手操作、尝试和试错，逐步积累隐性知识。这一学习方式促进了学生对显性知识的深化理解，帮助他们发展了解决问题的能力和创新思维。此外，创客教育强调的是一种学习的过程，而非简单的知识传输。在这一过程中，学生被鼓励探索未知，追求创新。深厚的知识储备为学生提供了探索的工具和思考的基础，而灵感的闪现往往发生在对知识的深入理解和灵活应用之间。基于深厚知识储备的创新，更可能带来有意义和实质性的成果。

在高等教育中，联系的建立能够有效推动学生思维发展和创造力激发。这一过程要求学生能够意识到新旧知识之间的联系，从而构建起自己的知识网络，更要求教师在教学过程中深刻理解并有效实施内容联系和过程联系的策略。内容联系着重于知识点之间的互联和融合，它要求教育者不仅传授孤立的知识点，而且要让学生看到不同知识之间的内在联系。这种联系可能是横跨学科的，也可能是知识发展的历史脉络；它能帮助学生理解知识的广泛应用和深层意义，为学生提供更为丰富和深刻的学习体验。例如，在教授设计原理时，将其与实际应用案例结合，让学生理解设计背后的科学原理和实践价值，从而更好地把握知识的实用性和创新点。过程联系则更侧重于认知策略的培养，它关注如何通过合适的学习方法帮助学生建立起知识之间的联系，包括教授学生如何通过批判性思维来分析和解决问题，如何运用联想记忆来加深对知识的理解，以及如何通过跨学科学习来拓宽知识视野。认知策略的培养增强了学生对知识的掌握，促进了他们独立思考和创新的能力。此外，教师在传授知识时，还需考虑知识与学习者生活经验之间的联系。这种联系的建立，可以极大地提升学习的有效性和意义。

技术与艺术的融合为知识传播提供了全新的视角和方法。技术的应用增强了教学的互动性和实用性，拓宽了学生的学习渠道和视野。例如，通过使用多媒体和虚拟现实技术，教师能够创建一个更加生动和真实的学习环境，使抽象的概念具象化，从而增强学生的理解和记忆。同样，艺术的引入能够丰富教学内容，激发学生的创造力和想象力，使学习过程不仅仅是知识的积累，更是审美和创新能力的培养。随着科技的快速发展，教师需要不断更新自己的技术知识，掌握最新的教学工具和方法，不仅要深入了解自己所教授的学科知识，还要关注学科领域内的技术进展，理解并应用新兴技术来优化教学设计。

在高等教育的教学过程中，自由不仅是一种方法，更是一种价值观。它对于唤醒学生的学习意识、激发学生思维具有不可替代的作用。通过为学生创设一个开放的学习环境，教师鼓励学生表达不同的观点，允许多样性的声音共存，这种做法能够极大地促进学生的创造力和批判性思维能力。给予学生足够的时间和空间去探索、去试错、去创新，是帮助他们建立自主学习能力的关键。在这种环境中，学生能够自由地追求自己的兴趣，通过自我探索和实践，实现真正的学习和成长。

第三节　创客教育模式在高等教育教学中的实践

一、创客教育模式在高等教育教学组织层面的实践优化

（一）完善整体的教学管理体系

实施创客教育需建立一个完善的管理体系，以确保教学活动的有效进行和创新能力的培养。该体系涉及组织框架的构建、制度的确立，还包括教职人员的配备和多方合作机制的建立。在组织机构的建设上，创客教育管理机构不仅负责日常的理论教学和实践操作，还需组织学科竞赛等活动。为了更好地服务创客教育，部分高等院校依托图书馆等现有资源建立实体创客空间，同时，通过建立网络平台，创立虚拟创客空间，

实现教学组织的虚实结合。实体空间为学生提供了丰富的创客课程和实践活动，由专门的创客教师指导；虚拟平台则促进了创客项目和成果的广泛交流与分享。创客教育管理机构的职能包括对教师教学质量的管理，还应鼓励教师开发新的教学资源和方法，以及组织开展能够提升学生创新思维的课后活动。将有关活动标准化、量化考核，是保证教学管理协调、稳定和有序的关键。通过明确职能与规则，创客教育能够在高等院校中得到更有效的实施和管理。创客教育的发展还需建立多方合作机制，包括与政府、企业和社会组织的联动。多方合作不仅能为创客教育提供更多资源和支持，还能为学生提供更广阔的实践平台和就业机会。

（二）优化高等教育教学组织机构的运行机制

在高等院校中，创客教育作为一种新兴的教育模式，其管理部门承担着传统教学机构所没有的新任务。面对新挑战，许多高校选择从其他学院调入管理人员或采用兼职形式来填补创客教育管理团队，虽然这种做法在一定程度上解决了人员配置的问题，但在实际管理工作中却暴露出一系列弊端，如管理人员的双重角色导致教学管理的低效和混乱。为了优化创客教育的组织机构运行机制，提高管理效率和教学质量，高校需要对管理机构进行细化和专业化改革，建立一个独立的创客教育管理部门，由专职人员负责全面管理创客教育的组织、实施和考核，避免其他部门员工兼职带来的管理低效问题。在创客教育管理部门内部设置明确职能的科室，如教务科、实践科、学工科等，确保教学任务和创新创业活动有效进行。制定明确的管理规章制度，包括日常工作流程、场地和资金使用规则等，确保管理工作的有序进行。持续对管理流程进行创新和改革，简化办事程序，引入无纸化办公、线上审批等现代化管理手段，提高工作效率。通过上述措施，高等院校可以构建一个更加高效、专业的创客教育管理机构，为学生提供更优质的创客教育体验，同时也为高校的创新创业教育培养出更多具有实践能力和创新精神的人才。这既需要高校管理层的高度重视和支持，也需要全体教职员工的共同努力和协作，共同推进高等院校创客教育的持续发展与进步。

二、创客教育模式在高等教育教学运行层面的创新优化

（一）创客教育课程体系的创新

目前的创客教育课程多采用跨学科的教学模式，虽然这种方式能够拓宽学生的知识视野，但也可能导致学生知识体系的碎片化，难以形成系统化的知识结构，进而影响学生的学习效果。因此，优化创客教育课程，构建科学合理的课程体系显得尤为重要。应当对创客教育课程进行系统规划和设计，确保课程内容既有深度又有广度。精心设计课程大纲，明确课程目标，合理安排学习内容，可以有效引导学生系统学习，逐步构建起完整的知识体系。课程内容的更新与优化也非常关键，需要根据社会发展和技术进步及时调整和补充新的知识元素，保持课程内容的前沿性和实用性。引入慕课和第二课堂等多元化教学方式，可以为学生提供更加灵活多样的学习途径。慕课平台上的创客教育课程能够让学生在任何时间、地点进行学习，大大提高了学习的便利性和可接触性。同时，第二课堂活动如创客工作坊、项目实践等，能够促进学生将理论知识应用于实际，通过实践活动深化对知识的理解和掌握。

1. 融入创新、创业教育课程

高等院校引入创新、创业课程，标志着教育模式向更加实践、创新和跨学科的方向发展。创新、创业课程不仅覆盖了艺术设计、计算机科学、电子技术、三维设计与打印等广泛领域，也涉及 Java、Arduino、Python、STM32、网络开发及 Visual Studio 等高技术水平课程，展现了创新、创业教育的深度与广度。创新、创业课程的设计需要跨学科的知识整合，要求教师们具备前沿的技术知识，并且能够将不同学科的知识

融会贯通，为学生提供一个全面、多元的学习平台。跨学科的学习模式能够激发学生的创新思维，增强他们解决复杂问题的能力。创新、创业课程的教学设计应注重实践和创新，通过实际操作和项目实践，学生能够将理论知识应用于实际，从而深化对知识的理解和掌握。以项目为中心的教学模式能够提升学生的实践能力，增强他们的团队协作和项目管理能力。创新创业课程的内容选择和组织应当科学合理，既要有助于学生掌握专业技能，又要能够激发学生的学习兴趣。课程制定者需要精心筛选“精课”，排除“水课”，确保课程内容既具有挑战性，又能够适应不同层次学生的学习需求。同时，课程应当灵活多变，能够及时根据科技发展和市场需求进行调整和更新。创新创业课程的成功引入，需要高等院校建立一个支持创新的教学环境，鼓励教师和学生探索新知、尝试新方法、实现新突破。这不仅需要院校提供必要的资源和支持，也需要构建一个开放、包容的校园文化，鼓励学生勇于尝试、不惧失败。

2. 完善教育课程大纲

在高等院校中，创客教育作为一种新兴的教学模式，其课程设计和开展方式与传统教学有着本质的区别。优化课程大纲，是实现创客教育高效传授和学生能力提升的重要策略。鉴于创客教育课程多在课余时间进行，且课时量有限，教师需要在有限的时间内高效传授知识，激发学生的创新思维和实践能力。课程大纲的优化需要结合传统课程的核心内容和创客教育的特殊需求，通过项目式改造将重点知识点和技能转化为具有应用性的教学内容，使学生能够在学习过程中强化学科知识，同时显著提升他们的创新能力和开拓创新思维。例如，将编程、电子制作、机械设计等技能与实际项目结合，让学生通过解决实际问题来学习和应用这些知识点。合理分配课时比例是优化课程大纲的另一个重要方面。与常规课程相比，创客教育课程应适当增加实践课时和讨论课时，以促进学生的动手能力和团队协作能力的提升。理论课时虽然重要，但在非应用型理论的教学上应适当减少，以留出更多时间给予学生实践和探讨。课时的调整有助于学生更好地理解和吸收知识，将理论与实践紧密结合。课程大纲的编排应注重时序性和逻辑性，确保不同课程之间能够相互补充，形成知识体系。创客教育虽然涉及多学科交叉，但合理的课程顺序对于构建学生的创新思维框架至关重要。例如，基础的编程课程应在更高级的软件开发或机器人制作课程之前开设，以确保学生能够按部就班地掌握必要的知识和技能，为后续的创新、创业活动打下坚实的基础。

3. 引入第二课堂教学

高等院校中创客教育的推广，除了传统课堂的教学模式，更加注重第二课堂的开展，特别是通过慕课、微课、网络社区等线上学习方式，为学生提供了灵活多样的学习途径。慕课（大型开放在线课程）的引入，为创客教育带来了颠覆性的变革。精心设计的在线课程内容能够满足不同学生的学习需求，激发学生的学习兴趣。课程通过集成微视频、电子教材、软件安装包、电子实验案例等多种学习资源，极大地丰富了学习内容，使学生能够在任何时间、任何地点进行自主学习，有效地提高了学习的灵活性和便捷性。此外，优秀的创客作品展示和分享能够激发学生的创造灵感，提供学习的榜样，增强学生之间的交流与合作。微课作为一种新型的学习方式，以其短小精悍、便于消化的特点，成为创客教育中不可或缺的一部分。微课使得知识点的学习变得更加灵活和有针对性，学生可以根据自己的学习进度和兴趣选择合适的微课进行学习，个性化的学习方式大大提升了学习的效率和兴趣。网络社区（如论坛）为创客们提供了一个技术交流和作品展示的平台。在该平台上，学生不仅可以发布和分享自己的创作，还可以获得其他创客的反馈和建议，形成良好的互动和学习氛围。开放式的交流模式能够提升学生的创新实践能力，增强他们的社会实践经验和团队协作能力。立体化的第二课堂活动，如创客马拉松、创意设计大赛等，也是创客教育不可缺少的组成部分。

通过这些活动，学生能够将在线学习的理论知识和技能应用于实际的创新、创业项目中，实现从理论到实践的转化，从而进一步提升其综合应用能力和创新、创业能力。

（二）基于创客教育开展丰富的教学活动

相对于传统以理论授课为主的教学方式，创客活动通过将理论知识与实际操作相结合，为学生提供了将知识应用于实践的平台，从而促进了学生对创客设备的熟悉，激发了他们对科学探索的兴趣。该教学模式强调学生的主动学习和问题解决能力，远远超出了传统教育模式下对知识点的简单记忆和复述。

在高等院校中，除了课堂实践之外，积极组织各类创客活动已成为丰富学生课余生活、激发学生创新、创业热情的重要手段。邀请专家、企业家进行学术讲座，组织创新、创业竞赛等活动为学生提供了学习新知识、了解行业动态的机会，也为他们的创业项目提供了实质性的支持。一方面，邀请知名专家和成功企业家来校进行学术讲座和创业分享，对学生来说是一次宝贵的学习机会。专家的经验分享和企业家的创业故事能够为学生提供实际操作的指导和灵感启发，帮助学生树立正确的创业观念，增强创新意识，激发学生的学习兴趣，还能帮助他们建立起与行业内专家企业家的联系，为未来的职业发展和创业活动铺平道路。另一方面，通过组织创新、创业竞赛，如“互联网 +”创新、创业大赛和校级挑战杯大赛等，学校可以实现以赛促学的教育目的，这既提供了一个展示学生创新思维和实践能力的平台，也为有潜力的创业项目提供了资金支持和专业指导。竞赛中的实际操作经验和团队合作过程对学生而言是一次宝贵的学习和成长经历，能够有效提高他们解决实际问题的能力。为了鼓励学生积极参与社会实践和创业活动，学校还应为学生提供社会实践补贴，鼓励他们利用暑期等时间参与企业项目，了解最新的行业应用动态。如此，学生能将所学知识应用于实际中，并积累宝贵的行业经验，为将来的职业生涯和创业活动打下坚实的基础。定期举办的创客竞赛是激发学生创新热情、培养团队合作精神的有效途径，通过设立创意组、作品组和创业组，不同阶段的创业团队都有机会展示自己的项目，接受专业导师的指导和评审团的评价。赛后，优秀团队除了能够获得奖金和证书的表彰外，更重要的是能获得创业指导和资金支持，为实现项目落地提供实质性帮助。

三、创客教育模式在高等教育教学保障层面的创新优化

在教育政策的制定上，高校需要根据自身的实际情况，制定有利于创客教育发展的差异化政策。教育政策要注重创客教育的内容和形式，还需要确立明确的实施目标和标准，从而确保创客教育能够有效地促进学生的全面发展。与此同时，教育政策的保障方式和评价工作也同样重要。学校需要确保创客教育的各项活动能够得到有效的支持和保障，包括课堂教学、空间管理以及创新创业活动等。通过组织专家进行定期评价，学校能够及时发现并解决政策执行过程中的难点和不足，不断完善创客教育政策。为了全面评估创客教育政策的效果，建立一个多维度的评价体系是必不可少的。该评价体系不仅需要考虑创客教学的质量，还要涵盖创业就业情况、教师和学生在创客活动中的表现以及所取得的成果等多个方面。学校实施全面的评价，能够更准确地把握创客教育的发展状况，为政策的优化和调整提供有力的依据。

由于资源和技术的限制，单靠高等院校自身的努力往往难以满足创客教育的高要求。因此，引入社会力量，建立协同育人机制成了推进创客教育发展的关键策略。政府、高等院校、企业、行业协会等社会各方的合作，为创客教育提供了多元化的资源和广阔的实践平台。政府不仅在政策和资金上给予支持，还应发挥其协调作用，引导社会资源向创客教育集中，促进高校与社会资本、技术力量和专业人才的有效对接。政府通过招才引资，为创客教育提供资金和政策支持，同时建立起高校、

企业和行业协会之间的协同育人平台。这种平台的建立，不仅能够实现师资力量的共享，还能促进创新成果的互享，共同承担创客教育的管理责任，确保教育活动的顺利开展。高等院校应积极利用社会资源，与社会资本、技术力量和专业人才建立紧密联系，吸引社会资本投资创客空间建设、人才招募，简化投资流程，扩大投资渠道；引进最新技术成果和专利，为创客教育注入新的活力；招聘海内外优秀人才和企业家，为学生提供创业培训和指导，传授宝贵的创新、创业经验。通过校企合作，高等院校不仅能解决资金和技术的需求，还能紧跟行业最新技术动态，探索研究热点方向。企业通过与高校的合作，不仅能解决人才供给问题，还能快速将学生的创意成果转化为市场效益。对学生而言，校企合作为他们提供了将理论知识与实践能力结合的机会，不仅能提升他们的创新能力和创客素养，还能帮助他们更好地了解行业需求。

随着创客文化的兴起，越来越多的高校开始重视创客教育的发展。为了有效推进创客教育，高校必须从制度方面进行科学规划，确保创客教育能够系统地、有效地融入高等教育体系中。这一过程需要高校内部的精心设计和规划，以及外部政策的支持和社会资源的整合。高校应建立科学、有效的实践教学管理制度，确保创客教育的顺利进行，包括人才培养方案的制定、师资队伍的建设、课程体系的设计以及创客活动的组织。人才培养方案应将创客素养的培养放在首位，明确培养目标，即培养具有创新思维和创业能力的应用型人才。同时，创客教育的教学团队应由具有丰富实践经验的教师组成，课程内容要注重实践与创新，创客空间和设备的建设也是保障创客教育顺利开展的关键。高校需要设立专门的创客教育管理部门，负责创客教育的总体规划、日常管理和活动组织。该部门还应负责对创客活动进行考核评价，并提供必要的后勤保障。建立专门的管理部门可以有效提升创客教育的组织效率，确保教育资源得到合理分配和充分利用。高校应建立信息管理平台，该平台不仅方便学生在线选课、教师线上授课和交流，还能整合校内外的各种资源，提升创客教育的效率和影响力。信息平台的建设有助于加快信息交流，促进创客文化的传播和创新思维的碰撞。高校可以通过设立辅修学位或双学位等形式，鼓励学生参与创客教育；同时，对于在创客实践中取得显著成绩的学生，高校应提供保送研究生的资格或在项目进一步发展方面给予支持。激励机制能激发学生的学习热情，并促进创新成果的孵化和转化。高校应公开创客项目的审批立项流程，简化审批环节，提高工作效率，为教师和学生留出更多的时间进行创新实践。设置专人负责，减少不必要的行政流程，可以大大提高创客项目的执行效率，促进创新成果的产出。

第七章　混合式教育模式在高等教育教学中的设计创新

第一节　混合式教学模式的理论支撑

一、混合式学习模式理论与发展趋势

（一）混合式学习模式的认知

混合学习模式，作为教育技术发展的产物，逐渐成为高等教育领域内一种创新的学习模式。它兼顾了传统面对面教学的优点和在线学习的便利性，为高等教育带来了新的教学理念和方法。混合学习并非单纯地将在线教育和传统教育简单地堆砌在一起，而是在教学设计上进行了深思熟虑的融合，旨在通过科技手段优化教学过程，提升学习效果。早期的混合学习主要侧重于技术与传统教育的结合，利用技术手段解决远程教育中的交流和资源共享问题。随着技术的发展和教育观念的变革，混合学习的内涵也在不断丰富和拓展。在现代教育背景下，混合学习更多地强调在线学习与面对面学习的有机结合，通过线上和线下的互动，促进学生的主动学习和深度思考。混合学习模式的成功实施，对高等院校的教育教学管理提出了新的挑战和要求。首先，高等院校需要构建完善

的在线学习平台，提供丰富的数字化学习资源，包括视频讲座、在线课程、互动讨论区等，以支持学生的自主学习。且教师的角色发生了转变，从传统的知识传递者变为学习引导者和协助者，需要教师具备一定的技术应用能力和创新教学方法的设计能力。混合学习还要求高等院校能够有效整合线上和线下的教学资源，确保两种学习模式的无缝对接，以达到教学互补和优势互补的效果。

1. 混合式学习模式的基本分类

混合式学习模式在高等教育中的应用正逐渐成为一种趋势。该模式通过整合传统课堂学习和电子学习的优点，为学生提供了更加灵活、高效和个性化的学习体验。混合学习不仅仅是一种简单的教学模式创新，而是在宏观、中观和微观三个层面上对教学理念、学习方式和教学媒介的深度融合与创新。从宏观层面来看，混合学习模式强调传统课堂学习和电子学习的有机结合。传统课堂学习，即传统的面对面课堂教学，便于师生间的直接交流，有利于传授基本概念和原理，同时便于教师掌握教学进度和监控学习效果。而电子学习则突破了时间和空间的限制，提供了丰富的在线资源和灵活的学习时间，满足了学生的个性化学习需求。通过混合这两种教学模式，既保留了传统教学的优势，又发挥了现代信息技术的强大功能，实现了教学资源的最大化利用和学习效果的最优化。在中观层面，混合学习模式注重多种学习方式的结合。包括讲授式学习、自主学习、合作学习以及研究性学习等。每种学习方式都有其独特的优势和适用场景。灵活运用不同的学习方式，教师可以根据教学内容、学习目标和学生的个性特征来设计教学活动，既能够提高学习的趣味性和参与度，又能够促进学生的深度思考和知识的系统掌握。微观层面的混合学习模式则涵盖了多种媒体教材的综合应用。在这一层面上，传统的纸质教材、视听媒体资源以及各种网络媒体资源被有机地结合在一起，为学生提供了多样化的学习材料。

（1）技能驱动模式。该模式在高等教育中的应用为学生提供了一种更加灵活和高效的学习方式。通过将学习者的自主学习与教师或促进者的指导相结合，技能驱动模式重点支持和发展学生的特定知识和技能。在这一过程中，学生与教师之间主要通过电子邮件、论坛以及基于网络的课程和书籍等方式进行互动，使学习变得更加灵活，能够根据学生自身的学习节奏和需求进行调整。技能驱动模式像化学反应中的催化剂一样，通过学生与教师或促进者之间的有效互动，加速学习过程，实现预期的学习效果。为了使该模式更有效，需要制订明确的小组学习计划，确保学习的目标和路径清晰明确。同时，教师在课程的开始和结束阶段提供必要的指导，帮助学生建立学习框架，总结学习成果。利用同步学习实验室可以显著提高学生的技术操作能力，特别是对于一些需要实践操作的课程来说，同步学习实验室提供了一个接近现实操作的虚拟环境，使学生能够在实际操作中学习和掌握技能。而通过电子邮件等方式为学生提供持续的支持，既保证了学生在学习过程中遇到问题能够得到及时解答，也增强了学生的学习动力和参与度。

（2）能力驱动模式。该模式在高等教育中的应用，特别强调了学习者与教育教学专家之间的在线互动，目的是获取和学习隐性知识。能力驱动模式非常适合于掌握一些不易通过传统教科书或讲授方式直接传授的知识和技能，如判断力、决策能力、问题解决能力等。在这一模式下，学习者通过与教师及其他学习者的实时在线交流和讨论，能够更深入地理解和掌握知识，同时培养批判性思维和反思能力。能力驱动模式的核心在于提供一个开放的在线互动平台，使学习者能够在真实或接近真实的工作环境中，通过观察、讨论和实践等活动，获取专家的隐性知识。能力驱动模式使学生能够迅速提升自己的职业能力，并增强他们在工作场所做出快速决策的能力。此外，通过在线绩效支持工具和导师的共同作用，学生可以获得即时的反馈和指导，这有助于他们在学习过程中发现问题、解决问题，进而促进知识的深化和技能的提升。在实施能力驱动模式时，高等院校需要构建有效的在线学习平台，配备必要的技术支持工具，同时邀请具有丰富经验和专业知识的教师或行业专家参与教学活动。通过精心设计的在线互动活动，鼓励学生主动参与讨论、提问和反思，形成积极的学习氛围。学校还应重视学生反馈，定期评估教学效果，不断调整和优化教学策略，确保能力驱动模式能够有效地促进学生能力的发展。

（3）混合学习循环模式。混合学习循环模式为高等教育提供了一种全面、系统的教学设计和实施框架，它通过明确的八个组件的循环过程，确保了学习活动的有效性和高质量的学习成果。该模式充分考虑了混合学习的多元性和灵活性，强调了对学习过程的持续评估和修订，以适应不断变化的教育需求和技术发展。

第一个组件：确定组织目标。在混合学习循环模式中，首先需要明确的是学习目标。学习目标是指导整个教学活动的基础，也是评价学习成果的标准。在高等教育中，明确组织目标意味着要根据学生的需求、学科特点以及社会发展趋势来设定学习目标，以确保教学内容的前瞻性和实用性。

第二个组件：确定所需的绩效。明确通过混合学习应取得的学习绩效，是确保教学活动有效性的关键。在这一阶段，教育者需要根据教学目标，设定具体的学习成果和评价标准，包括知识掌握程度、技能运用能力以及创新思维和问题解决能力的提升等。

第三个组件：选择传递培训或者学习的方法。选择适宜的教学方法和传递手段对于混合学习的成功至关重要。这需要考虑不同的教学资源、技术工具、学习者的特点和需求，以及教学活动的成本效益。在高等教育中，灵活运用在线和面对面教学的优势，结合视频、技术支持、电子绩效支持等多种教学手段，可以大大提高教学效果。

第四个组件：学习设计。在混合学习循环模式中，学习设计是构建有效学习计划的关键步骤。这一过程需要基于学习者分析，综合考虑学习内容、教学策略、评价方式以及技术支持等多个方面，形成系统的学习计划。该阶段的参与人员应包括课程专家、教育专家和技术专家，确保教学设计的科学性和实用性。

第五个组件：计划调整及其支持策略。教学活动是一个动态的过程，可能需要根据实际学习情况和反馈进行适时调整。在这一阶段，需要明确当学习计划需要改变时所需的支持策略，包括资源的灵活调配、技术的及时支持以及学习指导的有效提供等，以确保学习活动的顺利进行和持续优化。

第六个组件：实施学习计划。实施学习计划是混合学习循环模式中的核心环节，它涉及学习活动的具体执行与监控。在这一阶段，教育者需要按照学习计划组织教学活动，密切监控学习过程，及时发现并解决问题，并提供必要的指导和支持。

第七个组件：学习评价。学习评价是检验学习效果的重要环节，它包括对学习过程和学习成果的全面评估。评价方法应包括诊断性评价、形成性评价和总结性评价，旨在及时发现学习过程中的问题，准确评估学习目标的达成程度，以及深入分析教学方法的有效性。诊断性评价帮助教师了解学生的基础水平和学习需求，形成性评价通过持续的反馈促进学生学习过程的改进，而总结性评价则在学习活动结束后全面评价学习成果反馈。

第八个组件：学习修订。根据学习评价的结果，对学习过程和内容进行必要的修订是保证混合学习持续改进和优化的重要环节。修订工作不仅涉及教学内容和方法的调整与优化，也包括对教学策略和学习支持服务的改进与创新。

（4）行为与态度驱动。行为与态度驱动模式在高等教育中的应用为学生提供了一种全新的学习方式。该模式通过将传统的面对面学习与网络协作学习相结合，旨在促进学生行为和态度的积极变化。它特别强调协作学习的重要性，认为学习不仅是知识的积累，更是通过交流和合作，形成正确的行为模式和积极的学习态度。在该模式下，教学活动的设计旨在创建一个安全、开放的学习环境，让学生能够自由地表达观点，并与他人进行有效的沟通和协作。通过角色扮演、绩效评价、软技能培训等多种教学手段，学生可以在实际的交流和互动中学习和实践新的行为模式，如与客户的沟通技巧、团队合作能力等。此外，行为与态度驱动模式还充分利用网络技术，如论坛、网络研讨会、在线辩论等，为学生提供了丰富的协作学习机会。

2. 混合式学习模式的应用现状

混合式学习的应用现状在高等教育领域显示出多样化和广泛性的特点。随着技术的进步和教学理念的更新，混合式学习模式逐渐成为提高教学效率、促进学生个性化学习的重要手段。它将传统的面对面课堂学习与现代的电子学习相结合，创造出一种既能充分利用互联网资源，又能保持师生互动的新型教学模式。作为电子学习发展的深化和延伸，混合学习不仅包括了计算机辅助学习、在线协作学习等多种服务方式，还融合了通信技术、学习管理系统、计算机辅助评价等技术手段。它通过不同媒体与传递手段的混合使用，旨在实现教学目标的多样化和个性化，满足学习者在不同时间、地点的学习需求。近年来，混合式学习的应用领域越来越广泛，从基础教育到高等教育，从职业培训到终身学习，混合式学习模式都显示出其独特的优势。特别是在高等教育中，因其灵活性和有效性，混合式学习受到越来越多学校的重视。例如，国内外许多非学历机构和高等学校采用混合式学习模式进行学生培训，如华尔街英语、中国人民大学工商管理网络研修班等，这些机构通过混合式学习积累了丰富的经验，取得了显著成效。在基础教育领域，教师们通过混合式学习促进信息技术与课程的深度整合，开展各项教学改革试验，以提高教学质量和学生的学习效率。在高等教育中，混合式学习特别适用于具有一定专业背景和自学能力的学生，它通过课堂教学和在线学习的结合，提高了学生的学习动力和参与度。同时，混合式学习在教师培训中也扮演了重要角色，为职前或在职教师提供了更为灵活、有效的专业发展路径。尽管混合学习模式在教育领域取得了一定的成就，但其发展仍面临诸多挑战。如何有效整合线上与线下的教学资源、如何评估混合式学习的效果、如何提高教师和学生的技术应用能力等问题，都是当前混合式学习发展中需要解决的关键问题。未来，随着技术的不断进步和教育理念的更新，混合式学习模式将持续优化和发展，更加注重学习过程的个性化和互动性，为高等教育带来更加丰富和有效的教学体验。

（二）混合式学习模式的总体发展趋向

随着互联网技术的快速发展和新型学习理念的不断涌现，混合式学习已经成为教育改革和创新的重要推力。该教学模式通过整合传统的面对面教学和基于计算机的远程学习，提高了教学的灵活性和效率，增强了学习体验的丰富性和个性化。移动设备的普及使得学习活动可以不受时间和地点的限制，为混合式学习提供了新的维度。学生可以通过智能手机、平板电脑等移动设备随时随地访问学习资源，参与在线讨论或完成作业，这种灵活、便捷的学习方式极大地提高了学习的主动性和积极性。随着信息技术的发展，混合式学习环境越来越注重提供个性化的学习体验。利用大数据分析和人工智能技术，教育者可以根据学生的学习行为和偏好设计个性化的学习路径，同时加强可视化和实践性活动，使学习过程更加直观和生动，从而增强学习的吸引力和有效性。在混合式学习模式下，学习者将在更大程度上掌握学习的主动权。他们可以根据自己的需求选择学习内容、学习方式和学习节奏，这种自主性的提升有助于培养学生的自学能力和终身学习的习惯。混合式学习模式还鼓励学生之间的合作与交流。利用网络平台和社交媒体工具，学生可以轻松地分享知识、讨论问题和开展合作项目，这不仅强化了学习社群的建立，也为国际化教育和跨文化理解提供了平台。此外，混合式学习强调理论与实践的结合，通过与企业合作、实习项目等方式，将学习内容与真实工作场景相结合，使学生能够将所学知识应用于实际工作中，从而缩短学校教育与职场的距离。

在混合式学习环境中，教师的角色也将从知识的传授者转变为学习的引导者和促进者。教师需要具备良好的信息技术应用能力，能够设计和实施混合式学习课程，同时也要能够指导和支持学生进行自主学习。随着混合式学习模式的普及，将出现更多与之相关的专业或课程，涵盖教学设计、技术应用、课程开发等专业领域。这些领域的发展不仅促进了教育技术的进步，也为教师和教育工作者提供了专业成长的新机会。未来，混合式学习相关的证书、学位和资源将成为教育界追求的新高地，推动教育实践和理论不断革新。混合式学习打破了传统教学模式中固定的时间和空间限制，使学习活动可以跨越课堂边界，扩展到工作场所、家庭甚至是移动环境中。其灵活性使得学习可以更好地融入学习者的日常生活，实现随时随地学习的理想状态。

二、混合式教学模式的理论支撑分析

（一）建构主义

建构主义理论在高等教育的混合式学习模式中的应用，标志着教育模式的一次重要转变。这一理论不仅体现在教育技术的应用上，还推动了教育理念和教学方法的革新。建构主义理论强调学习是一个主动构建知识的过程，学生在与环境的互动中，通过自我探索和社会交往构建个人意义。这与混合式学习模式下强调的以学生为中心、个性化学习、技术辅助学习的特点不谋而合。在混合式学习模式中，建构主义理论的应用首先体现在以学生为中心的教学设计上。学生的学习不再主要依赖于教师的讲授，而是通过探索、实践和讨论等多种方式主动获取知识。这要求教学设计能够为学生提供丰富的学习资源，创造真实的学习情境，激发学生的学习兴趣，并培养学生的探究能力和批判性思维能力。此外，混合式学习模式下的建构主义教学，还体现在为学生提供个性化学习路径上。由于每个学生的学习需求、学习风格和学习速度都不相同，教师需要根据学生的个体差异设计不同的学习任务和学习资源，允许学生根据自己的实际情况选择最适合自己的学习方式。个性化的学习路径有利于最大程度地发挥每个学生的潜能，提高学习效率和学习成效。在混合式学习模式中，技术的应用也是不可或缺的一环。建构主义理论强调学习需要发生在情境中，而技术就是创造和模拟学习情境的重要手段。通过网络平台、虚拟实验室、在线讨论论坛等技术手段，学生可以在虚拟的学习环境中进行探索、实践和交流。这些技术不仅扩展了学习的时间和空间，还为学生提供了更真实、更丰富的学习体验。此外，建构主义理论还强调了社会互动在学习过程中的作用。在混合式学习模式下，学生可以通过在线讨论、协作项目等方式，与同学、教师乃至国际学者进行交流和合作，共同解决问题。

（二）关联主义

关联主义理论认为知识不是静态的、孤立存在的实体，而是一个动态流动、相互关联的网络整体。这一观点对混合式教学有着重要的指导意义。在设计混合式教学模式时，教师需要将知识点组织成为一个有逻辑、有结构的网络，并通过线上和线下的教学活动帮助学生构建起整体的知识框架。这不仅要求教师精心设计教学内容，确保知识的连贯性和系统性，还要求教师通过多种教学资源和活动促进学生之间的交流和协作，使学生能够在学习过程中主动探索、相互学习，形成丰富的知识网络。在混合式教学中，教师与学习者之间的互动和沟通也是不容忽视的。关联主义理论强调，教师和学习者应该保持时刻的关联，并结合现代信息技术手段，如社交媒体、在线讨论平台等，打破传统的时空限制，实现实时的互动和反馈。教师应利用这些工具及时跟踪学生的学习进度，解答学生的疑问，并鼓励学生之间进行讨论和分享，从而构建一个活跃、开放的学习社区。根据关联主义理论，学习最好发生在真实的情境中。因此，在混合式教学设计中，教师应当着重创设贴近实际、有意义的学习情境。通过模拟真实工作环境的案例分析、项目式学习、角色扮演等活动，使学生能够在具体的情境中应用知识、解决问题。这不仅有助于学生深入理解和应用知识，还能培养学生的创新能力和实践技能。最后，混合式教学模式应充分利用现代信息技术，如在线学习平台、虚拟实验室、数字图书馆等，为学生提供丰富的学习资源和灵活的学习方式。同时，教师还应鼓励学生利用这些技术工具进行自主学习、协作学习和创新探索，使技术成为连接知识、教师和学生的桥梁。

（三）人本主义

人本主义理论在教育领域的崛起，为混合式教学提供了一种全新的、以学生为中心的教育理念和方法论。与行为主义和精神分析学派相比，人本主义理论更加注重个体的潜能发展和学习者的情感体验。它强调教学应该是一个有机的过程，旨在促进学生全面发展的同时，培养其自主学习的能力。人本主义理论强调每个学生的独特性，认为教育应该关注学习者个体的需求和潜能。在混合式教学中，教师需要选用合适的教材和教学方法，以满足学生不同的学习风格和水平。这包括确保教材与学生现有的知识体系和能力水平相匹配，为学生提供自主学习的空间和机会，以及培养学生自主学习的习惯和能力。教师在混合式教学中不仅需要具备教学技能，更要懂得如何因材施教。人本主义理论倡导教学方法的灵活运用，教师应根据学生的特点和需求，设计多样化的教学活动，创造多样化的学习环境，以激发学生的学习兴趣和动力。除了知识的传授，人本主义理论还强调学习者的情感体验在学习过程中的重要性。在混合式教学中，教师应该致力于为学生创造良好的学习氛围，建立良好的师生关系，关注学生的情感需求和心理健康，从而激发学生的学习热情和积极性。

混合式教学模式的出现为教学带来了一次质的飞跃。其独特的特性决定了它具有强大的包容性和灵活性。就教材而言，混合式教学模式摒弃了传统教学中对特定教材的依赖，任何能够为学生学习服务的资源都可以被引入教学中。无论是纸质教材、电子教材，还是在线学习资源，都能为学生提供丰富多样的学习内容，满足他们不同的学习需求。混合式教学模式是一种开放的模式，同样的教学内容在不同教师手中可能呈现出不同的教学效果。其开放性为教师提供了更广泛的选择空间，使他们可以根据自己的教学风格和学生的特点，选择适合的教学方法和资源，从而更好地发挥自己的教学优势，提高教学效果。混合式教学模式的灵活多变也体现在教学方式的选择上。教师可以根据学生的实际情况和学习进度灵活调整教学方式和内容，采用不同的教学策略和资源组合，以适应学生的学习需求和发展水平。因此，混合式教学模式的核心宗旨是以学生为中心，为学生提供个性化、多样化的教学服务，力求促进学生知识的吸收和能力的发展。结合不断探索和实践，混合式教学模式必将在高等教育领域发挥越来越重要的作用，推动教育的不断创新和进步。

混合模式的应用为教学带来了一系列显著的优势。不论是在教材，还是教师的选择上，它都能够最大限度地满足学生的需求，使教学更有利于学生的学习。混合模式的灵活性体现在教材的选择上。教师可以根据学生的学习需求和水平，选择最适合的教材和资源，从而为他们提供个性化、多样化的学习内容，使每个学生都能够得到有效的学习支持和指导。混合模式的开放性也体现在教师的选择上。不同教师使用相同的内容可能呈现出不同的教学效果。教师可以根据自己的教学风格和学生的特点，选择最合适的教学方法和策略，以提高教学效果。混合模式还有利于充分发挥学生的能力和潜力。通过任务单的设置，它将自主学习与合作学习相结合，既培养了学生独立思考的能力，又锻炼了他们的团队协作能力，使他们能够更好地适应未来的学习和工作环境。在课堂教学中，教师可以根据学生的预习情况设计互动活动，引发学生的思考，进行深入的探究讨论。这有助于培养学生的发散性思维和深入探索能力，挖掘他们的学习潜力。混合模式还通过拓展资源的提供，拓宽了学生的学习边界，培养了他们自主探究的学习习惯，形成了终身学习的性格特征。使用小规模限制性在线课程平台和相关资源平台，学生可以随时随地获取所需的学习资源，自主学习的时间和地点更加灵活。而教师则可以利用 SPOC 平台的后台系统监测学生的学习情况，进行大数据分析，针对学生的个人特点和学习需求进行有效的评测和改进，使教学更有针对性和有效性。这些特点无疑都是人本主义理念中以学生为中心、为学生服务的最好体现。

（四）掌握学习

掌握学习理论由美国著名心理学家、教育家布卢姆提出，意谓“熟练学习、优势学习”。该理论认为只要具备所需的各种学习条件，大多数学生都可以完全掌握教学过程中要求他们掌握的全部内容。教育目标可以分为三个领域，即认知领域、情感领域和动作技能领域。在每个领域中，目标都按层次由简单到复杂地分为不同类型，且每一个类别都可以进一步分为若干个亚类。布卢姆认为，只要恰当注意教学中的主要变量，就有可能使绝大多数学生都达到掌握的水平。混合式教学模式将部分教学任务转移到课下进行，这意味着学习者有充分的时间自由支配。他们可以根据自身的实际情况选择合适的学习进度以及教学方法，自定步调进行学习。通过完成教学任务、观看教师录制的视频以及资料自主学习，并完成在线测试，学习者可以判断自己对于基本知识的掌握情况。对于未掌握的知识，他们可以进入二次学习，掌握后方可进入下一个阶段的学习。混合式教学模式的灵活性能够满足学生个性化的学习需求，提高学习的效率和质量。教师应该为学生设定明确的教学目标，包括在课程中学生应该达到的程度、具体应用的学习方式、需要达成的指标等。

这样可以使学习者有明确的学习方向，同时激发他们的学习动力。明确的学习目标有助于学生理解学习的意义和重要性，增强学习动机，提高学习效果。在保证基础知识已掌握的前提下，对于材料引申和拓展学习部分，教师可以划分不同的难度水平以供学习者选择。这一做法打破了教学过程中存在的进度一致、步调一致的问题，使学生的个体差异性得到尊重。

（五）认知主义

认知主义理论源于格式塔心理学派，它强调了学习者对客观事物的认知和知识的迁移。在认知主义理论中，学习被视为一种对知识的获取和应用的过程，同时强调了环境对学习的作用以及学生内部心理过程的重要性。人的大脑中存在着认知地图，这影响了他们对学习目标、过程、途径和手段的认知。在认知主义理论的指导下，教学模式着重考虑学生的内在心理状态和认知结构。教学策略和内容的选择要与学生原有的认知结构契合，以便更好地激发学生的积极性和主动性。混合式教学模式正是在这一背景下应运而生的。它结合了传统教学的高效率和师生情感互动的优势，以及网络教学的自由度和多变性，实现了教学效果的最优化。混合式教学模式将部分教学任务转移到课下进行，给予了学习者充分的自主学习时间。学生可以根据自身情况选择学习进度和方法，完成教学任务，并通过在线测试来检验知识的掌握情况。这一模式提高了学习效率，满足了学生个性化的学习需求。教师在教学中设定明确的学习目标，激发学生的学习动力。学生清楚了解到自己需要达到的学习程度和应用方式，这有助于他们更有目标地学习，提高学习效果。教师在教学过程中考虑学生的个体差异，采用不同难度水平的教学内容，给予学生更多选择。个性化的教学方式尊重了学生的差异性，促进了他们的全面发展。在混合式教学模式中，教师是学生学习过程中的引导者和监督者，而学生通过自主学习和合作学习，发挥自己的积极性和创造性。以最简单的方式实现知识的有效迁移和学生能力的提升，正是混合式教学模式所追求的目标。

（六）教学交互

在信息交互与社会交往的大背景下，教学交互成为教学活动中不可或缺的一环。无论何种形式的教学活动，都需要一定程度的交互，因为交互是教学活动发生的必要条件，是教师与学习者之间相互理解和沟通的载体。教学交互与传统的人机交互有所不同，其目的在于促进教师与学生之间的互动，提高教学效率。交互的形式可以分为适应性交互和对话性交互两种状态。适应性交互指的是学习者与教学环境之间的交互，例如学生对教学平台的操作；而对话性交互则是指学生与教师之间的交流，主要包括学习者与教学要素、资源信息之间的互动。

1. 等效交互理论

等效交互理论的提出强调了在教学过程中不同类型的交互之间的转换和替代关系。教师与学生、学生与学生、学生与学习内容这三种交互类型之间存在着一种平衡状态。如果一种类型的交互频率较高，那么其他两种类型的交互频率就会相应减少，甚至可能消失。尽管如此，有意义的正式学习仍然能够得到支持，并且教学体验不会因此而降低。当三种教学交互中有两种或两种以上的交互类型频率较高时，可能会产生更加满意的教学体验，但这也意味着需要花费更多的时间和经济成本。因此，在混合式教学实践中，追求教学交互频率或交互水平达到最高并不是唯一的目标。相反，需要综合考虑教师和学生的时间比例以及经济成本。在教学设计中平衡不同类型的交互，使得教学过程既能够有效进行，又能够节约时间和经济成本。

2. 交互影响距离理论

交互影响距离理论强调了在教学过程中，师生之间心理距离的重要性。该距离并非指物理距离，而是指由物理距离、社会因素等多种因素共同导致的心理距离。该理论指出，交互影响距离的两个关键要素是“结构”和“对话”。结构化程度高的课程意味着教学内容更为紧凑、固定，师生之间的对话也往往较少，从而导致交互影响距离较大；相反，结构程度低的课程，如灵活的教学设计，会增加师生之间的对话，减小交互影响距离。换言之，交互影响距离与课程结构的紧密程度成正比，与师生之间的对话频率成反比。从学生角度来看，交互影响距离越大，他们对自主学习的需求就越高。在混合式教学中，培养学生的自主学习能力是一个重要目标，这与交互影响距离理论密切相关，因为学生的自主性与师生之间的交互关系息息相关。因此，在教学设计中，无论是面对面的交互还是非面对面的交互，都应基于交互影响距离理论来进行。通过合理设计教学活动，让学生与教师之间以及学生之间的交互影响距离保持在适当的范围内。

3. 教学交互层次塔理论

教学交互层次塔理论将教学交互分为三个层次，即操作交互、信息交互和概念交互，旨在揭示和解释教学过程中的不同特征和规律。概念交互作为最高级别和最抽象的形式，要求学生在形成自己的知识体系和概念时进行深度的思考和交流。然而，这种高级交互层次的达成需要通过低级交互来打好基础，逐步提升到更高的层次。在高等教育的混合式教学中，教学交互层次塔理论提供了重要的指导原则。教师应该设计多层次的交互活动，为学生提供充足的低级交互机会，促使他们逐步向高级交互发展。这意味着教学活动既包括基础的操作交互，如实践操作、互动讨论等，也要有信息交互，如学习资源的分享和获取，以及更深层次的概念交互，如对知识的理解、解释和应用。在教学平台的设计上，应考虑到交互的便利性和高效性，确保师生之间的交互能够及时进行，无论是在线上，还是线下的教学环境，都能够保持良好的互动状态。教学平台的人性化设置也要考虑到教师上传课程资源的便捷性、页面的美观性以及学生观看的舒适度，从而有效提升教学交互的效果和学生的学习体验。

第二节 高等教育混合式教学体系的建设

一、构建混合式教学体系的基本思路

（一）以提升混合式学习的学习力为基础目标

随着远程学习的不断发展，对在线学习力的研究日益受到重视。在线学习与传统课堂学习在多个方面存在差异，如学习环境、学习活动组织、学习考核评价以及学习过程管理等。因此，在线学习力不仅具备一般学习力的基本特征，还强调适应在线学习环境的学习特性。混合式学习将传统课堂学习与在线学习优势相结合，形成了一种新的学习模式。因此，混合式学习的学习力既包含了一般学习力的特征，也考虑了在线学习的特点。它关注的重点在于如何有效实现线上和线下学习的有机结合，使学习者能够在两种学习环境中都能取得良好的学习效果。

混合式学习的学习力是在混合式学习环境下，学习者在学习过程中逐渐形成并发展的一种能力，它影响着学习效果、效率以及个体发展。它由内驱力、认知力、意志力和应用力四个要素构成[①]。内驱力是指学习

① 李敏．基于学习力的混合式学习支持服务体系构建 [J]. 中国教育信息化，2021（22）：28.

者内部的激励和推动力，它能够激发学习者积极参与混合式学习活动。认知力则是学习者构建知识和解决问题的能力，它能帮助学习者更好地理解和应用所学的知识。意志力体现了学习者在面对外界干扰时保持专注的能力，它对提高学习效率有帮助。而应用力则是学习者将学习成果应用于实践的能力，促进知识的转化和应用。混合式学习支持服务体系的建立，是为了提升学习者的混合学习力，它通过激发内驱力、加强认知力、强化意志力以及培养应用力，让学习者能够更好地适应混合式学习环境，从而提升学习效果并促进个体发展[①]。

（二）以“五维度”为载体提供支持服务

混合式学习在高等教育中的广泛应用需要各方面的全面支持和服务。为此，学校、教师和学习者同伴，需要围绕“五维度”为学生提供多方面的支持服务，以提升学习力。五个维度分别是制度支持、资源支持、教学支持、评价支持以及同伴支持。在制度支持方面，高等学校需要制定与混合式学习相关的政策和规章制度，以确保教学活动的有序进行。它包括组织、协调和监控线上线下教学过程中的各项必要因素，以保障教学质量和教学活动的正常运行。资源支持包括人员和设备两方面的支持。在人员支持方面，学校需要提供一支具备引导、组织和评价能力的教师团队，以及一个专业的教学管理和保障团队。在设备支持方面，则需要优化线上线下教学条件，如建设智慧教室、保障网络通信设备等方面，以确保学生在线学习的顺畅进行。教学支持是第三个方面。教师需要根据课程学习目标和内容，围绕混合式学习的五个维度，为学生提供教学资源、学习引导、活动组织和讨论交流的支持，不管是线上还是线下。评价支持是确保教学质量的重要环节。教师需要科学地选择考核的

① 李敏．基于学习力的混合式学习支持服务体系构建 [J]. 中国教育信息化，2021（22）：28.

方式和方法，加强对学生学习过程的管理，引导学生对其学习过程及结果进行价值判断，以提升学生的学习效果，促进其个人发展。同伴支持也是不可或缺的。学生可以通过组建学习小组、组织交流活动、提供咨询服务等方式，与同伴协作互助，共同进步，提升学习效果。

（三）提供基础规章制度与激励政策

高等学校是混合式学习支持服务的核心，其规章制度、提供的条件、学习氛围等直接影响学生的学习动力和意志力。学校制定的规章制度和提供的学习条件对学习者的混合式学习产生重要影响，能够鼓励和支持学生的学习动力与内驱力。同时，学校对教师的制度约束、政策激励、师资培训以及教学质量监控，直接影响着教师的教学能力，进而影响学生的学习质量和能力的提升。此外，学校对学习者同伴的制度激励和支持，也会提升同伴提供支持服务的积极性和意识，促进学习者之间的合作与互助。

教师的混合式教学能力和教学设计水平直接关系到混合式学习的效果。教师提供的学习资源、开展的学习指导和咨询服务，直接影响学生的学习成效，并对同伴支持起到影响作用。同伴在混合式学习支持服务中起到辅助的作用，他们可以是学习者同一课堂的学习伙伴，通过小组学习、团队任务和交流研讨等方式提升学习者的学习能力。学校选拔的优秀学习者组建的混合式学习支持服务团队也可以作为学习者的同伴，他们通过组织同伴互助活动、线上微信群答疑等方式，为学习者解疑答惑、提供技术支持等，提供全方位的服务支持[①]。

① 李敏．基于学习力的混合式学习支持服务体系构建 [J]. 中国教育信息化，2021（22）：32.

二、高等教育混合式教学体系的实践

（一）体现学校基础性作用

1. 混合式教学制度文件的制定

高等学校在推动混合式教学的发展中，首先需要制定相应的混合式教学制度文件。学校应当制定《混合式课程建设实施方案》，明确改革目标、建设要求、任务和措施，以此指导全校混合式教学的开展，并规范管理文件的制定。为此，可以采取混合式教学课程建设专项方式，将年度教研重点课题用于支持混合式教学课程建设，并制定相应的管理文件，如《混合式课程验收标准》，以保障课程建设的质量。高校可制定相关混合式教学的教学文件模板，对课程大纲、排课和学生考核要求进行特殊性管理，给予教师更多的课程实施自主权和空间，同时，建立混合式学习的激励保障制度，鼓励优秀学生更多地参与混合式学习，从而提升学习效果和学习体验。这些制度文件的制定和实施将有助于高等学校混合式教学工作的规范化和有效推进。

2. 为保障学习环境而提供基础设施资源

在线上线下混合式学习中，SPOC 学习平台的选用和功能设计至关重要。学校应及时向平台供应商反馈学生的意见，并进行平台功能的优化和升级，以确保学生在学习过程中获得良好的支持和体验。针对学生反馈的宿舍、教室网速等技术问题，学校应与相关网络运营商合作，着眼于 5G 技术的发展，积极建设智慧校园，以满足学生对信息技术最新成果的需求，提高学习环境的质量和效率。高校制定的一系列举措会有效地保障学生的学习环境，使混合式学习能够顺利进行，为学生提供优质的教育资源。

3. 组织混合教学师资培训

教师在混合教学中是学生自主学习的帮助者和促进者，其能力直接影响着学生的学习效果。因此，学校应重视教师的混合式教学设计和实施能力提升的培训工作。培训应以基于产出的教育模式（OBE）为指导，这样，教师能够成功获得混合式教学课程认证。培训内容应涵盖理念认同、平台选择与使用、课程建设流程、课程教学设计、教学工具运用等方面，以确保教师具备必要的知识和技能。培训采用混合式学习方式，并需教师以学生身份体验混合式学习的全过程，这样，教师可以更好地理解学生的学习需求和体验，提高他们对混合式学习的认知和实践能力。在这一过程中，教师能够更好地适应混合式教学的需求，并且能够更好地引导学生进行有效的学习，从而提升学生的混合式学习力。

4. 设立专门部门以提供课程咨询服务

为了解决学生在网络平台操作不熟练、师生交互不多等问题，高等学校应设立专门部门提供课程服务咨询。一种可行的做法是组建在线课程制作与支持中心。该中心应吸收 SPOC 平台公司的技术保障人员、教务处的课程建设专员、信息技术专家、网络中心工作人员以及优秀的课程建设示范人员，共同提供咨询服务。为了确保学生能及时获得帮助，学校可以设立服务热线，并在网络平台上设置专门的咨询通道。同时，为了更好地与学生沟通，学校可以按照年级组建微信群，并从各个班级选拔学习委员加入该群，建立学校与学生直接沟通的平台。该举措能够随时回复学生在混合式学习平台、网络、教师教学、教学管理等方面的问题，为学生顺利完成混合式学习提供保障和支持。高等学校设立专门部门提供课程服务咨询，可以满足学生多种不同的需求，确保混合式学习的顺利开展和实施。

5. 强化教学质量监控

为了保障混合式学习的质量，高等学校应将其纳入学校教学质量保障体系的课程建设专项，包括进行学期专项督导，制定专项评价标准，每学期跟踪听课，并定期发布督导总结报告。学校还应定期开展专项学生评教活动，撰写学生评教总结报告，以便及时反馈给教学管理部门和相关教师，从而改进服务、提高教学质量。定期召开学生座谈会，听取学生对混合式学习模式改革的意见和建议，及时解决存在的问题。通过实施相关措施，学校能够全面监控混合式学习的教学质量，确保教学过程的顺利进行，提高学生的学习效果和满意度。

（二）体现教师主导作用

在混合式学习中，教师应该充分发挥主导作用，特别是提升学生意志力和应用力方面。为了实现这一目标，教师需要加大教学支持和评价支持，遵循“教师主导、学生主体”的理念，发挥引导、启发、监控教学过程的作用，激发学生的学习兴趣，引导学生完成学习过程，并科学评价他们的学习效果。在线上学习环节，教师应提供多种支持方法，包括在线观看视频、提供在线辅助资料、组织在线习题训练及习题讲解、在线答疑服务以及促进在线讨论区的同学讨论。而在线下学习环节，教师则应重点进行有深度地讲授、组织课堂小组讨论和答疑等活动。考虑到学生的期望，教师在混合式学习考核中应侧重评价线下课堂中的学习表现，同时也要参考在线学习时长、在线测试成绩以及在线讨论的参与度等，综合评价学生的学习成果。对此，教师应在混合式学习支持服务中重点做好下面几项工作：

1. 充分开展学情调研活动

混合式教学的成功建设离不开对学生学情的深入了解和分析，教师在开课前应设计调查问卷，并通过班级微信群或SPOC平台向学生发放，同时进行访谈，对象包括授课班级辅导员、学习委员、课代表以及曾经授过课的专业教师等。使用这些调研方式，可以全面了解学生的混合式学习经验、专业知识储备、学习动机、态度、意志力以及信息技术水平等基本信息。学情调研结果将有助于确定课程设计的知识逻辑起点和现实起点，从而开展具有针对性和差异化的教学和支持服务，以更好地满足学生的学习需求，提升混合式教学的效果和质量。

2. 课程教学设计的优化

优化课程相关的教学设计是教师混合式教学理念的体现，更是保障教学质量的关键。教师应当结合学情调研结果，以课程教学大纲为指导，开展整体和单元的教学设计，包括线上和线下教学活动的融合设计。教师需要根据学生的学习需求和课程要求，在保证教学目标达成的前提下，合理选择线上和线下的教学内容和活动形式。在设计过程中，教师应坚持以学生为主体、以成果为导向、持续改进的教学理念，不断优化教学设计，以提升学生的学习效果。同时，教师还应充分考虑学校提供的SPOC平台功能，灵活运用其各项功能，实现线上线下教学的有机结合，从而为学生提供更加丰富、高效的学习体验。

3. 灵活选择与建设课程资源

教师应该精心设计SPOC课程资源，以满足学生的学习需求。教师需要提供课程的基本信息，包括课程简介、课程大纲、进度表以及教师团队介绍等，以便学生对课程有一个整体的了解。教师应当科学设计SPOC课程框架，根据课程实际情况合理划分课程结构，设计课前、课中、课后的各个环节。各环节可以包括主题讨论、随堂测试、课后作业、投票调查等多种教学活动。教师还要为每个环节提供相应的课件、视频、试题库、案例库、经典文章等课程资源。教师也可以引用一些精品在线课程资源，并需要根据实际情况进行校内改造，以适应本课程的教学目标和学生的学习需求。

4. 体现课前导学的价值

课前导学的重要性不可低估，它既是学生自主学习的指导文件，更是学生在学习过程中的重要引导。教师应该及时发布导学，确保学生在课程开始前能够清晰了解本次课程的学习要求、安排和任务。导学的形式可以多样化，既可以采用思维导图，也可以采用文字表述，但无论采用何种形式，都应从学生的角度出发，且内容易于理解、时间节点明确、任务安排清晰、要求具体。精心设计的导学，可以激发学生的学习兴趣，引导学生主动参与学习、提高学习效率。同时，导学也为学生提供了一个自主学习的机会，他们可以提前预习相关知识，为课堂学习做好准备。

5. 强化过程指导与监控

教师应该重视学生的自主学习意志力，以科学、合理的考核内容和方式来引导学生，并充分利用线上信息化的优势加强过程中的指导和监控。教师通过定期总结学生的过程性学习情况，可以及时发现学生学习中的问题并根据具体情况给予针对性的表扬或提醒，并且要公布过程性考核结果，引导学生更好地完成各个教学过程。教师还应该保持沟通渠道畅通，确保自己能及时解答学生的问题，提供必要的答疑咨询服务。比如，可以通过 SPOC 平台、讨论区、微信等多种方式，与学生保持密切联系，帮助他们克服学习中的困难，确保学习过程的顺利进行。教师及时加强过程指导和监控，能够更好地发挥自己的主导作用，提升学生的混合式学习效果，进而提高学校整体教学质量，实现教学目标的有效达成。

（三）体现同伴协助作用

在学习过程中，学习者同伴的协助作用不可忽视。同伴交互既包括学习者与宿舍同伴、课程小组和学习小组同伴、教学助理同伴的交流互动，也包括与高等学府中优秀学习伙伴的互动。在宿舍中，同伴的协助主要表现在营造良好的学习氛围、形成良好的学习习惯、进行学习内容的交流和探索，以及相互间的提醒与监督等方面。而在课程、学习小组中，同伴的协助主要体现在合理分工、团队合作、资源共享、进度监督和公平评价等方面。学习者和同伴在小组任务经过合理分工，承担适当的学习任务，共同完成学习目标。组员之间的互相交流和资源共享，以及组长对学习者的进度监督和公正评价，都有助于提高学习者的学习效果和加强团队的凝聚力。在优秀学习同伴的协助下，学习者能够得到更高水平的学习支持和启发，探索学习的更多可能性。因此，充分发挥同伴的协助作用，有助于学习者更好地完成学业任务，且与同伴共同成长与进步。

第三节　线上线下混合式教学的改革及设计

一、线上线下混合式教学的课堂教学方式创新

随着计算机和互联网的迅速发展，越来越多的高等学校开始重视线上线下混合式教学，这种模式被认为对提高教学质量具有显著益处。为了进一步增强学生的线上学习积极性，需要不断丰富线上学习资源，提供多样化的学习内容和活动。国内外越来越多的教师和专家也在积极鼓励采用线上线下混合模式进行教学，这一趋势也充分反映出混合式教学的有效性和前景。

（一）线上线下混合式教学的环节与方式

线上线下混合教学模式将多种学习方法与理论相融合，充分发挥各自的优势，以实现整体教学效果的提升。然而，目前这一模式仍处于发展初期，面临着诸多挑战和问题。

1. 线上线下混合式教学的基本环节

目前，高等教育中的线上教学资源存在质量较差的问题，这主要体现在仿真性和更新率两个方面。线上教学资源的仿真性较差，主要是因为这些资源大多来源于网络，内容与实际工作存在较大差异。教师到公司挂职为学校确实提供了一定的便利，但由此方式取得的教学资源利用率偏低，尚未能够与教学内容实现无缝对接[①]。因此，高校需要加强教师与实际工作场景的联系，使线上教学资源的仿真度提高，以确保其能够更好地服务于教学实践[②]。线上教学资源的更新率也较低，多数教师只在学期初上传基础教学资料，而在授课过程中未能及时更新与课程相关的热点、难点时事资料、授课视频和文献资料等。这种情况导致学生无法及时获取最新的信息，影响了他们对课程内容的理解和应用。因此，教师应当加强对线上教学资源的管理和更新，定期对教学内容进行审核和补充，确保资源的时效性和有效性。

此外，目前高等教育中还存在着线上与线下教学结合不紧密的现象，这导致教学效果不尽如人意。线上上传的教学资料大多留给学生自主学习，导致课堂上教师讲授时间相对较长，延续了传统教学模式。在这种情况下，线上资源与线下教学缺乏有机结合，课前的内容导学、学习任

① 韩素芬，王惠．线上线下混合教学模式实施的关键环节与有效方法研究 [J]. 无线互联科技，2020，17（7）：99.

② 王莹．混合教学模式实施的关键环节与有效方法研究 [J]. 湖北开放职业学院学报，2021，34（2）：125.

务、重难点微视频、课前测试等环节安排不够充分。课堂内的共性问题讨论、答疑评论、学生讲解、成果展示等环节也存在不足，学生参与度较低①。由于学生水平参差不齐，课程制作成果所包含的知识量有限，学生难以充分获取所需的知识，这影响了他们的学习效果②。同时，课后的线上小组交流、导师组织的主题讨论、项目实践反馈等环节也显得不足。教师面临着授课任务量大、网上资料建设等压力，导致无法充分利用课下的线上交流时间。

2. 提高线上线下混合式教学质量的方式

（1）提升线上教学资源质量。高等院校的教师应当积极提升自身的计算机技能，学习动画制作、视频录课等技能，以便在学习平台上展示生动有趣的页面设计和视频动画，从而激发学生的学习积极性。丰富学习平台资料也是至关重要的，高校教师应及时发布与课程相关的热点信息，并筛选出难点知识的文献资料，引导学生进行深度学习，从而提高他们对问题的理解能力，并锻炼其写作能力③。然而，要实现这一目标，需要跨学科合作，教师们需要与计算机专业、大数据专业等团队合作，共同建设课程。高质量课程的建设是一个漫长而复杂的过程，需要有完善的理念。教师们应该意识到，每个学期的努力都会产生“复利”效应。为了提高线上教学资源的质量，高等院校还应该加强对教师的培训和指导，鼓励他们利用先进的技术手段和教学方法，设计和制作高质量的线上教学资源。教师们可以通过参加专业培训、研讨会等活动，不断提升

① 韩素芬，王惠 . 线上线下混合教学模式实施的关键环节与有效方法研究 [J]. 无线互联科技，2020，17（7）：100.

② 符丽芳，谢玉科 . 军校政治理论课实施“线上线下”混合教学模式的关键问题及有效途径探析 [J]. 大学，2023（16）：97.

③ 陈玲 . 基于移动教学的教育 APP 在资产评估课程教学中的应用 [J]. 长春工程学院学报（社会科学版），2021，22（2）：114.

自身的教学能力和技术水平，以适应线上教学的发展需求。

（2）线上线下教学有效结合。在解决当前线上与线下教学融合问题的挑战中，高等教育界需要采取一系列措施，以实现线上线下教学的有机结合。教师在混合教学模式中，应结合线上建设资源，精心安排学习日历，明确学习阶段和里程碑，配备视频和文字教程，并结合练习及案例进行主题讨论，预先备案可能出现的问题点。混合教学模式下，教师的“导演"能力尤为重要。他们需要进行心理预设彩排备课环节，预见可能发生的情况，留下悬念，思辨后提炼总结答案。通过创意活动，实现预设的案例、讨论、辩论、竞赛等教学环节的强化、深化、广化，促进学生的学习。教师还需对学生的知识点进行查漏补缺，并同时提高学生的思维能力与实践能力，及时总结线下与线上教学中存在的问题，并配备学生课代表帮助监督作业的完成情况，并进行作业答疑。学生应分团队进行线上资源的学习，教师观测团队学习活动的开展情况，预评学生学习效果，并制定第二周的学习活动安排表①。在实现线上线下教学有机结合的过程中，教师不仅是知识的传授者，更应是学生的引导者、监督者和激励者，通过精心设计教学活动和及时的反馈机制，激发学生学习的兴趣和动力，提高学生的学习效果。同时，学校管理部门也应为教学活动提供必要的支持和资源，为教师提供良好的平台和条件。

（3）优化线上学习监督机制。在混合教学模式下，学生线上学习的管理和监督机制需要进一步完善。针对学生拖延、抄袭、应付线上任务等问题，高校应加强监督。例如，使用 App 上的发布作业和截止时间提醒功能，以及错题讲解功能，帮助学生及时完成任务并深刻理解知识。对于课堂上出现“手机党”和“低头族”等问题，应强调使用学习打卡功能，甚至可开启锁定手机娱乐的功能，以保证学生专注于学习。此外，对于教师对线上学生自主学习任务的完成统计，可以借助大数据科学分

① 郭福利．线上教学质量评价及提升策略研究 [J]. 科技风，2020（27）：37.

类、有效打分和自动汇总等技术手段，减少教师的工作量。对于讨论、答疑等环节，可以考虑给教授等配备助教，协助他们完成大量的线下教学监督工作。助教可以负责管理线上的讨论区、答疑平台等，在上面及时解答学生的疑问，并向教授汇报学生的学习情况。通过采用一系列监督和辅助措施，高校可以更好地管理和监督学生的线上学习，确保他们能够有效地参与混合教学模式，提升学习成效和教学质量。在完善学生线上学习管理与监督机制的过程中，学校管理部门需要与技术部门密切合作，共同研发和推广适用于混合式教学模式的监督工具和平台。

（4）基于混合式教学的学分制改革深化。在混合式教学模式下，学分制改革的深化变得更为复杂。混合式教学模式使得课程资源、教师资源与学生需求等变得更加多样化，因此，需要制定与学分制改革相匹配的教学资源配置方案和学生考核新方式。在制定时，应该充分考虑到线上线下教学的结合、教学资源的多样性以及学生自主学习的特点，以确保学分制改革与混合式教学模式有效结合。

在教学资源配置方面，高等院校可以考虑将教师分为技术型、科研型、教学科研型和教学型。技术型教师主要负责线上资源的制作，具备优秀的计算机技术能力；科研型教师致力于提出热点与难点，规划线上资源的重点与难点，并提供指导；教学科研型教师则负责实现线上线下资源的衔接，针对企业实践经验提出改进的建议；而教学型教师则承担线上资源的录制等任务，注重教学实践。合理分工能够充分利用教师的专业特长，提高教学资源的质量和效率，从而更好地支持混合式教学模式的实施，为学生提供丰富多样的学习体验。

在学生考核方式方面，高等院校可以将学生的学分分为两部分：平时成绩和期末考试成绩。为了强调过程考核的重要性，可以逐年降低期末考试成绩的占比，增加平时成绩的比重。在传统教学模式下，平时成绩主要由出勤、作业、课堂表现等构成；而在混合式教学模式下，平时成绩的构成应更加复杂和多元。可以考虑量化学生的线上参与度，同时结合课堂讨论、展示等方面的表现来进行评定。这种考核方式能够更好地反映学生在整个学期中的学习表现和实际能力，促进学生全面发展，适应混合式教学模式的要求。

（二）线上线下混合式的课堂教学理念

线上线下混合式教学模式是高等教育领域当前的一种创新教学方法，其核心理念融合了行为主义和建构主义等学习理念，借助现代教育技术和信息技术，对教学资源进行优化整合，旨在使传统的面对面课堂教学与网络在线教学相互结合，实现教学效率和效果的最优化。线上线下混合式模式主要有在线教学、直播录播、教学互动、课程点播和教学管理等多项功能，为教师提供了便捷的在线教育平台，以满足不断增长的教学需求。在线上线下混合式教学中，学生是教学活动的主体，因此，教学应以学生为中心展开，充分调动学生参与混合式教学改革，激发他们的主动性和积极性。同时，线上教学与线下教学的结合既凸显了学生的主体地位，又发挥了教师的主导作用，是高等教育教学改革的新方向。该教学模式具有多重特点：它同时采用线上和线下两种教学模式；线上教学是教学活动的基础，而不只是辅助手段；尽管缺乏一致的式样，但均追求改善学生的学习效果和培养学生良好的学习习惯。相较于传统教学，线上线下混合式教学模式具有更为自由的时间和空间，可在任何时间、任何地点进行教学活动，因此传统课堂教学必须在各个方面进行重构。随着教学结构的变化，师生的角色也发生了巨大的转变。传统的“以教师为中心”理念变为“以学生为中心”，教师不再只是知识的传授者，更是教学活动的设计者和“总导演”，学生也从被动的学习接受者转变为知识的主动获取者，是学习的主角。在线上线下混合式教学课堂中，教师是导演，学生则是“主演”。这些角色的转变标志着教学理念已发生深刻变革。在教学实践中，无论是课前自主学习，还是课堂内知识的吸收和内化，学生都是学习的主体，而教师则成为学生课前自主学习任务的设计者和课堂教学活动的“总导演”。教学理念和结构发生变化，师生所扮演的角色也必然会发生相应的变化。因此，线上线下混合式教学模式既有教学方法的创新，更在教学理念上发生了转变，为高等教育的教学改革注入了新的活力和动力。

二、线上线下混合式教学的课堂教学设计

（一）线上线下混合式课堂教学的整体结构设计

线上线下混合式教学的课堂结构设计是教学创新的重要环节，其最显著的特征是教学结构的翻转。传统教学中，课前的预习任务通常是模糊的、无指导的，与教学内容关系不大。因此，在设计线上线下混合式教学时，教师应在课前精心准备与教学主题密切相关的学习资源，并利用在线教学平台发布个性化的学习任务，针对不同学生的学习需求进行差异化设置，包括教学内容的难度和多样的学习要求。学生按照任务有序地开展学习，通过在线上平台可以反复观看学习资源，与同学或教师进行在线交流和讨论，解决在学习过程中遇到的问题。整个课前学习目标明确、内容清晰，为学生在课堂上对知识的内化奠定了坚实的基础。线上学习，使学生可以在自己的节奏和时间内完成预习任务，充分准备课堂上的学习活动。而教师则扮演着指导者的角色，他们根据学生的学习反馈和表现，及时调整课堂教学的重点和难度，确保学生的学习效果和参与度。因此，线上线下混合式教学的课堂结构设计要充分考虑学生的个性化学习需求和教学内容的深度融合，为学生提供丰富的学习资源和交流平台，使学生能够积极地在课前进行学习、进行课堂内的知识有效吸收。

学生在课前进行充分的自主学习，带着疑问来到课堂，使得他们不再仅仅跟随教师的指导，而是能够积极参与课堂讨论。由于学生对与教学主题相关的知识进行了储备，在课堂上，学生能够提出真正的问题。

课程的重难点内容不再由老师主观判断告知，而变成由学生从实际中发现并反馈而来。因此，课堂上的学生学习和教师教学更具针对性和互动性，学习氛围更加热烈。这种情况下，面对面教学的时间得到充分利用，课堂教学时间的价值得到提升。学生在课前自主学习后，对课程内容有了更深入的理解，因而能够提出更具体、更深入的问题，这促进了课堂上的积极互动和深度学习。同时，教师也能更加精准地把握学生的学习需求，有针对性地进行教学的引导和讲解，提高了课堂教学的效率和质量。充分利用学生自主学习的成果，课堂教学不再是单向的知识传授，而变成了师生共同探讨、交流和合作，使教学目标能更好达成。

（二）线上线下混合式课堂教学的评价设计

混合教学下的课程考试方式需要突破传统的“教室＋试卷”的单一形式，考试内容应当摆脱过去对书本知识的机械记忆和简单理解，而更加注重学生的技能操作和实践能力。在线上线下混合的课堂教学评价设计中，应当根据学生的在线学习表现和线下实际表现，建立起多层次、多元化、动态且开放的考试及评价体系。该体系应结合多种形式，注重对学生学习过程的考核，以全面而科学的方式评估学生的能力水平。具体而言，这种评价体系可以包括课堂表现、项目作业、在线测验、论文写作、实践报告等多种形式，以更全面地反映学生在知识掌握、技能运用和实践能力等方面的综合水平。这样，可以更好地激发学生的学习动力，促进其全面发展，使他们在实际应用中能够更好地运用所学知识和技能，为未来的学习和工作做好充分准备。

在线上线下混合式教学的整个教学活动组织过程中，评价贯穿于课前、课中的全学习过程。教师应引导学生反思自己的学习，帮助他们调整学习态度和方法，养成反思和总结的习惯。同时，教师也依据课前、课中的评价结果对教学过程进行反思和总结，及时优化后续的教学设计。这种评价方式实现了多元化，包括评价主体、评价内容以及评估方式的多元化。评价的主体不仅包括教师，还包括学生自身对学习过程的评价。评价的内容也不仅仅包括书本知识，还涵盖了学生的实际操作能力和解决问题的能力。具体而言，线上线下混合式教学学生的评价如图 7-1 所示。

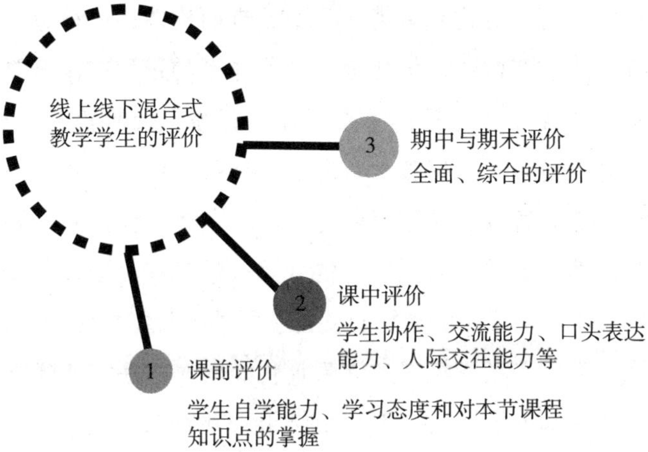

图 7-1 线上线下混合式教学学生的评价

第四节 高等教育混合式教学督导模式的创新探索

一、转变评价机制，打造一体化督导评价体系

为了应对线上线下混合式教学带来的挑战，高等学校正在积极创新评价机制，构建一体化督导评价体系。综合考虑传统线下和线上教学的特点，高等学校按照立德树人、“三全育人”等要求，重新设计评价体系，以课程类型、教学模式等维度为基础，建立起横向与纵向相结合的全新评价机制。

在当今高等教育领域，混合式教学正逐渐成为一种主流趋势，为此，高校需要创新评价机制，构建一套一体化的督导评价体系，以适应这一新形势的发展需求。作为治理主体，高等院校需要致力于现代化教学管理、质量保障、实施和评价，并借助现代信息技术与教育教学的深度融合，打造功能完备、集教学督导于一体的网络平台。这一平台的构建旨在实现教学督导的信息化和智能化升级，进而构建出一种教学督导一体的全新服务模式。在构建一体化督导评价体系的过程中，需要满足基础教学功能的各项需求，包括但不限于提供直播、录播教学及回放功能，进行系统和课程建设，支持教学资源的上传和获取，以及实现师生之间的实时互动、辅导答疑和课程考核等。此外，评价体系还需要支持教学质量评价与反馈机制的建立。针对混合式教学模式，建立线上线下同步评价的质量保障体系。评价功能应支持不同的评价指标体系和权重设置，以及多种课程类型和教学模式的课堂评价。同时，还需要建立起有效的反馈机制，让教师能够及时获取评价结果，并确保督导部门对评价结果的跟踪，建立师生与督导之间的沟通渠道，以持续改进教学能力，进而提升学生学习成果和整体教学质量。现有的线上教学工具和平台已经能够记录教师授课、学生学习和师生互动的全过程，但相关数据对于教学评价的支撑作用还不够充分。因此，高等院校应该扩展和应用信息化技术，建立大数据资源库，对教学相关数据进行统计分析和深度挖掘，从中提炼出解决教学问题的有效方法，为教学管理和领导决策提供有力支持。管理模块要确保良好的延展性，平台不仅应确保教师、学生等教学参与者能够快速地接入，还应设置管理和督导评价入口，以简化线上督导流程，确保教学评价的顺利进行。

二、完善督导管理，打造专业科学的督导团队

科学的管理制度是确保工作顺利进行的基础，而专业的队伍则是保证工作质量的关键。为了有效开展线上线下混合式教学督导工作，推动教学督导的科学评价，并确保教学质量，高等院校必须完善教学督导管

理制度，并努力培养一支具备责任心、担当精神和专业能力的督导队伍。

高等学校必须建立健全的督导管理规章制度，以确保督导工作管理的规范化。在教育信息化的时代背景下，高等学校需要充分发挥教学督导的作用，明确其功能定位，并对督导工作的职责、范围、评价标准和督导频次等方面进行细化规定。建立督导反馈闭环机制，确保督导结果得到及时反馈和运用，从而促使教学质量持续改进。这一规章制度的建立将有助于高等学校更好地适应教育信息化的发展趋势，提高督导工作的管理效率和规范性，并加强教学督导的实际操作性和针对性。通过明确教学督导的职责和评价标准，可以确保教学督导工作的科学性和客观性，从而更好地服务于高等教育的实际发展需求。

督导队伍作为教学督导的主体，其素质直接关系督导工作的质量和效果。为适应高等教育教学的新模式和新要求，要加强督导队伍的多元化建设。这意味着需要从多个维度出发，如道德品质、学科背景、教学经验、任教年限和管理能力等，全面优化督导队伍的结构，以提升其整体水平，确保督导工作能够高效执行。加强督导队伍的专业素质建设，建立督导学习提升机制，让督导人员可以进行定期地学习研讨和交流培训，从而不断更新督导理念、提升督导水平。特别是，要加强对新时代教学模式和教学方法的培训，以应对教学环境的不断变化。同时，要加强现代科学技术的运用培训，如网络系统操作与应用、数据分析等，以提升督导工作的效率和科学性。通过这一系列措施，可以建立起一支高素质的教学督导队伍，为高等学校的教学质量提供有力支持。督导人员具备丰富的教学经验和专业知识，能够灵活应对不同的教学场景和需求，从而保障教学督导评价的科学性和公平性。他们将成为高等学校教学改革和质量保障的中坚力量，推动教学工作不断创新与进步。

第八章　基于人本化教育模式的高等教育教学创新与改革

第一节　人本化教育模式的概念

一、人本与人本化教育的内涵研究

（一）人本的内涵界定

人本的基本内涵深刻体现了对人类存在意义和社会发展的思考，其中“人”作为核心要素，涵盖了多个层面。人被视为事物发展和改造的主体，在社会发展中扮演着至关重要的角色，这凸显了人的主体地位和责任意识。人是权利的主体，更是承担责任的主体，必须在社会进步中发挥积极作用。“以人为本”的理念强调了人的培养和发展在所有事物中的核心地位，人的意识、观念、能动性和发展空间被视为事物发展的前提、目的和本质依据，这充分彰显了人作为活动主体和事物根本属性的重要性。因此，关注人的发展和成长不仅是为了个体的利益，更是为了整个社会的进步和繁荣。人本的理念关注人的生活世界和精神世界，强调人的存在和发展的命运，以及人存在的价值和实现方式。这体现了对人类内在需求和精神追求的尊重，提倡在社会发展中实现每个人的个人价值和全面发展。只有关注人的生活和精神层面，才能真正实现以人为本的发展理念，促进社会的和谐与稳定。

（二）人本化教育的内涵界定

人本化教育的基本内涵涵盖了多个方面，它旨在培养学生的综合素质和个性发展。这一理念突出人的主体性，强调学生的主动性和自律性，致力于培养其积极向上的学习态度和优良品格，从而激发学生的学习动机和进取心。为了实现这一目标，需要优化教育环境，确立人人平等竞争的地位。教育环境应重视个体差异，推崇公平竞争，创造一个公正、公开的教育氛围。还要培养一支具有创造灵性和模范带头作用的教师队伍，提高教育基础设施和教育质量，为学生提供良好的学习氛围和广阔的发展平台。

二、人本化教育的主要内容

（一）生命美学教育

生命美学教育的宗旨在于引导学生正确认识并实现其生命美感的形象与生命审美的价值，它是一种旨在培养大学生具备健全人格、美好心灵、举止文明典雅的教育形式。在实施生命美学教育时，高等教育应当强调对生命美感的正确认识。生命美学教育应当帮助学生从内心深处认识到生命的美好与价值，培养学生对生命的敬畏和珍惜之情，使他们学会感恩生命、珍惜生命，从而更加积极向上地面对生活。生命美学教育还应引导学生树立正确的审美观念，使他们能够以科学的眼光看待世界，用美学的角度审视生活，进而培养他们对美的鉴赏能力和创造力。生命美学教育还应当注重情感生命的道德判断，教育学生善待生命、善待生活，培养他们正确的人生观和价值观。这样，学生在面对各种困难和挑战时，才能保持积极乐观的心态，树立正确的生活态度。生命美学教育应当致力于促进学生精神生命的升华。通过对美的追求和理解，学生能够在精神上得到提升和净化，使他们的生命境界得以升华，最终实现人格的完善和发展。

实施生命审美教育是人本化教育的重要内容之一，其目的在于帮助大学生具备认识美的觉悟、追求美的理念以及创造美的能力。在理论层面，生命审美教育强调大学生应当运用生命审美的意识来维护和实现生命个体的崇高属性。而在实践层面，生命审美教育则着重培养大学生通过生命审美的实践来实现生命个性的价值，使他们能够抵御不良风气的侵害。生命审美教育不仅仅是一种简单的精神活动，更是一项复杂而高级的工作，它需要教育工作者付出极大的努力和进行创造性的思考。通过生命审美教育，大学生可以逐渐培养出对美的感知和欣赏能力，提升自身的审美情操，进而在生活中更加热爱生命、尊重生命，并发挥自身的创造力和影响力。

（二）情感教育

根据人本化教育理念，情感教育涉及知识的传授，更包括对学生情感体验的培养和关注。情感教育方式强调教育者与学生之间的情感联系、尊重和信任，并认为这是实现教育目标的重要途径。情感教育的核心在于营造一种积极的、具有催化作用的教育氛围，让学生在学习过程中感受到被尊重和理解，这有助于学生对学习内容产生积极的情感体验，进而激发他们对知识的追求和实践欲望。在这样的环境中，学生不仅学习知识，还学会如何与他人建立良好的情感联系，如何在团队中协作，以及如何更好地理解和尊重他人。人本化教育的特色之一是通过情感的力量激发学生的内在动力，促使他们对知识的掌握从简单的认知转变为深层的信念和价值观。这种转变是学生个人成长和发展的关键，也是他们形成独立思考能力和批判性思维能力的基础。在高等教育实践中，情感教育的实施要求教育者具备高度的敏感性和同理心，能够深入理解和感受学生的情感需求。教育者需要创造机会，让学生在学习过程中体验到成功和满足感，同时教会他们如何面对挑战和失败。这要求教育者在教学设计中融入更多互动和参与元素，使教学内容更加生动和有趣，更能触及学生的内心世界。

（三）个体满足教育

在当代高等教育领域，个体满足教育作为人本化教育的重要组成部分，正逐渐受到广泛关注。个体满足教育强调个体发展与社会发展的相关性，旨在同时满足个体与社会两个层面的需求。通过细致入微地关注学生的个性化需求，高等学校正致力于培养能够适应社会、享有精神文化生活并实现自我发展的全面人才。人本化教育在高等教育中的实施，首要面对的是满足学生的社会适应需求，这不仅是为了让学生更好地融入社会，更是为了培养他们成为能够积极参与社会改造和发展的人才。人本化教育着重于满足学生的享受需要，这里的享受不仅指物质方面的满足，更重要的是精神方面的丰富和提升。高等学校通过开设多样化的课程、举办各种文化艺术活动、提供丰富的课外实践机会等方式，让学生在学习和生活中体验到精神上的满足和享受。精神上的满足对于激发学生的学习兴趣、提高他们的创新能力和审美素养等方面都具有不可估量的价值。马克思主义指出，人的需要具有层次性，当低层次的需要得到满足后，高层次的需要便会出现。人本化教育正是基于这一理论，通过满足学生当前的需求，激发他们追求更高层次的发展需要，既包括学术上的进步，更涵盖了情感、社会等方面的成长。高等学校应致力于创造条件，激发学生的内在潜力，引导他们实现自我超越，最终达到全面发展的目标。

三、人本化教育的基本特点分析

（一）人本化教育方式的针对性

在现代高等教育体系中，以人为本的教育哲学观已成为指导原则，其中人本化教育的实施尤为关键。高等学校在践行这一教育观的过程中，必须紧密结合实际情况、生活背景及学生的具体需求，这是确保教育实践有效性的核心所在。人本化教育的目标在于通过贴近学生的教育方式，实现教学内容与学生需求的高度匹配，从而促进学生全面而深入的发展。为了实现这一目标，高等学校需要在人本化教育的实施过程中，既遵循一般的教育规律，又充分考虑到学生的个性和共性。这要求教育者对学生的认知能力、接受水平、心理特点及个性差异进行细致的分析和科学的研究。教育内容的设计需具有层次性和针对性，尤其对于特殊群体，更需采取适宜其发展需求的教育方法和手段。高等学校通过渗透和交流的方式，能够创造一个使学生能够自我体验和感受的环境，让学生在自然的学习和生活场景中逐渐领悟人本化教育的必要性和重要性。

对大学生实施人本化教育强调教育时，活动应遵循教育的规律性，同时兼顾人本化教育的独特性，注重理解受教育者的需求和心理特点。在内容和方法的选择上，人本化教育应贴合大学生的实际情况，采取大学生易于接受且有效的方式，通过情理结合的手段，激发学生的内在动力，引导他们体验和感受教育的深远意义。人本化教育重视个体差异，强调在教育内容的选择上要既合理又易于学生接受。这意味着教育内容应贴近学生的生活实际，与他们的兴趣、需求和发展目标相契合。例如，通过设置与学生专业相关且具有现实意义的课程，可以增强学生学习的主动性和积极性，使他们在学习过程中更能感受到知识的价值和应用。在教育方式的选择上，人本化教育强调应针对大学生这一特殊群体，采取多样化的教学方法。这包括理论与实践相结合的教学模式、案例分析、小组讨论、角色扮演等互动性强的教学方法，以及开展公益性讲座、培训等活动，旨在提高学生的学习兴趣，帮助他们在实践中运用所学知识，增强解决实际问题的能力。人本化教育还注重情感教育。通过渗透的方式，让学生在充满情感的需求中体验和感受教育的必要性和重要性。在处理学生的思想、学习和生活问题时，教师应积极引导和教育，帮助学生调整心态，减少心理压力，使他们勇于面对困难和挑战。这样，学生便可以在一个充满支持和理解的环境中成长，进而更好地发挥个人潜能，为社会主义现代化建设贡献力量。

（二）人本化教育过程的情感性

人本化教育过程不仅仅是传授知识，更是一个充满情感交流和理解的过程。这种教育方式强调通过晓之以理、动之以情的方式，达到以理服人、以真情感人的目的。在对大学生实施人本化教育时，教育者需深入理解学生的内在需求和心理状态，采用有针对性的教育活动，以促进学生的全面发展。人本化教育的过程是复杂且系统的，它不仅关注教育内容的客观实际，也致力于营造一个和谐的教育外部环境。这种教育过程强调人性化的运作模式，认为教育应当建立在对学生内在心理和情感的深刻理解之上。通过人本化教育过程，可以实现教育的目的，即不仅仅是知识的传递，更是情感的交流和共鸣。在实践中，人本化教育注重创建一个富含情感的学习环境，让学生在理解和情感的共鸣中成长，这有助于激发学生的学习兴趣和内在动力，促进其自我认知和自我价值的实现。

（三）人本化教育对象的平等性

在高等教育领域内，当代大学生展现出对教育平等性的高度重视，这不仅反映了他们自我意识的增强，还突显了现代教育理念的转变。人本化教育，作为一种以学生为中心的教育方式，强调在教育过程中教育者与学生之间建立平等的交流关系。这种关系的建立，不仅体现在思想上的交流，更包括情感上的共鸣，从而拉近了师生之间的距离，促进了和谐沟通氛围的形成。在人本化教育的框架下，平等不仅仅是一种理念，更是实际教育活动中不断追求和实践的目标。平等性体现在教育者对待每一个学生的态度上，无论其背景、能力或是需求如何，都应给予相同的重视和尊重，使学生能够感受到自己的价值被认可，进而激发他们的学习兴趣和自我发展的动力。平等性的实践还体现在日常的生活和学习中，通过建立互帮互助的学习环境，鼓励学生之间的相互支持和合作，进一步强化了平等性的教育理念。

（四）人本化教育内容的匹配性

在人本化教学实践中，内容的匹配性占据了核心地位。这主要是因为教育内容是否与学生的实际需求、认知水平和接受特性相匹配，直接影响到学生是否能够有效吸收所学知识，以及所学知识能否促进他们综合素质的提升。因此，确保教育内容与学生之间的匹配，是实现教学有效性的关键。教育内容与学生之间的匹配性体现在教育者对学生的深刻理解上，要求教育者不仅要掌握专业知识，还需要深入了解学生的现实状况、认知能力、学习兴趣和心理特点。基于对学生的深入理解，教育者可以有针对性地调整教学内容，使之既能够吸引学生的兴趣，又能够与学生的认知水平相匹配，从而促进学生的有效学习。为了实现教育内容的匹配性，教育者需要采取灵活多样的教学策略。例如，通过实践教学、案例分析、小组讨论等方式，将抽象理论与学生的实际经验相结合，使学生能够在参与和体验中深化理解。同时，教育者还需要根据学生的反馈和学习进度，适时调整教学内容和教学方法，确保教学活动能够满足学生不断变化的学习需求。教育内容的匹配性还涉及教育目标与学生个体发展目标之间的协调。教育者应鼓励学生根据自己的兴趣和职业规划，选择符合个人发展需求的学习内容。提供多元化的课程选择和灵活的学习路径，使学生能够在追求个人兴趣的同时，实现知识、技能的全面发展。实现教育内容与学生之间的匹配能够提升教学的有效性，促进学生形成主动学习的态度和习惯。学生在感兴趣和能够掌握的领域里更容易展现出积极的学习态度，从而在学习过程中获得更多的成就感和满足感。

（五）人本化教育结果的完美性与全面性

人本化教育在高等学校中的实践，旨在培养具备全面发展素质的人才。人本化教育模式的效果体现在培养出来的学生所具备的多方面特征上，这涵盖了理想信念的树立、人格素质的完善、智商与情商的全面提升，以及对卓越的追求、明确的价值实现动机、增强的挫折承受能力以及不断强化的认知意识等方面。人本化教育的成果，无疑是高等教育向人本化转型努力的直接体现，同时也是对教育质量和效果的最佳证明。人本化教育强调的是教育与学生的个性化需求之间的匹配，确保教育内容能够深刻响应学生的实际需求，促使学生能够在一个充满支持和理解的环境中成长，从而更好地形成坚定的理想信念和稳定的人格素质。人本化教育注重情感和智力的双重发展，促进学生智商与情商的全面提高。这种全方位的发展有助于学生在学术上取得成就，这能显著提升他们的情感理解、社交能力等。人本化教育还着重培养学生面对挑战和挫折时的积极态度和应对能力。在人本化教育模式下，学生被鼓励追求卓越，同时也学会了在追求过程中保持心态的平衡和稳定。人本化教育的实践，通过明确培养目标和动机，加强了学生的自我认知和自我价值实现的意识。

第二节 人本化教育模式的构建对高等教学创新的重要意义

一、有利于当代大学生素质的提升

（一）促使当代大学生提升知识素养

大学生被赋予了推动社会进步和时代发展的重任，这要求他们必须具备高度的思想觉悟以及丰富的知识素养。高等学校作为培养未来社会主力军的摇篮，其教育理念和实践方式对于学生的全面发展具有至关重要的作用。在这一背景下，“以人为本”的教育理念提出了对大学生进行全面培养的要求，强调在提高思想觉悟的同时，也要引导大学生提升知识素养。“以人为本”的教育理念着重于发掘和满足每个学生的个性化需求，致力于培养学生的独立思考能力、创新能力和实践能力。“以人为本”理念强调教育的过程不仅要传授知识，更要激发学生的学习兴趣，引导他们主动探索知识的广度和深度，从而实现知识素养的全面提升。为实现大学生思想觉悟和知识素养的双重提升，高等学校需采取多种教学策略。在课堂教学中，教师应鼓励学生积极参与讨论，通过分析时事问题、解决实际问题等方式，使学生能够在实践中学习、在学习中实践。教师应引导学生深入阅读，广泛接触不同领域的知识，通过跨学科学习，促进学生综合素养的提升。高等教育还应加大实践教学的比重，通过组织社会实践、科研项目、实习实训等活动，让学生将理论知识应用于实践中，增强解决实际问题的能力。这种理论与实践相结合的学习模式，有助于学生在实际工作中发挥专业技能，实现职业生涯的成功。在促进学生知识素养的提升过程中，教师要作为引导者和启发者，通过因材施教、采用个性化教学策略，激发学生的学习兴趣和创造力。同时，教师还需善于评价，客观、科学地分析学生的学习成果，为学生提供反馈和建议，促进学生自我成长和发展。高等教育中的“以人为本”教育理念强调通过丰富的教学内容和多样化的教学方法，引导大学生提升知识素养。

（二）帮助大学生强化社会生活能力

在当代高等教育体系中，大学生的培养不只包括对书本知识的学习，更重要的是通过多元化的教育路径，引导他们累积社会生活能力，培育成为能够适应社会发展、引领时代潮流的复合型人才。这一理念的实现，依托于“以人为本”的先进教育理念，该理念不仅要求实现大学生的全面发展，还致力于为他们打造和拓展教育平台，确保教育教学工作能够全面、多角度地促进学生的成长。课堂是大学生思想提升和觉悟发展的主要场所，课堂教学是教师完成教学任务、实现大学生健康成长的关键环节。师生互动和生生互动构成了课堂教学的有效补充，不仅能使学生学习到专业知识，还能在沟通交流中提升自己的社会生活能力。然而，课堂教学仅是大学生社会生活能力累积的一部分，社会实践的重要性同样不可忽视。社会实践作为高等教育的重要组成部分，为大学生提供了接触社会、了解社会、参与社会的宝贵机会。通过组织、参与各种社会实践活动，大学生可以在实际的社会环境中学习和运用知识，解决实际问题，这既能够提升他们的专业素养，又能有效增强他们的社会生活能力、交流能力、学习能力、公关能力以及创新能力。社会实践活动中的每一次尝试和挑战，都是对大学生全面发展、健康成长的促进。生活中充满了教育素材，正能量的人物故事、身边的社会现象、日常生活中的点点滴滴，都能对大学生产生深远的影响。近在咫尺、耳闻目睹的实例，往往能够带给学生课堂教学无法比拟的教育效果，成为他们全面发展、健康成长的宝贵资源。

二、有利于教育工作者开展教育活动

在当代社会，高等学校不仅是知识传承和专业技能培养的场所，更是学生社会化过程中的重要环节。在这一过程中，大学生群体的复杂性既反映了社会现象的多样性，也展现了青年学生在社会化进程中的特点。面对大学生群体的复杂性，教育者的角色和教育方式的选择显得尤为关键。教育者应充分认识到，大学生作为一个具有独立思想、情感和社会责任感的群体，其成长背景、知识水平、兴趣爱好等方面都具有高度的多样性。因此，教育策略需要紧密结合学生群体的实际情况，采取更为个性化、针对性强的教育方法。在这一过程中，让学生亲眼见证、亲身体验社会中的不和谐现象，激发他们的同情心和自省意识，促使他们主动反思自我定位以及个人行为的社会意义。虽然大学生已步入成年阶段，但在某些行为表现上仍不免显露出心智不成熟、孩子气的一面。这就需要教育者根据不同情况“对症下药”，通过及时的引导和纠正，帮助他们克服个性中的缺陷，促进其全面发展。值得一提的是，大学生具有极强的可塑性和发展潜力，一旦得到科学、合理的引导和教育，他们就有可能成长为具备爱心和责任心的优秀人才。

大学生的心理脆弱性和可塑性凸显了其作为一个特殊群体的教育和关怀需求。这一阶段的学生不仅面临学业压力，还要应对身份转变和社会角色的适应，诸多因素共同作用于他们的心理健康和个人发展。采纳以人为本的教育理念，关注大学生的个人心理状态，对于搭建一个支持和促进其健康成长的环境至关重要。有效且高效的教育引导方法能够帮助他们建立自信，发展应对社会和个人挑战的能力。在高等学校中，细致入微的关怀和科学的引导策略，可以有效促进大学生的全面发展，帮助他们顺利过渡到成熟的社会个体。

三、有利于调动大学生成长意识

在以人为本的教育理念指导下，高等教育阶段的教学活动正在经历一场深刻的变革，主要体现在教师对大学生话语权的尊重以及为学生提供广泛参与、合作与探究的机会上。这一过程赋予了学生积极与教师互动、展现自我能力的空间，而且有效激发了他们的学习积极性、主动性以及创造性。当大学生在课堂学习中体验到合作的乐趣与成功的喜悦时，他们会受到积极情感的激励，从而形成良好的自主成长和自律发展的意识。自我驱动的成长意识对于学生的科学发展至关重要，因为它促进了学生对知识的深入理解和综合应用能力的提升。思想政治教育工作的目标是培养学生的责任感、批判性思维以及社会参与意识。在这一过程中，教育者的努力只有在大学生形成主动吸纳和自我成长意识后才真正发挥作用。因此，激发学生的自我成长意识成为高等教育中的当务之急。

在高等教育的教学管理中，践行以人为本的教育理念是实现学生科学发展的关键。传统的“强制管理”方式已不再适应当前高等教育发展的需求，因为它忽视了大学生内在自律意识的培养。相反，教育的最高境界在于激发学生内心的自我管理与自我约束能力，从而使学生形成良好的自主发展和自律成长的习惯。实施以人为本的教育策略可以提升学生的认知水平，还能有效激发他们的积极性、主动性和创造性。这种策略既关注知识的传授，更重视学生能力的培养和人格的塑造。当大学生能够在教育过程中体验到自我成长的乐趣和自我约束的价值时，他们的内在动力将被充分激发。

第三节　基于人本化教育模式应用的高等教育教学改革

一、高等教育教学改革中人本化教育模式的有效应用

（一）高等教育应坚持“以人为本”思想

当前我国高等教育正经历一场前所未有的变革和转型，这一过程充满了发展的机遇与挑战。在这一转型期，坚持以人为本的教育理念成为高等教育发展的必然要求和自然结果。显而易见，社会的进步离不开高等教育的贡献。教育的本质是促进人的全面发展和自我完善，引导学生成长为全面发展的人才。因此，在高等教育的各个环节和方面，都坚持以人为本的原则。

1. 高等教育的真谛是“以人为本”

（1）教育的中心是“人”。如今，高等教育的使命和挑战都在经历深刻的变化，其中，将人置于教育活动的中心，强调以人为本的教育理念，显得尤为重要。这一理念不仅要求高等学校重新审视和肯定人的价值和意义，而且还要探索和回归教育的本质——以培养全面发展的人才为核心目标。高等教育作为培养高素质人才的重要基地，其核心任务是促进学生的全面发展，包括能力、素质、价值观等方面的培育。因此，高等教育必须坚持以人为本的原则，关注学生的个性发展，尊重每个学生的独特性和选择，并为其提供丰富多样的学习和发展机会。以人为本的高等教育还要求教师在教学过程中充分考虑学生的需求和利益，建立起师生之间的平等、尊重和信任关系。教师应当成为引导者和辅助者，

而不仅仅是知识的传递者。通过鼓励学生参与课堂讨论、合作学习和独立探究，高等教育可以激发学生的学习兴趣和创造性思维，促进其自主学习和终身学习的能力发展。以人为本的高等教育还应关注学生的心理健康和人文关怀，在快速变化的社会和日益激烈的竞争环境中，学生面临着多方面的压力和挑战。高等学校应提供必要的心理健康教育和咨询服务，帮助学生建立积极的生活态度和健康的心理状态，从而更好地适应社会和生活。同时，因此高等教育还应致力于培养学生的社会责任感和公民意识。在全球化和信息化的今天，学生不仅需要掌握专业知识和技能，更应具备解决复杂社会问题的能力和担当社会责任的意识。

（2）传统教育观念与现代教育不相符。贯彻以人为本的价值原则是培养全面发展人才的基础，也是构建和谐社会的必要条件。教育的核心目的在于通过知识的传授和智慧的启迪，促进个人的全面发展，进而推动经济的繁荣和社会的进步。然而，随着市场经济的发展和社会价值观的多元化，高等教育面临着前所未有的挑战。一方面，市场经济的负面影响和社会不正之风侵蚀着高等教育的土壤。拜金主义、享乐主义和个人利己主义等思潮在一定程度上影响了高等教育的价值取向，导致教育目标偏离了全面发展和个性化培养的轨道。这种市场化趋势的盛行影响了学生的价值观形成，也挑战了高等教育的根本宗旨。另一方面，高等教育在实践中存在一系列问题，如教育目标、内容、方式和评价体系的偏差，以及校园文化中人文精神的缺失。这些问题的存在在一定程度上忽视了学生的主体地位和个性需求，制约了学生全面发展的可能性。

传统的以知识传授为中心的教育模式已逐渐显示出其局限性，它忽视了教育的核心——以人为本，未能充分重视学生的主体地位和个性化需求。反观当前，提出的以人为本的教育理念，正是对高等教育中非理性因素的有力回应，为教育工作指明了方向。新时期的高等教育教学改革，必须紧紧把握以人为本的原则，着力于促进教育育人功能的发挥。通过构建以教师为引导、学生为主体的和谐教育教学模式，从而提升教育的质量和办学水平。这种模式强调的是教育的双向性和互动性，旨在激发学生的主观能动性，尊重并满足学生的个性化发展需求。坚持以人为本的教育理念，意味着要充分发挥学生的主观能动性，尊重学生的自由选择权，这既是对学生个性的肯定，也是对学生主体地位的尊重。学生能够根据自己的兴趣、特长和职业规划，选择适合自己的学习路径和发展方向，实现自我教育和自我完善。高等教育回归教育本质的核心，即高等教育在于实现教育的真谛——培养全面发展的人才。

2. 当今时代的呼声即“以人为本”

（1）以人为本是当前市场经济的内在要求。在市场经济的浪潮中，高等教育的发展面临着前所未有的挑战和机遇。随着经济全球化的深入和科技的飞速发展，国际竞争日益激烈。在这一背景下，社会主义市场经济的建设不仅仅是经济层面的改革，更是对人的全面发展和精神理念提升的追求。市场经济的发展，本质上是为了促进个人的独立和全面发展，为实现人的价值和潜能而提供必要的物质和精神条件。在多元化的社会背景下，对人才的需求日益增长，特别是对于具有高素质、创新能力和主动性的人才的渴求。这一趋势对高等教育提出了新的要求，即不仅要培养学生的知识和技能，更要重视其个性发展、创新能力和社会责任感的培养。以人为本，作为一种教育理念，强调的是教育活动应当围绕人的发展展开，重视人的主体性和创造性，这与市场经济对人才的要求是相吻合的。在市场经济条件下，高等教育的目标应当是培养能够适应社会发展需要、具有创新精神和实践能力的高素质人才。这就要求高等教育不仅要注重学生的批判性思维能力、创新能力、人际交往能力等方面的培养，还要关注学生的道德素质和社会责任感的培养。以人为本的教育理念，要求高等教育在培养人才的同时，还要关注学生的个性发展，培养学生的主动性和创造性，使其成为社会主义市场经济中的有用之才。

（2）“以人为本”是打造和谐社会的基本要求。构建社会主义和谐社会是当前时代的重要任务，这一任务的完成依赖于全体人民的共同努力，尤其是以高等教育为基础的人才培养体系。高等教育关系到人的全面发展和个性的塑造，因此，以人为本的教育理念显得尤为关键。它强调教育的核心是服务于人的发展，促进个体的潜能得到最大限度的发挥。在知识经济迅猛发展的今天，教育变得更加重要。高等学校是培养创新人才和专业人才的摇篮，而人才是推动国家经济建设和社会进步的重要力量。因此，高等教育必须坚持以人为本的原则，关注学生的全面发展，不仅要教会他们知识和技能，还要培养他们的创新能力、社会责任感和道德观念，才能为社会主义和谐社会的建设培养出合格的建设者和推动者。高等教育在培养人才的同时，也承担着促进社会发展和进步的责任。通过事实以人为本的教育管理，高等学校不仅能够促进学生的个人发展，还能够帮助他们实现社会化，培养出具有社会责任感和创新精神的人才，这些人才将成为推动社会发展和构建和谐社会的中坚力量。以人为本的高等教育还意味着要重视学生的主体地位，尊重他们的个性和选择，为他们提供丰富多样的学习和发展机会。这样的教育能够激发学生的学习兴趣和创新潜能，使他们能够主动探索知识，积极参与社会实践，从而更好地为社会服务。

（二）高等教育教学改革中人本化教育模式的实践内容

人本化教育模式为当代大学生提供了参与课堂教学以及展现自身能力的实践机会，进而探索出了师生合力完美结合的路径，并且为大学生走出被动学习的误区找到了有效出路。

1. 全面贯彻人本理念

大学阶段的学生有着较强的理解能力、推理能力以及判断能力。倘若该阶段的教育工作不够规范，课堂教学活动随意安排，教学评价的标准无法统一，那么则容易导致大学生产生随遇而安、得过且过的想法，直接影响教育工作的实际质量。对此，在高等教育中应加强以人为本理念的实际应用，全面激发学生的学习热情。

（1）教学理念的及时更新。教学理念不仅反映了教师对于课堂教学的理解和态度，更是指导教学实践的基石。随着社会的发展和科技的进步，传统的教学模式已经难以满足高等教育的发展需求。因此，高等学校和教师群体必须积极探索和实践以人为本的新型教学理念，以促进学生的全面发展。更新教学理念首先要求教师深化理论学习，全面理解以人为本的教育理念。除了理论层面的更新，还包括操作层面和学科层面的创新。教师应将以人为本的理念贯穿于教学设计、教学方法和教学评价的各个环节，注重培养学生的批判性思维能力、创新能力和实践能力。高等教育的教学更新还需结合教师自身的教育实践，实现理论与实践的有机结合。教师应根据学生的认知特点和需求，设计富有创意的教学活动，营造开放、互动的课堂氛围，以激发学生的学习兴趣和潜能。教学理念更新可以有效提升教学的人性化、实效性和最优化水平。最终，更新教学理念的目的是为学生构建一个真正以学生为主体的学习环境，让学生在良好的环境中自主探索、积极参与，充分释放他们的认知潜能和发展本能。

随着社会的快速发展和科技的进步，传统的教学模式已经不能完全满足当代大学生的学习需求和精神追求。因此，教师必须利用现代教育教学理念武装自己，不断学习和实践国内外先进的教学理念，以更有效地促进学生的全面发展。教师的角色已从传统的知识传递者转变为引导者和伙伴，这要求教师要具备人文关怀精神和高度的责任感。在以人为本的教育理念下，教师需要关注学生的个体差异，尊重他们的学习需求和兴趣，主动为学生构建一个人性化、互动化和参与化的课堂教学环境，从而激发学生的学习兴趣，促进学生的主动学习，有效地提升教学效果。教师通过积极缩短与学生的心理距离，可以更好地理解学生，建立起基于信任和尊重的良好师生关系。教师的言行会对学生产生影响，因此，教师需要通过自身的人格魅力和正能量的教育素材来引导学生思想觉悟和道德意识的提升，进而提高学生的精神境界。

在高等教育领域，教师与学生之间的互动不局限于知识传授的层面，更深层次的是心灵的碰撞、情感的交融与呼应。这一过程体现了教育的本质——一项伟大的情感工程。在这一过程中，平等、真诚、相互尊重和关爱成为不可或缺的元素。一个缺乏情感交流的教育过程是无法触及学生心灵深处的，也难以激发学生内在的动力。爱心教育，作为现代教育理论在课堂教学中的应用，是一种深刻体现以人为本思想的教学模式，能够有效实现对学生情感态度和价值观的塑造。在爱心教育模式下，教师对学生的关心超越了学习本身，延伸到了生活和思想的方方面面。教师在学生的学习、生活乃至成长过程中扮演的是指导者、关怀者和朋友的角色。这样，教师能够与学生建立起深厚的情感联系，让学生在学习上感受到温暖和鼓励，同时在生活和思想上也能给予他们必要的支持和引导。教师成为学生的良师益友，不仅仅是知识的传递者，更是学生成长道路上的陪伴者和引领者。学生能够更加自信和积极地面对学习和生活的挑战，并更好地体验和理解成长过程中的喜怒哀乐。构建良好的师生关系，使得思想教育工作能够高效开展，这成为高等教育中不可忽视的一环。

（2）教学原则的有效优化。公平、公正是教育的基石，在高等教育过程中，教师承担着传授知识、引导思想、促进学生全面发展的重要职责。公平、公正的原则要求教师在教育工作中给予每位学生平等的关注和机会，无论是在课堂教学还是在处理学生思想问题的过程中。这意味着，每位学生都应该有机会参与课堂讨论，成为学习的主体，享受个性化的指导和支持。教师需要以开放的心态，耐心和无偏见地处理学生的疑惑和问题，确保不因学生的背景或能力的不同而有所歧视。同时，共性教育与个性教育相结合的原则，要求教师在关注学生共性问题的同时，也重视每位学生的个性差异和特殊需求。通过集体讨论解决共性问题，可以增强学生之间的互动和合作，进而促进学生群体的整体发展。而对于个性化问题，教师需要采取一对一的方式，保护学生的隐私，通过深入的交流和指导，解决学生的个性化困惑，帮助他们更好地成长。显性教育与隐性教育相结合的原则强调了教育的全面性和深入性，显性教育主要在课堂上进行，它通过直接的教学活动传授知识和技能。而隐性教育则更多地体现在教师的言行举止、课堂氛围的营造以及学校文化的熏陶中，潜移默化地对学生产生的影响。在高等教育中，学生对外界的感知极其敏感，他们能够从教师的态度、行为以及校园环境中感受到积极的价值观和行为规范，从而在无形中受到教育和熏陶。

（3）改进实际教学方式。教师的教学方法直接影响教学质量和学生的学习效果，因此，不断探索和实施有效的教学策略对于满足现代大学生的学习需求具有极其重要的意义。随着社会的快速发展和科技的不断进步，传统的教学模式已经难以满足大学生个性化、多元化的学习需求。现代大学生具有较强的自主意识、批判性思维能力和创新能力，他们渴望通过更加灵活多样、互动性强的学习方式来获得知识和技能。在这一背景下，教师需要根据大学生的身心发展特点和认知规律，设计和采取更加有效的教学方法。这要求教师深入理解学生的学习需求和心理特点，并具备将教育理念具体化、实践化的能力。具体来说，教师应当通过多样化的教学策略，如项目式学习、案例教学、协作学习等，来激发学生的学习兴趣和主动探索精神，使学生在实践中学习、在学习中实践，从而更好地理解和掌握知识。进一步地，考虑到现代大学生对新鲜事物的接受度较高，以及他们在身心发展上的成熟度，教师在教学中应该积极运用现代信息技术，如网络资源、多媒体教学等，以丰富教学内容和形式，提高教学的互动性和趣味性。

（4）不断完善教学过程。教学过程涉及教师如何根据社会要求和学生的个性化需求，利用适宜的教学条件，引导学生认识教学内容及客观世界。鉴于大学生背景的多样性，这一任务尤其具有挑战性。大学生来自不同的家庭，他们的价值观念和思维方式各异，这就要求教学过程必须具有较大的灵活性和适应性。教师在完善教学过程时，需深入了解学生的具体情况，包括他们的学习习惯、兴趣爱好以及心理状态，以便设计出更具个性化的教学计划。个性化的教学策略有助于激发学生的学习兴趣，提高学习效率。同时，教师还应采取多元化的教学方法，如案例分析、小组讨论、角色扮演等，以满足不同学生的学习需求，促进他们的全面发展。

（5）强化教学评价。教学评价通过多维度、多角度地审视学生的学习过程和成果，为学生的自主学习、合作探究以及创新发展提供重要的指导和动力。在传统教育评价体系中，教师评价往往占据主导地位，学生的角色较为被动，评价结果多依赖于考试成绩。这种单一的评价方式难以全面反映学生的学习情况，也不利于学生能力的多方面发展。因此，在现代教育理念指导下，教学评价应注重多元化，包括教师评价、同伴评价（即生生评价）以及自我评价，构建一个立体的评价体系，真正将学习的主导权还给学生，让学生成为学习过程的主人。在进行教师评价时，应关注学生的全面发展，评价学生的知识掌握程度以及他们的思维能力、创新能力和实践能力。教师设置符合学生身心发展特点和认知规律的评价标准，能够更准确地了解学生的学习情况，为学生提供个性化的指导和帮助。同伴评价可以激发学生之间的互动和合作。通过评价彼此的学习过程和成果，学生可以从不同的视角审视自己的学习，发现自己的不足，同时也能从同伴的优点中学习，促使彼此共同进步。自我评价则是教学评价中极为重要的一环，它要求学生对自己的学习过程和成果进行反思和评价，这不仅增强了学生的自主学习能力，还能培养学生的自我监控能力和自我改进能力，对学生形成终身学习的习惯具有重要意义。此外，教学评价还应注重人文关怀。教师在评价过程中应充满关切和理解，从学生的角度出发，关注学生的身心发展，用鼓励和肯定的语言激发学生的积极性和创造性。

2. 阶段性实践教学活动

大学生是优秀文明的传承者，他们肩负着建设祖国、贡献社会的重要使命，因此应经历一段任重而道远的锻炼之路。所以，当代大学生的教育工作应分阶段、有层次地进行，达到一个循序渐进的培养过程，进而有效确保教育教学的实际效果。

（1）前期阶段的制度教育。对于思维活跃、个性开放的大学生群体，特别是部分学生缺乏足够的制度意识，高等院校的教育工作者面临着如何有效培养学生遵守规章制度的挑战。制度教育的目的是维持校园秩序，并通过这一过程引导学生培养自我管理的能力，进而促进其自律成长和自主发展。实现这一目标的策略可以多元化，例如，组织学生参与制定班级公约，让学生直接参与规则制定的过程。参与感和归属感能够有效提高学生遵守规则的自觉性。班级公约的制定过程不仅是规则确定的过程，也是学生学习如何协商、如何达成共识的过程，这有助于学生理解和接受规则的必要性，从而更好地遵守规定。班委会的角色定位直接影响了学生自我管理的实现。通过班委会的日常管理，学生可以在实践中学习如何负责、如何管理同伴。这种从同伴中来、到同伴中去的管理模式，更容易被学生所接受。随着时间的推移，逐渐弱化班委会的直接管理职能，转而强化学生的自我管理能力，是实现教育目标的重要环节。这一过渡能够激发学生的主动性，促进学生在自我认识、自我控制方面的成长，为其今后的社会生活奠定坚实的基础。制度教育的最终目的是让学生将这些规范内化为自己的行为准则，形成自觉守法的习惯，这既关系到个人的成长和发展，也关系到社会的和谐与稳定。高等教育阶段是学生形成世界观、人生观、价值观的关键时期。通过制度教育，学生能够明确社会生活中的“有所为”和“有所不为”，这为他们成为社会的有用之才奠定了坚实的基础。

（2）中期阶段的养成教育。中期阶段的养成教育关注的是如何在大学生的成长过程中培养和强化良好的思想意识和习惯。在中期阶段，教育的目标是引导学生形成正确的价值观、道德观和法律观，从而为学生的全面发展和未来的社会生活打下坚实的基础。实施以人为本的教育原则，尊重学生的主体地位，是中期养成教育的核心。在制度执行的过程中，教师应当充分尊重学生的意见和需求，激发学生对制度的主动接纳和积极参与，消除学生对规章制度的逆反心理和抵触情绪，引导学生理解并认同规章制度对个人成长和社会和谐所起的积极作用。柔性化和人性化的制度执行方式，更容易被学生接受，从而使遵守制度成为学生的自觉行为，让学生进入自律成长的良好状态。教师应利用大学生身心发展已经成熟的特点，引导学生在自由交流和集体学习中沟通思想、共同成长。互动式的学习环境不仅有助于学生之间的思想碰撞和认识交流，还能够促进学生的集体意识和团队协作能力的提升，进而有效地促进学生对制度的认识和接纳，加速制度意识在学生心中的形成和巩固。通过组织一系列富有创意和吸引力的教育活动，使制度教育成为学生日常生活的一部分，是中期养成教育的有效途径。这些活动能够让学生在实践中学习和应用制度，并帮助学生更好地掌握和内化制度知识。活学活用的过程可以使学生将制度意识转化为自己的行为准则，使其在社会交往和日常生活中的行为更加规范、合理。

（3）后期阶段的竞争教育。大学生的思想开放，活泼好动，表现欲望强烈，对竞争充满兴趣，这一特点为教师在教学方法上提供了新的思路，即竞争教育。设计和实施具有挑战性的竞争性活动，可以有效地激发学生的学习兴趣，培养其对优秀榜样的效仿意识和竞争意识，促进学生在自我约束和自我改正中不断发展。例如，开办“时代精英大比拼”等活动能够激发大学生的效仿意识和竞争意识，鼓励他们积极向优秀个体学习，借助比赛和挑战促进自己的全面发展。竞争活动的设计旨在引导学生在日常生活中寻找展现人性本善的机会，主动帮助他人，努力成长为一个对社会有益的人。这样的设计不仅强化了学生自我发展的动力，还加速了学生个性的成长和形成。除了课堂活动外，大学生还需要通过一系列竞争活动来重复和强化已学到知识，将遵纪守法的行为转化为一种自觉行为。这种教育方式能够使大学生教育工作达到最高要求，最终实现教育目标。通过组织学习比赛，利用学生已经掌握的思想政治教育知识，不仅能激发学生的学习热情和积极性，还能推动学生对思想政治教育内容的深入探究和思考。在竞争和讨论活动中，学生能够展现和交流自己对于制度的认识和理解，有助于提升教育效果。

（三）高等教育教学改革中人本化教育模式的实践原则

1. 实践性

教育的核心目的在于促进人的自我发展和自我完善，实现个体的价值最大化和现代化。马克思主义强调人作为主体的实践性，认为人的价值不仅体现在其实践能力的大小，还体现在其对社会的作用与影响上。在社会主义市场经济体制下，市场经济为每个人提供了满足自然需要的同等条件和机会，从这一过程中激发出来的主动性、创造性和竞争性，是人性解放的重要表现。因此，高等教育必须紧跟时代步伐，积极适应社会实践和学生需求的变化，构建符合当代社会实践和学生需求的人本化教育教学理论体系。在这一过程中，实践性原则要求高等教育在注重传授理论知识的同时，必须强化学生实践能力的培养。因此，教育过程应该是学生主动参与、体验和实践的过程。通过实践活动，学生可以将理论知识应用于实际，从而促进其学生综合素质的全面提高。为此，高等院校应积极开展各种形式的实践教学活动，如实验实训、社会实践、志愿服务等，为学生提供丰富的实践平台。这样，学生可以在实践中学习、在实践中成长。高等教育还应进一步强化与社会的联系，积极建立校企合作、产教融合的教学模式，使教育更加贴近社会需求，更好地服务于经济社会发展，使学生能够学到最前沿的专业知识，并提前适应社会，培养解决实际问题的能力。同时，高等教育中的实践性原则还要求教师不断更新教育观念，将教学内容和方法与时俱进，注重培养学生的创新意识和创造能力，以适应社会发展的需要。

2. 主体性

主体性原则在高等教育领域的应用，深刻体现了对学生个体的理解和尊重。这一原则旨在通过创设和谐、宽松、民主的教育环境，培养学生的自主性、能动性和创造性。以学生为中心的教育理念强调，学生是学习过程中的主动参与者，他们应该具备自主学习和解决问题的能力，能够在不断变化的环境中适应和发展。主体性原则认为，学生应被视为教育活动中自觉能动的主体，这观点的核心在于强调学生个体的主动性和创新性。在人与环境的互动中，学生不仅能够被动适应环境，更能主动探索和改造环境，实现自我价值和社会价值的统一。因此，高等教育的教学活动应围绕如何激发和提升学生的主体能力展开，包括自我认知能力、实践操作能力、团队协作能力和生存竞争能力。为了实现这一目标，高等教育应采取多种措施。教育者需要根据大学生的特点，创设符合人本化教学的方式、方法和模式，使教学过程从单一的知识传授转变为知识探索、能力培养和人格塑造的综合过程。例如，可以采用项目式学习、问题导向学习等教学方法，鼓励学生在解决实际问题的过程中学习新知识、发展新技能。同时，高等教育应强调跨学科学习和研究，鼓励学生跳出专业限制，从不同领域获得知识和灵感，以培养他们综合解决问题的能力。高等学校还应注重培养学生的国际视野和跨文化交流能力，使他们能够适应全球化的社会环境。为此，高等学校应加强与社会的联系，积极开展实习、实践、社会服务等活动，让学生有机会将所学知识应用于实际，提前适应职业角色，增强就业竞争力。通过这种方式，学生能够在实践中学习"学会做事""学会共同生活"以及"学会生存"的技能，这不仅有助于学生个人能力的提升，也为社会培养了具备高素质的人才。

3. 开放性

随着我国社会生产力的高速发展和全面进步，在“以人为本”的时代背景下，教育领域也面临着新的挑战和机遇。为了适应这一时代需求，高等学校应注重加强培养学生的开放性思维和多维智能结构。开放性原则强调的是培养学生具备敏锐的观察力、准确的判断力、开放型思维，以及能够适应信息瞬息万变社会的能力。这就要求高等学校不仅要在知识的深度和广度上不断拓展，更要在教育模式和教学方法上进行创新，以适应开放型社会对人才的需求。为了实现开放性原则，高等教育需要积极加强与国际教育的交流与合作，引入国际先进的教育资源和理念，为学生提供全球视野下的学习机会。同时，高等教育还需加强跨学科教学，鼓励学生跨界学习，以培养他们的综合解决问题能力。高等教育改革还应注重利用现代信息技术，开发适合当代学生学习特点的教学内容和方式，如在线课程、远程教育等，以满足不同学习需求和背景的学生。通过这些措施，高等教育能够为学生提供一个开放、互动和包容的学习环境，激发学生的学习兴趣和创新精神。

4. 人文性

在当代社会，人文性原则已成为高等教育改革的重要方向。这一原则强调以人的全面发展为核心，倡导在教育过程中尊重学生的主体地位和个性发展。在“以人为本”的教育理念指导下，高等教育的任务是培养具有独立思考能力、批判性思维和人文精神的个体。为了实现这一目标，高等教育教学活动需要能够激发学生的内在潜能，引导他们主动探索和学习，将外部知识和信息内化为个人的智慧和能力。同时，教育者不仅要关注知识的传授，还要注重学生个性的培养和精神的塑造。

5. 批判性

批判性原则不仅涉及对古今中外教育思想的继承与发展，更强调了在借鉴中保持批判性思维，以适应时代的需求并促进教育的创新与进步。通过批判性地审视历史与现实，高等教育能够实现知识、价值观和教学方法的创新，为将学生培养成适应未来社会的复合型人才提供坚实的理论和实践基础。从历史的角度看，中国古代的教育思想如“天地之性人为贵”“天人合一”等，深刻体现了与自然和谐共生、重视人的尊严和价值的理念。同时，“民为邦本，本固邦宁”以及“天行健，君子以自强不息”的人生态度，也至今仍对高等教育具有深远的启示意义。这些思想强调了教育的根本目的在于培养学生的自主性、责任感和不懈追求的精神。然而，同时期也存在着一些限制个体发展和自由的旧观念，如重人伦、轻自由等。这些观念是高等教育改革过程中需要坚决剔除的糟粕。西方的教育思想，如古希腊的“认识你自己”“和谐发展”，以及近代的自然主义、人本主义和人道主义等，都强调了人的全面发展和自由平等的重要性。这些西方教育思想为高等教育注入了丰富的人文精神和教育理念，但在借鉴时也需注意其背后的文化背景和价值取向，避免简单模仿而忽视了中国社会的实际情况和文化传统。因此，高等教育的发展需要采取“古今中外法”，即在广泛吸收全球优秀教育资源的同时，保持批判性思维，将其与中国的实际情况相结合，创造出符合中国特色的教育体系和教学方法。

二、高等教育教学改革中人本化教育模式的创新建议

在现代教育背景下，高等教育领域面临着诸多挑战，而观念创新无疑是推动改革与创新的关键所在。这种观念的刷新不仅包括理念层面的更新，更涉及教育内容、教学方法和评价体系等全方位的革新。在这个过程中，以人为本的原则应成为高等教育创新的核心，这不仅符合社会

发展的趋势，也是高等教育自身发展的内在要求。高等教育的观念创新意味着要从以往的知识传授模式，更加关注学生个体的发展。这一转变要求教育内容更加贴近学生的实际需要，教学方法更加注重启发式、探究式学习，评价体系也需更加多元化，真正做到因材施教，促进学生全面发展。高等教育管理措施的灵活运用，是观念创新的重要表现。管理不应仅局限于规章制度的执行，而应更多地关注如何激发学生的内在动力，如何为教师的创新教学提供支持和保障。观念创新的核心在于营造一个以人为本的教育环境，这个环境不仅仅是物理空间的优化，更重要的是文化氛围的塑造。在以人为本的环境下，学生能够感受到尊重和关怀，教师能够得到鼓励和支持，教育管理者能够更加注重服务与引导。以人为本的环境能够充分激发每个人的潜能，促进知识、能力和人格的全面发展。因此，将以人为本的原则引入高等教育教学中，是社会发展的要求，更是高等教育自身改革和创新的需要。

（一）树立以人为本的教育意识

面对新形势下的挑战，高等教育的教学与思想必须与时俱进，实现根本性的创新。尊重学生是高等教育的前提，它要求教育工作要以学生的需求和权益为出发点，致力于为学生提供平等、自由的学习环境。理解学生是教育工作的基础，它要求教师深入了解学生的个性特点、学习需求和心理状态，从而提供更为精准的教育指导。关心学生则是教育工作的切入点。关注学生的生活和心理健康，营造一个温馨、和谐的教育环境，对于促进学生的全面发展至关重要。而发展学生，是高等教育的根本目标，旨在培养学生的综合素质和能力，使其成为能够适应社会发展需求的高素质人才。在这一过程中，高等教育需要不断创新思想和方法，将尊重人、理解人、关心人和发展人的理念贯穿于教育教学的各个环节。

1. 树立尊重人、理解人的教育意识

在当今社会，高等学校既是知识传播的场所，更是学生品德、思想和人格培养的重要阵地。作为培养高素质人才的摇篮，高等学校的教育工作者承担着重大的责任，他们不仅需要传授学术知识，还需要关注学生全面素质的提升。因此，建立一个尊重和理解的师生关系是提高教育质量、促进学生全面发展的关键。尊重和理解的理念应贯穿于高等教育的各个环节，它体现了一种平等、开放和进步的教育观念。在这一理念的指导下，教师与学生之间不仅仅是知识传递的关系，更是相互尊重、相互理解、共同成长的伙伴关系。尊重学生的人格是建立这种健康师生关系的首要前提。高等学校的学生在进入大学这个更为开放和自由的学习环境时，其个性、自主意识和批判性思维能力均处于快速发展阶段。这一时期的学生更加渴望得到他人，尤其是教师的理解和尊重。教师在拥有教育和管理学生的权利的同时，也必须深刻认识到师生在人格上的平等。学生不仅是学习知识的主体，更是拥有独立社会地位和法律地位的个体，他们的人格和精神世界应受到充分的尊重。教师通过尊重学生的人格和主体地位，在教育活动中维护学生的尊严，能够在无形中激发学生的积极性和创造性。尊重学生的权利是实现教育民主化的具体体现。在高等教育环境中，学生应享有广泛的权利，这些权利包括但不限于选择课程、专业和教师的自由。高等学校的教师和管理人员都应遵循法律和教育政策，确保学生的基本权利不受侵犯。

2. 树立关心人、发展人的教育意识

在高等教育的广阔天地中，教育者肩负着培养学生全面发展的重任。这不仅仅意味着传授专业知识，更要在精神、情感和人格等方面对学生进行全面的培育。因此，树立关心人、发展人的理念显得尤为重要，它强调了教育的人文关怀和对学生个体差异的关注。然而，在当前的教育环境中，教师与学生之间的关系往往因为种种原因而变得淡漠。这种情况直接影响到了教育的质量和学生的全面发展。因此，如何在高校中实施这一理念，成了广大教育工作者应着重思考的问题，是提升教育质量和促进学生发展的关键所在。在社会主义市场经济体制下，人们对自身利益的追求愈发明显，大学生群体也不例外。他们在学习、生活以及未来职业规划方面有着复杂而多样的需求和期望。因此，教育者需要适应时代变化，了解并关心学生在不同方面的切身利益，帮助他们建立正确的价值观和人生观，从而提升教育的实效性。这不仅仅局限于学业上的指导，更包括生活上的关怀和未来职业发展的规划。随着高校教育规模的扩大，教师与学生之间的交流和互动日益减少。基于这种情况，教育者更应该主动放下身段，走近学生，倾听他们的声音，理解他们的思想和需求。教育者通过建立平等、开放的沟通渠道，可以更好地了解学生的困惑和挑战，为他们提供针对性的帮助和支持。关心人、发展人的教育意识不仅体现在对学生学业上的指导，更体现在对他们情感和心理状态的关爱。在高等教育阶段，学生的个性和兴趣愈加明显，他们对自我发展有着更为明确的目标和期望。因此，教育者需要从学生的实际出发，提供个性化的教育计划和发展机会，帮助他们发掘自身潜力，提升综合素质。这要求教育者不仅要有广博的知识和丰富的教育经验，还要保持开放的心态和创新的思维，以学生的发展为中心，创造有利于学生成长的教育环境和条件。

（二）建立以人为本的高等教育教学体系

1. 明确以人为本的高等教育教学目标

以人为本的高等教育教学目标应深植于人文精神之中，将价值观教育作为教育教学的重要内容。在快速变化的社会中，学生不仅需要掌握丰富的知识和技能，更需要形成正确的价值观和具备良好的人文素养。

这要求高等教育在传授专业知识的同时，加强对学生的思想政治教育，引导学生树立正确的世界观、人生观和价值观，以促进其全面发展。以学生为中心的教学模式应体现以人为本的教学目标，强调教育过程应以学生的需求和兴趣为出发点，鼓励学生主动学习、探索和创新，充分尊重并发挥学生的主体性。教师应巧妙设计富有挑战性的学习任务，激发学生的学习兴趣和内在潜能，引导学生在学习过程中自我发现、自我超越。在知识爆炸和学科交叉的今天，单一学科的知识已经无法满足社会发展的需求。因此，以人为本的高等教育教学目标还应包括促进学生跨学科学习的能力，旨在培养具有广阔视野和创新精神的复合型人才。为此，应结合跨学科课程的设置和项目式学习的引入，促进学生综合运用不同领域的知识和技能，提高解决复杂问题的能力。以人为本的教学目标强调实践教学的重要性，旨在通过实践活动增强学生的实际操作能力和解决实际问题的能力。这包括了实验室实验、实习实训等传统的实践教学形式，也鼓励学生积极参与科研项目、社会实践和创新、创业活动，通过多样化的实践学习深化对知识的理解和应用。

2. 贯穿以人为本的教学内容

高等学校教学内容的优化与创新是实现教育目的和培养目标的关键，它直接影响教育质量的提升。这一过程涉及专业设置、课程体系构建、教材开发及教师队伍建设等多个层面，每一环节的创新都是推进教育教学改革的重要步骤。将以人为本的理念贯穿于教育改革全过程，意味着教学内容的设计与实施必须紧密围绕学生的全面发展需求。这要求高等教育在更新教育观念的同时，应不断探索和改进教学方法与手段，以确保教学内容既有深度也有广度。

（1）强化通识教育与人文教育。随着经济全球化和科技进步的加速，人才培养的需求日益多元化和复杂化。高等教育作为人才培养的重要基地，其教育教学目标和内容的设计直接关系到未来社会的发展和国家的竞争力。因此，明确以人为本的高等教育教学目标，对于促进学生的全面发展，提高教育质量具有重要意义。高等学校教育的初衷是为社会培养具有全面素质、创新精神和实践能力的高级人才，然而，在长期的教育实践中，由于过分强调专业技能的培养，忽视了学生综合素质的提升，尤其是通识教育和人文精神的培养，这在一定程度上限制了学生全面发展的潜力。加强通识教育和人文教育，可以拓宽学生的知识视野，培养其批判性思维和创新能力，同时还能够增强其社会责任感和伦理道德观念，这对于培养适应未来社会需求的复合型人才至关重要。高等学校应根据以人为本的教育思想，重新审视和构建课程体系，确保通识教育和专业教育能够相互渗透、相互促进。这意味着，一方面，高等学校需要设置涵盖自然科学、社会科学、人文科学等多领域的通识教育基础课程；另一方面，也要确保专业教育中融入通识教育的元素，促进学生全面素质的提升。传统的教学方式往往侧重于知识的传授，而忽视了学生主动学习和批判性思维的培养。高等学校应采用更多元化的教学方法，如案例教学、项目式学习、翻转课堂等，以激发学生的学习兴趣和创新思维，同时增强其解决实际问题的能力。传统的以考试成绩为主的评价体系很难全面反映学生的综合素质和能力，因此，高等学校应建立多元化的评价体系，将学生的创新实践、社会服务、人文素养等非学术成就纳入评价范畴，以鼓励学生全面发展。教师是通识教育和人文教育实施的主体，高等学校应加强师资队伍建设，通过定期的培训和学术交流，提升教师的综合素质和教学能力，使其能够在教学过程中有效地传递通识教育和人文精神。

（2）强化学生自主创新能力培养。高等学校教育内容的更新是提高学生自主创新能力的前提，因此，教育内容需要紧密贴合时代发展的需求，选择具有时代性的课题，从而拓宽学生的视野，激发他们对社会现象的思考和探索。将理论与实际相结合的教学方式，使学生能够在了解现代社会最前沿问题的同时，培养解决问题的能力。这样的教学方式不仅增强了学生对课程的兴趣和认同感，也为他们将来解决实际问题打下了坚实的基础。学生的学习动机和积极性是提高自主创新能力的关键，高等学校教育应着重于满足学生的学习需要，提供充足的机会让学生参与实践活动，通过实践活动激发学生的学习兴趣和创新热情。实践创新能力的培养需要高等学校创造条件，比如开展科研项目、社会实践、创新创业竞赛等活动，让学生在实践中学习，在实践中创新。为了更有效地培养学生的自主创新能力，高等学校必须改革实践教学环节。这包括增加实验、实习、实训等实践教学的比重，鼓励学生开展跨学科的探索项目，以及加强与企业、研究机构的合作。通过实践活动，学生可以获得实际操作经验，培养问题发现与解决的能力，进而提高学生自主学习和创新研究的能力。提高学生的自主创新能力并非一蹴而就，而是需要高等学校在教育教学的各个方面进行持续努力，这包括但不限于课程内容的更新、教学方法的创新、实践教学环节的改革等。同时，高等学校还应加强对学生心理和思想的指导，帮助他们建立正确的价值观和人生观，为未来走向社会和职场做好充分的准备。

3. 构建以人为本的高等教育教学评价体系

（1）创新式高等教育教学评价制度。在高等教育阶段，依旧以传统考试分数作为主要评价标准，已经难以满足培养全面发展人才的需求。因此，对现行的高等教育评价制度进行改革，建立一套能够促进学生全面发展的新评价体系显得尤为重要。新的评价制度应当更加注重学生的创新精神和实践能力的培养，而不是单纯的书本知识掌握程度。

（2）多元化的高等教育教学评价方式。在现代教育的背景下，高等学校正面临着教育评价体系改革的重要时期。传统的以考试分数为主的评价体系已不再适应当前教育的需求，因此，建立一个科学、多样化的教育教学评价制度不仅关乎学生的全面发展，也关系到教师的教学质量和科研水平的提升。多元化的教育教学评价制度要求高等学校针对不同学生的兴趣和特长，实施不同的评价标准旨在促进学生全面发展，体现对学生个性的尊重和人性化的关注。评价内容应多样化，除了传统的书面考试，还应包括论文写作、项目研究、口头报告、实验操作等多种形式，以适应不同学科的特点和要求。例如，文科学科可以更多地采用开卷考试、论文写作等方式来考查学生的理解和分析能力；而理科学科则应重视实验操作和项目研究，以考查学生的实践和创新能力。实施过程性评价，重视学生学习过程中的努力、进步和参与度，而不仅仅是最终的考试成绩。这要求教师对学生的日常学习和表现进行持续观察和记录，以更全面地了解学生的学习状态。采用多元评价主体，结合教师、同伴和自我评价等多方面的反馈，以更全面的评价学生的综合素质和能力。学生能够通过同伴评价和自我评价，学会从不同角度审视自己和他人，从而促进自我反思和自我提升。教师的评价方式也需要随教育评价体系的改革而变革。目前，许多高等学校在教师评价中过分强调科研成果，忽视了教学工作的重要性。为了实现以人为本的教育目标，高等学校必须建立一个科研与教学相结合的教师评价制度，平衡教学与科研的评价。教师的评价体系应该既重视科研成果，也重视教学质量，评价教师的教学方法、课堂互动、学生反馈等方面，促进教师关注并提升教学水平。同时，教师评价制度应该鼓励教师将科研成果转化为教学内容，通过创新的教学方法和实践活动，提高学生的学习兴趣和实践能力。实施多方面的评价，除了学术成果和教学质量外，教师的社会服务、学生指导、团队合作等方面也应该成为评价的内容，从而促进教师全面发展，更有效地履行教师的社会职责和教育使命。

参考文献

[1] 宋凯琳. 高校教师科研绩效影响机制及政策优化研究 [M]. 南京：江苏人民出版社，2022.

[2] 高健磊. 新时期高校管理与发展路径探索 [M]. 北京：中国政法大学出版社，2021.

[3] 唐晓玲. 高等教育竞争力提升的政策与实践 [M]. 重庆：重庆大学出版社，2021.

[4] 周长明，程宁，陈鑫. 高等教育改革发展历程及规划研究 [M]. 北京：中国华侨出版社，2020.

[5] 乔春华. 新时代高校财务理论研究 [M]. 南京：南京东南大学出版社，2020.

[6] 计国君. 高等教育教学实践探索 [M]. 厦门：厦门大学出版社，2020.

[7] 邱小健. 民办高等教育政府公共教育财政资助研究 [M]. 南昌：江西高校出版社，2019.

[8] 北京市教育委员会，北京高等教育学会教材工作研究会 . 构建高等教育教材建设体系，提高高等教育教学与人才培养质量 [M]. 北京：中国人民大学出版社，2015.

[9] 张旭. 高等院校内部控制体系建设的问题与对策研究 [D]. 长春：吉林大学，2023.

[10] 支继丹. 新时代中国高等教育供给质量优化研究 [D]. 长春：吉林大学，2023.

[11] 兰思嘉. 数字化转型背景下高校教务管理研究 [D]. 哈尔滨：哈尔滨师范大学，2024.

[12] 赵双．我国高等教育高质量发展策略研究 [D]. 长春：吉林外国语大学，2024.

[13] 曹赵．高校学生信息化管理的伦理问题研究 [D]. 桂林：广西师范大学，2024.

[14] 张玲．在线教学中大学教师关怀行为研究 [D]. 天津：天津师范大学，2023.

[15] 董洁．大数据赋能高校学生管理的逻辑理路与优化路径研究 [D]. 徐州：中国矿业大学，2023.

[16] 高云静．学生管理视角下的高校管理工作探析：评《新时代大学生管理工作的探索与实践路径》[J]. 中国教育学刊，2020（11）：119.

[17] 沈佳敏．新形势下如何创新高校财务管理 [J]. 中国储运，2021（8）：174–175.

[18] 熊荣．全面质量管理理论在高校管理中的应用 [J]. 教育文化论坛，2021，13（4）：103–107.

[19] 毛艳玲．在线教育中的教学管理创新理论与研究：评《在线教育原理》[J]. 人民长江，2024，55（2）：272–273.

[20] 韩馥．数智化视角下高校发展前景展望 [J]. 中国科技产业，2024（2）：52–54.

[21] 赵霞．基于创新能力培养的高校教育教学改革研究 [J]. 黑龙江教师发展学院学报，2024，43（2）：45–48.

[22] 雷霄．线上线下深度融合：高校课堂教学的设计与实践 [J]. 红河学院学报，2024，22（1）：82–85.

[23] 尹强，马明，张敏，等．基于 OBE 理念的“现代设计方法”混合式教学设计研究与实践 [J]. 粮食加工，2024，49（1）：118–121.

[24] 李高建，崔萍，惠熙文．新时代应用型高校教师教学创新团队建设的问题、需求与策略 [J]. 高教学刊，2024，10（1）：59–62+67.

[25] 周硕．虚拟现实技术在高校教育教学中的应用策略研究 [J]. 陕西教育（高教），2024（1）：34–36.

[26] 李静，郭燕．人工智能助力教育高质量发展 [N]. 山西日报，2024-01-09（011）.

[27] 肖慧．数字媒体助推教育模式的多元建构探究 [N]. 中国艺术报，2023-11-29（007）.

[28] 贺琳彦．大数据赋能，推进高校育人管理精准化 [N]. 新华日报，2023-11-24（017）.

[29] 刘珩．高校资源该如何与社会共享？ [N]. 四川日报，2023-11-16（005）.

[30] 明海英．数字化转型推动高校高质量发展 [N]. 中国社会科学报，2023-11-02（002）.

[31] 郭瑜，张晓芳．践行“管理育人”，让学生管理更有“温度”[N]. 新华日报，2023-09-22（020）.

[32] 薄淏予．大数据时代高校教育管理信息化实践的机遇与路径 [N]. 中国电影报，2023-05-24（011）.

[33] 丁雅诵．推动教育与产业深度融合 [N]. 人民日报，2023-04-10（006）.

[34] 封葑，岳雨，宋宇．奋进新征程 推动高校教育高质量发展 [N]. 沈阳日报，2023-03-20（001）.

[35] 陈嵩．进一步建立和完善民办高校评价体系 [N]. 团结报，2023-03-16（002）.

[36] 翟梓琪．高校财务管理需“有所为、有所不为”[N]. 中国会计报，2022-08-26（006）.